Don Joseph Goewey

DAS
STRESSFREIE
GEHIRN

Mobilisierung der spirituellen Intelligenz
bei Angst, Stress und Burnout

Aus dem amerikanischen Englisch übersetzt von
Stephan Schuhmacher

W0072816

WINDPFERD

Titel der Originalausgabe *MYSTIC COOL: a proven approach to transcend stress, achieve optimal brain function, and maximize your creative intelligence*
Erschienen bei *Atria Books/Beyond Words,*
a Division of Simon & Schuster, Inc., New York
Original English language edition © 2009 by Don Joseph Goewey

Aus dem amerikanischen Englisch übertragen
von *Stephan Schuhmacher*

Windpferd Taschenbuch
10031

3. Auflage 2013

Vollständige Taschenbuchausgabe der 2009 im Windpferd Verlag erschienenen
Erstausgabe *Mystisch cool*

Umschlaggestaltung: Andrea Barth – Guter Punkt/Agentur für Gestaltung
Bildquelle Cover: © Photodisc/Thinkstock
Layout und Satz: Marx Grafik & ArtWork
Gesetzt aus der Adobe Garamond
Druck: Himmer AG, Augsburg

FSC MIX
Papier aus verantwortungsvollen Quellen
FSC® C095359

Printed in Germany
ISBN 978-3-86410-031-4
www.windpferd.de

Dieses Buch ist Bonny Meyer gewidmet
sowie
meinen Enkelkindern Jaden, Kalia, Lilah, Gracie, Qinn und Mia
und deren Enkelkindern
sowie den Enkelkindern ihrer Enkelkinder

Inhalt

Danksagung

Wie es bei den meisten langen Reisen der Fall ist, bedurfte die in *Das stressfreie Gehirn* zurückgelegte Distanz des Beistands einer beträchtlichen Zahl von Menschen, denen ich hiermit Dank sagen möchte.

Der Schlüssel zu den ersten Entwürfen war die Mitwirkung der Belegschaft und des Vorstands des International Center for Attitudinal Healing, darunter Louise Franklin, Jimmy Pete, Dezorah Smith, Richard Cuadra, Cheryl Geoffrion, Jerry Jampolsky, Jennifer Andrews, Trish Ellis, Lloyd Henderson, Shannon Taylor, Marilyn Robinson, Sharon Pair-Taylor, Joey Roberts, Penelope More, Richard Cohn, Greg Sherwood, John Mays und Michael Lipson. Mein besonderer Dank gilt Rick Brandon für seine enorme praktische, emotionale und kreative Unterstützung.

Unterstützung erhielt ich auch von Profis aus dem Bereich des Coaching und der Unternehmensberatung, darunter Deal Biron, Dr. Susannah Baldwin, Andrew Black, Alexandra Jurasin, Valorie Beer, Dr. Lee Jampolsky, Neil Andersen, Jonathan Colton, Marc Verdi, David Goewey, Greg Sherwood, Rinaldo Brutoco, der Vorstand der World Business Academy und Mathew Mitchell. Außerdem möchte ich meinen Freunden Covey Cowan, Terryl Kistler und Patrick Gleeson für ihre große Ermutigung während der Entstehung des Buches danken. Mein Dank gilt außerdem Rick Brennan und Kimberley St. Clair-Davis von ProAttitude für ihre taktische und moralische Unterstützung.

Sehr viel verdanke ich Len Brutocao von Brutocao Engineering and Construction sowie Dickson Buxton von der Private Capital Corporation für ihr Vertrauen zu diesem Ansatz und ihre Bereitschaft, ihn in ihren jeweiligen Unternehmen auf die Probe zu stellen.

Was die Übertragung meiner Ideen und Konzepte in ein lesbares Buch angeht, verdanke ich viel meiner Lektorin Valerie Land Henderson, die mir geholfen hat, ein komplexes Thema in klare Aussagen zu fassen, die es den Lesern ermöglichen, sich selbst zu sehen und ein Gespür für ihr eigenes Potenzial zur Befreiung zu entwickeln. Auch der Hilfe meiner geliebten Partnerin Louise Franklin, die mehrere Teile des Buches auf ein höheres Niveau angehoben hat, verdanke ich viel.

Dankbar bin ich zudem meiner Agentin Dr. Barbara Neighbors Deal, die mir Türen geöffnet und mich bei Beyond Words eingeführt hat. Ich kann außerdem von Glück sagen, solche visionären Verleger zu haben wie Cindy Black und Richard E. Cohn, die an die Botschaft von *Das stressfreie Gehirn* geglaubt haben, und eine Cheflektorin wie Lindsay Brown mit ihrem Können, ihrer Intelligenz und ihrem guten Herzen.

Natürlich muss ich auch meiner Familie danken: meinen Kindern David, Brent, Sam und Hollan, meinen Schwestern Anne Marie und Susie, meinem Bruder Paul und meiner Nichte Jacquie. Ich danke euch allen für euer Schulterklopfen, wenn ich es besonders brauchte.

Ganz besonders möchte ich meiner Mutter Audrey Anne Cochran für ihren Glauben an mich und für ihren Stolz auf das, was ich erreicht habe, danken. Ich finde es traurig, dass sie gestorben ist, bevor sie die Hardcover-Ausgabe dieses Buches in der Hand halten konnte.

Zuletzt und in ganz besonderem Maße möchte ich Bonny Meyer danken, der dieses Buch respekt- und liebevoll gewidmet ist. Bonny hat auf allen wichtigen Ebenen ungemein viel zu diesem Buch beigetragen. Ohne ihre Unterstützung und ihren Glauben an mich würden Sie dieses Buch nicht in Händen halten. Und es ist ihr tiefster Wunsch, dass dieses Buch nicht nur in Ihren Händen ist, sondern dass es Ihnen in Ihrem Leben so gut wie irgend möglich weiterhilft.

Einführung

Überall in diesem Buch werden Sie die Einflüsse und Beiträge von Vorläufern auf dem Gebiet der Psychologie, Psychiatrie und Naturwissenschaft finden, auch wenn es gewiss ist, dass *Das stressfreie Gehirn* seinen eigenen und einzigartigen Platz in einem nichtlinearen Kontinuum aller drei Disziplinen haben wird.

Zum Thema der menschlichen Natur schrieb der bekannte amerikanische Psychologe Carl R. Rogers: „… wenn die grundlegende Natur des menschlichen Wesens frei zum Zuge kommen kann, ist sie konstruktiv und vertrauenswürdig. Für mich ist dies eine zwingende Schlussfolgerung aus einem Vierteljahrhundert Erfahrung mit der Psychotherapie. Sind wir in der Lage, ein Individuum von seiner Defensivität zu befreien, sodass es offen ist für das breite Spektrum seiner eigenen Bedürfnisse und ebenso für das breite Spektrum der Anforderungen seiner Gesellschaft und seiner Umwelt, so kann man darauf vertrauen, dass seine Reaktionen positiv, geradeheraus und konstruktiv sein werden." Dieselbe Philosophie finden wir auch bei Goewey, der das Vermögen des Individuums, die Qualität seiner eigenen Erfahrung zu beeinflussen, hervorhebt.

Nimmt ein Schriftsteller die Herausforderung an, eine neue Vision eines Fachbereichs zu formulieren, über den bereits ausführlich geschrieben wurde, dann sieht er sich unausweichlich mit den Beschränkungen der Sprache konfrontiert. Er bekommt es mit dem uralten Problem des neuen Weins in alten Schläuchen zu tun. Goewey ist es gelungen, seine Sichtweise brillant darzustellen. Er hat seine

Materie sehr gründlich recherchiert und das ganze Buch spiegelt den neuesten Stand der Forschung auf dem Gebiet der Neurowissenschaften wider. Die Leser werden von den einfachen und doch tiefgründigen Einsichten, die sich in diesem Buch finden, profitieren und sich zugleich von dem sehr persönlichen Bericht des Autors über seine Reise bis zu diesem Punkt bereichert sehen. Die Natur dieses Buches ist ein Ausdruck des Mitgefühls für sich selbst und für andere, das der Autor unter solchen Mühen lernen musste und das darauf gerichtet ist, leidenden Menschen zu helfen, sich von den Banden chronischer Stressbelastung zu befreien und dabei auch von der Tyrannei der Selbstbezichtigung.

Auch wenn dieses Buch für professionelle Psychologen nützlich sein wird, ist es meiner Ansicht nach von besonderem Wert für den psychologischen Laien, der Wege zur Überwindung von Angst und den Belastungen des täglichen Lebens sucht. Goewey zeigt auf einfache und klare Weise, wie dieses Ziel zu erreichen ist, und seine Darstellung der Wichtigkeit dieses Ansatzes ist sehr überzeugend.

Mozart sagte einst: „Weder eine hoch entwickelte Intelligenz noch Vorstellungskraft noch beide zusammen machen ein Genie aus. Liebe, Liebe, Liebe, das ist die Seele des Genius." Ich bin der Meinung, dass dieses Buch ein Akt der Liebe und ein Ausdruck von Genie ist.

Valerie Land Henderson

Valerie Land Henderson war Assistentin von Dr. phil. Carl R. Rogers. Zusammen mit Howard Kirschenbaum gab sie den *Carl Rogers Reader* und die *Carl Rogers Dialogues* heraus. Sie war ständiges Mitglied und ehemalige Direktorin des Center for Studies of the Person, dessen Mitbegründer Carl Rogers war. Valerie bekleidete auch Positionen beim Center for Cross-Cultural Communication und dem Center for Attitudinal Healing.

… eine neue Wendung, eine neue Geisteshaltung,
ein innerer Wandel,
eine Befreiung von allen müßigen Sorgen …

Thomas Merton

Prolog:
Meine Aufgabe

In fourteen months I only smiled once
and I didn't do it consciously.
Somebody's got to find your trail.
I guess it must be up to me. *

Bob Dylan, Up to Me

Vor zwanzig Jahren kam eines zum anderen, der Mut verließ mich und das alles erzeugte einen wahren Sturm von Stress. Paradoxerweise geschah das, als meine Karriere sich gerade einem Höhepunkt zu nähern schien. Erst eineinhalb Jahre zuvor war es mir gelungen, einige der hellsten Köpfe auf dem Gebiet der Medizin davon zu überzeugen, dass ich der beste der Kandidaten sei, die sich für den Posten des Geschäftsführers der Medizinischen Fakultät der Stanford-Universität beworben hatten. Dies war die größte Abteilung der Universität und der Posten ein potenzielles Sprungbrett zu noch größeren Aufgaben. Alle Menschen in meiner Umgebung waren ziemlich beeindruckt, als mir diese Position angeboten wurde.

Ich erinnere mich noch an den ersten Tag, an dem ich zur Arbeit fuhr. Ich fuhr durch das Weideland, auf dem Leland Stanford einst sein Vieh gehalten hatte, bog in den Pasteur Drive ein und fuhr auf die riesige Eiche zu, die vor dem wundervollen sandfarbenen Gebäude der Medizinischen Fakultät steht. Der große Springbrunnen

---

* In vierzehn Monaten lächelte ich nur einmal, und auch das tat ich nicht bewusst. Irgendjemand muss den Pfad zu dir finden. Mir scheint, das wird meine Aufgabe sein.

am Eingang spuckte Wasserfontänen in die Luft, die der Wind zu einem Sprühregen auffächerte, durch den die Wand des Gebäudes hindurchleuchtete. Zwischen den hohen Säulen, welche die schlichte, fast karge Fassade des Gebäudes schmückten, hingen große Kupferkessel, aus denen rote und gelbe Rankengewächse quollen. An jenem Tag hatte ich das Gefühl, Camelot zu betreten.

Es dauert nicht lange, bis diese Illusion sich in Luft auflöste. Der Ort war alles andere als Camelot. Das soll nicht heißen, dass die Arbeit an der Medizinischen Fakultät nicht inspirierend war. Mit Intellektuellen von Weltklasse zusammenzuarbeiten, erweiterte meinen Horizont und förderte meine Fähigkeiten. Ich lernte, effektiv mit komplexen Sachverhalten umzugehen, die Fakten mit brutaler Ehrlichkeit zu sehen und fadenscheinige Argumente, die zu bequemen Lösungen führen sollten, zu entlarven. Es konfrontierte mich auch mit der Naturwissenschaft, einer Disziplin, die ich auf der Schule gemieden hatte wie die Pest. In Stanford begann ich die Naturwissenschaft zu lieben, und dafür bin ich für ewig dankbar. Gleichzeitig bekam ich aber auch den Eindruck, dass diese Weltklasse-Intellektuellen auch Weltklasse-Egos besaßen, und es bereitete mir große Schwierigkeiten, sie dazu zu bringen, mit unserem strategischen Plan zu kooperieren. Es herrschte eine übertriebene Kritiksucht und Fehler wurden gnadenlos bestraft, was auf dem Gebiet der Medizin natürlich verständlich ist. Aber die Kollegen schienen sich geradezu über die Fehler der anderen zu freuen. Die Schlappe des einen war ein Gewinn des anderen, und das führte zu einer Atmosphäre des Misstrauens. So sah ich die Situation zumindest zu jener Zeit.

In dieser Umgebung hatten es die Frauen besonders schwer, selbst diejenigen, die über hohe medizinische Qualifikationen verfügten. Ich werde nie den Tag vergessen, an dem ich – es war noch zu Anfang meiner Tätigkeit dort – von einer Besprechung in mein Büro zurückkehrte und eine Assistenzärztin weinend vor der Eingangstür zur Medizinischen Fakultät stehen sah. Als ich sie fragte, was denn los sei, sagte sie nur „Ich passe einfach nicht hierher" und rannte davon. Ich kam allmählich zu derselben Schlussfolgerung. Ich hatte das Gefühl, am falschen Ort zu sein, und fürchtete, dass man mir das anmerkte. Ich besaß jedoch nicht den Mut, den Job zu kündigen, nicht mit einer Frau und vier Kindern, die zu versorgen waren. Ich hatte auch Angst vor dem, was meine Freunde und meine Familie vielleicht von mir denken würden. Sie hatten mich dafür gefeiert, dass ich die Stelle erhalten hatte, und ich fürchtete, sie würden schlecht von mir denken, wenn ich nicht damit zurechtkam.

So belastend die Arbeit damals auch erschien, meine damit und mit meinem Leben im Allgemeinen verbundenen Ängste waren noch viel schlimmer. Sie mögen sich fragen, warum Sie ein Buch über die Bewältigung von Stress von einem Autor lesen sollten, der selber so schlecht mit seinem Stress zurechtgekommen ist. Meine Antwort darauf ist: *Welcher Autor wäre besser geeignet als einer, der das Minenfeld selber durchquert hat?* Und das Minenfeld meiner Ängste und des Stresses, der damit einherging, erstreckte sich weit über meinen Arbeitsplatz hinaus. Zu jener Zeit hatte ich fast ständig Angst, ohne mir dessen jedoch bewusst zu sein. Ich fürchtete, was die Leute von mir denken könnten, und ich fürchtete Flauten in unseren Gesprächen. Ich fürchtete mich vor den Rechnungen auf meinem Schreibtisch, den Schecks, die ich ausstellte, und den Schulden, die ich machte. Ich fürchtete zu versagen in einer Situation, in der ich allem Anschein nach Erfolg hatte. Ich fürchtete mich angesichts der kleinen Stiche in meiner Brust, der geschwollenen Lymphknoten, die gelegentlich im Hals meiner Kinder auftauchten, wenn sie sich erkältet hatten, und angesichts des merkwürdigen Klopfens im Motor meines Wagens. Ich hatte Angst vor Zuneigung, intimen Momenten und dem unglücklichen Ausdruck in den Augen meiner Frau. Ich ging an die meisten Situationen mit einem Gefühl des Risikos heran, so als könne mich jemand durchschauen, mich anklagen und mich aus dem Weg räumen. Ein Freund von mir machte einen Witz und sagte, er habe manchmal, wenn er sich Bares aus einem Geldautomaten hole, die Befürchtung, aus dem Automaten könnte plötzlich ein Polizist heraustreten und ihn für das Verbrechen, einen ehrbaren Bürger zu imitieren, verhaften – und er sprach damit genau meine

Ängste an. Ich lebte unter einer mir selbst auferlegten Tyrannei und war vor dieser auf der Flucht. Ich befand mich eigentlich ständig auf der Flucht, fühlte mich selten wirklich wohl, wirklich frei. Ich erfuhr das, was Rollo May ein „namenloses und formloses Unbehagen" genannt hat.[1]

Das Unbehagen verschlimmerte sich noch, als die Universität mir eine Bewährungsfrist setzte und mir noch drei Monate gab, meine Fähigkeiten unter Beweis zu stellen. Als der Stichtag näher kam, wurde aus meiner Angst blankes Entsetzen und mein Selbstvertrauen ging in den Keller, was wiederum mein Vermögen, noch die Kurve zu kriegen, beeinträchtigte.

Sören Kierkegaard, der große Philosoph, schrieb:

Kein Großinquisitor hat so entsetzliche Foltern in Bereitschaft wie die Angst; kein Spion weiß so geschickt den Verdächtigen gerade in dem Augenblick anzugehen, in dem er am schwächsten ist, oder weiß die Schlinge, in der er gefangen werden soll, so bestrickend zu legen, wie die Angst es weiß; und kein scharfsinniger Richter versteht den Angeklagten so zu examinieren wie die Angst, die ihn niemals loslässt, nicht bei der Zerstreuung, nicht im Lärm, nicht bei der Arbeit, nicht am Tage, nicht in der Nacht.[2]

An dem angekündigten Tag fiel dann das Fallbeil: Ich wurde entlassen. Neun Tage später wurde bei mir ein Gehirntumor diagnostiziert. Als sei das noch nicht genug, vertiefte das Ringen mit all diesen Schwierigkeiten auch noch die Risse in meiner Ehe, statt meine Frau und mich einander näherzubringen. Sosehr wir uns auch bemühten, wir vermochten den Abgrund, der sich zwischen uns aufgetan hatte, nicht mehr zu überbrücken. Ich glaube, ich habe mich nie in meinem Leben einsamer und verlorener gefühlt als damals. Meine Gemütsverfassung schwankte zwischen blankem Entsetzen und totaler Taubheit. Und ich begann, den Glauben an das Leben zu verlieren.

Die gute Nachricht war, dass der Tumor gutartig war und nur langsam wuchs. Die schlechte Nachricht war seine Größe und seine Lokalisierung. Das Krebsgeschwür war ziemlich groß und übte Druck auf den fünften, siebten und achten Kranialnerv aus, was zu einer ungünstigen Prognose führte. Es hieß, ich könnte durch die nötige Operation die Hälfte meines Gehörs verlieren, mein Gleichgewichtsgefühl könnte leiden und meine linke Gesichtshälfte gelähmt werden. Ich war damals achtunddreißig Jahre alt und die medizinische Prognose war ein schwerer Schlag für mich. Wie sollte ich eine neue Karriere starten können, wenn ich am Stock zum Einstellungsgespräch gehumpelt kam und meine Qualifikation mit einem zur Hälfte erstarrten Gesicht anpries? Es erschien mir offensichtlich, dass das Leben, das ich bisher geführt hatte, zu Ende war und dass meine Familie in Zukunft in Armut würde leben müssen.

Durch die Beziehungen, die sich an der Medizinischen Fakultät ergeben hatten, konnte ich den besten Gehirnchirurgen finden, auch wenn dieser nicht gleich verfügbar war. Aus medizinischer Sicht war das nicht schlimm, da der Tumor nur langsam wuchs. Der Aufschub war in der Tat eine Erleichterung, so ziemlich die einzige Erleichterung, die ich seit Monaten verspürt hatte. Ich hatte es nicht eilig, mich mit einer Gesichtslähmung oder einem torkelnden Gang anzufreunden. So seltsam es sich auch anhören mag, aber es war wirklich ein Segen für mich, auf die Operation warten zu müssen. Das ließ mir die Zeit, in meinem Leiden bis zum tiefsten Punkt meiner Verzweiflung vorzustoßen; ich erreichte ihn eine Woche vor meiner Operation. Es war ein kalter, grauer Tag. Ich war allein zu Hause und ging hinaus auf die Terrasse, um eine Zigarette zu rauchen und meinen Blick über die Hügel schweifen zu lassen, in der Hoffnung, meine Angst dadurch ein wenig lindern zu können. Doch meine Angst wuchs nur noch mehr als Reaktion auf die Schreckensbilder meiner Zukunft, die ich mir von Furcht getrieben ausmalte. Die Furcht unterspülte den brüchigen Grat der Sicherheit, auf dem ich balancierte, um noch irgendwie bei Verstand zu bleiben, und ich fiel in ein Loch, in das ich tiefer und tiefer versank, hinab in eine finstere Höhle in meinem Geist. Je tiefer ich fiel, desto dunkler wurde es. Je dunkler es wurde, desto mehr Angst bekam ich, bis ich mich schließlich in einem Zustand nackter Panik befand. Es war ein Albtraum. Ich hatte keine Ahnung, wie ich den psychischen Absturz hätte abfangen können, und so blieb mir nichts anderes übrig, als mich der Erfahrung völlig zu überlassen. Als ich das tat, vertiefte sich mein Entsetzen noch. Die Situation wurde unerträglich, und an irgendeinem Punkt begann mein Bewusstsein sich nach innen zurückzuziehen, bis zu einem Punkt, an dem ich völlig zu verschwinden schien.

Dann erwachte mein Bewusstsein wieder zum Leben, wie ein Phönix, der sich aus der Asche erhebt. Mein Geist fühlte sich ausgeleert an, wie geläutert und seltsam geräumig, wie der blaue Himmel nach einem Unwetter. Alles war still und von einer ungewöhnlichen Weite. Die Stille wurde immer greifbarer und bekam etwas Lebendiges – wie das erste Frühlingserwachen. Die Stille umgab und durchdrang mich, und zum ersten Mal seit sehr langer Zeit fühlte ich mich in Frieden. Ich entspannte mich völlig in diese Empfindung hinein, so wie wir uns in das Nachlassen von Schmerzen hinein entspannen. Während ich das tat, begann ich mich geliebt zu fühlen, ich weiß nicht, von wem. Vielleicht war es bloß so, dass ich mich selbst zum ersten Mal liebte; vielleicht war es auch die schlichte Erleichterung und Dankbarkeit, endlich Sicherheit erreicht zu haben.

Darüber dachte ich in dem Moment jedoch nicht nach. Ich war völlig überwältigt von dem Gefühl, geliebt zu sein; es griff allmählich als Mitgefühl in meinem Herzen um sich. Ich empfand Mitgefühl für alle Leidenden, einschließlich meiner selbst. Die Aufrichtigkeit meines Mitgefühls schien einen sehr alten Kummer zu heilen, und zum ersten Mal seit Gott weiß wie langer Zeit begann ich zu weinen. Die kummervollen Tränen setzten zugleich ein Gefühl der Freude und des Erstaunens frei über das Abenteuer und das Privileg, lebendig zu sein. Als ich den nächsten Atemzug nahm, kam er mir wie der Atem des Lebens vor. Als ich die Augen öffnete und mich umsah, war mein erster bewusster Gedanke, dass mit mir alles in

Ordnung war. Darauf folgte die Einsicht, dass schon immer alles mit mir in Ordnung gewesen war und auch immer alles in Ordnung sein würde. Mein gewohnter Zynismus erhob sich nicht, um gegen das Gefühl Einspruch zu erheben. *Alles wird gut sein, und was auch immer geschieht, wird gut sein* – mir war vollkommen evident, dass diese Aussage zutraf.*

Ich schaute auf meine Hand, und die Zigarette, die ich zwischen den Fingern hielt, war erst zur Hälfte verglüht. Das war schwer zu begreifen, denn die Erfahrung, die ich soeben gemacht hatte, fühlte sich an wie eine Ewigkeit. Als ich wieder einigermaßen bei mir war, machte ich einen Realitätscheck: *Habe ich einen Gehirntumor?* Die Antwort war: ja. *Ist die Prognose immer noch dieselbe?* Die Antwort war: ja. *Bin ich dabei, mich unter die Arbeitslosen einzureihen?* Die Antwort war: ja. *Liegt meine Ehe auf Eis?* Ja, ja, und wieder ja. Und trotzdem hatte ich noch das Gefühl, alles werde in Ordnung sein. Trotz der schwierigen Umstände, mit denen ich mich konfrontiert sah, fühlte ich mich innerlich in Frieden.

Die Erfahrung hielt an, und die folgende Woche war pure Glückseligkeit. Ich dachte nicht viel, redete nicht viel, und ich machte mir keine Sorgen. Meine Angst war verschwunden. Der Leiter der Medizinischen Fakultät war so freundlich, das Anstellungsverhältnis bis nach meiner Operation aufrechtzuerhalten und mir danach sechs Wochen bezahlten Erholungsurlaub zuzugestehen. Ich hatte eigentlich nicht vorgehabt, noch mal in mein Büro zurückzukehren, aber jetzt wollte ich einfach dort sein. Meine friedvolle Geisteshaltung warf ein positives und optimistisches Licht auf alles, und ich glaube, ich wollte sie einfach auf die Probe stellen. Der Dekan hatte die Medizinische Fakultät einst einen „gottverlassenen Ort" genannt, und ich wollte herausfinden, ob meine neue Sichtweise dem Stress und der Belastung, die dieser Ort für mich bedeutete, standhalten würde. Zu meiner großen Freude erwies sich mein Frieden als stabil

---

* Der Satz stammt von der englischen Mystikerin Juliane von Norwich, 1342–1416. (Anm. d. Übers.)

genug. Die Dinge, die mich zuvor gestresst hatten, machten mir nun nichts mehr aus. Mein Herz öffnete sich für Menschen, die ich für meine Feinde gehalten hatte und die ich noch eine Woche zuvor für meinen Untergang verantwortlich gemacht hatte. Mir wurde jetzt klar, dass ich die meisten meiner Wahrnehmungen tatsächlich in meinem Kopf produziert hatte, und ich wollte meinem Kopf die Chance zu Heilung geben. Ich arbeitete bis wenige Tage vor meiner Operation und wenn ich mich recht erinnere, hatte ich während der ganzen Zeit keinen einzigen negativen Gedanken.

Eines Tages, kurz vor meiner Operation, suchte mich der Geschäftsleiter der Psychiatrischen Abteilung auf. Sein Name war Karl, und er sollte einen neuen Posten im Büro des Dekans erhalten und der Personalabteilung vorstehen. Dies bedeutete, dass seine Stelle vakant wurde. Karl hatte den Eindruck, dass man mir in der Medizinischen Abteilung übel mitgespielt hatte, und er glaubte, ich wäre in der Psychiatrischen Abteilung besser aufgehoben. Ich war offen für seinen Vorschlag und Karl arrangierte ein Vorstellungsgespräch beim Leiter der Psychiatrischen Abteilung für mich. Karl und ich kannten einander kaum, und es gab eigentlich keinen anderen Grund für ihn, sich einzumischen, außer um etwas richtigzustellen, was er als unfair empfunden hatte. Ich ging zu dem Vorstellungsgespräch, und als ich gerade dabei war, meinen Koffer für das Krankenhaus zu packen, rief der Leiter der Psychiatrischen Abteilung mich an und bot mir die Stelle an. Natürlich nahm ich ohne zu zögern an. *Alles wird gut sein, und was auch immer geschieht, wird gut sein*, dachte ich für mich, als ich den Hörer auflegte. Dann nickte ich voller Dankbarkeit für das gute Herz von Karl. Ich fühlte mich gesegnet, so als kümmere sich eine Legion von Engeln um mich.

Als ich im Krankenhaus eincheckte, war ich voller Zuversicht, wie Michael Jordan vor einem Meisterschaftsspiel. Die Operation war ein voller Erfolg, was den guten Ruf meines Chirurgen noch beträchtlich erhöhte. Die einzige Beeinträchtigung, die ich davontrug, war ein zwanzigprozentiger Verlust meines Hörvermögens, und das einzige Problem, das nicht gelöst wurde, war meine Ehe. Ein Jahr später ließen meine Frau und ich uns scheiden. Es war schmerzlich, aber Mitgefühl ließ uns die Sache schließlich gut durchstehen.

In der Psychiatrischen Abteilung war ich tatsächlich besser aufgehoben. In meiner Jugend hatte ich das große Privileg gehabt, mit dem herausragenden amerikanischen Psychologen Carl R. Rogers zu arbeiten, und so fühlte ich mich hier in meinem Element. Es war aufregend, in der Psychiatrischen Abteilung zu arbeiten, zumal sich gerade zu jener Zeit die Theorie der Geist-Körper-Verbindung entwickelte. Es fiel mir schwer, mich nicht von meinen Verwaltungsaufgaben ablenken zu lassen. Wie hätte es anders sein können? Als Insider der Abteilung konnte ich die Arbeit einiger Giganten auf ihrem jeweiligen Fachgebiet beobachten. Dazu gehörten William Dement, der Vater der Schlafmedizin, Karl Pribram, der das holografische Gehirnmodell der kognitiven Funktionen entwickelte; David Spiegel, einer der führenden Forscher auf dem Gebiet der Psychosomatik; und Irvin Yalom, der *das* Standardwerk über Gruppenpsychotherapie geschrieben hat. Als ich einmal einen vollgestopften Wandschrank ausräumte, förderte ich sogar zwei verschollene Tonbandspulen von Jane Goodall zutage, die darauf mit ihren Forschungskollegen über Primatologie diskutiert.

So gern ich auch in dieser Abteilung arbeitete, hatte ich doch das Gefühl, dass diese Stelle nur eine vorübergehende sein würde. Der Gedanke, die Universität hinter mir zu lassen, machte sich in mir zunehmend breit. Sie war für mich nur so etwas wie eine Zwischenstation zwischen dem Ort, an dem ich nicht mehr zuhause war, und dem Ort, den ich erreichen wollte. Der Friede, den ich an jenem Tag jenseits des Schreckens auf der Terrasse erfahren hatte, hatte mich verwandelt. Ich musste immer wieder daran denken, wie gern ich in einer Organisation arbeiten würde, die Menschen hilft, solchen Schmerz, wie ich ihn an jenem Tag erfahren hatte, zu transformieren. Ich wusste nicht, ob es überhaupt solch eine Institution gab, nur, dass es mich dazu trieb, sie zu finden.

Eines Tages nahm ich gerade an einer Besprechung mit dem Vorstandsvorsitzenden und den Abteilungsleitern teil, als etwas Seltsames geschah. Ich hatte gerade einen Sachverhalt, der mir wichtig war, verteidigt, als mein Geist abzuschweifen begann. Vor meinem geistigen Auge sah ich mich zwanzig Jahre später immer noch an demselben Tisch sitzen und gelangweilt über den Streitpunkt des Tages diskutieren. Schlimmer noch: Ich fühlte, wie ich voller Bedauern war darüber, dass ich mein Leben einfach hatte an mir vorbeiziehen lassen. Das Ganze war mehr als nur ein Tagtraum. Ich war vollkommen klar dabei, so sehr, dass ich regelrecht erschüttert war, als ich zu der augenblicklichen Besprechung zurückkehrte. Ich hatte das Gefühl, dass irgendetwas mir sagte, ich solle jetzt sofort aufstehen, in mein Büro gehen und meine Kündigung schreiben. Irgendwie war mir klar, dass ich nicht darüber schlafen dürfte – wenn ich dann wieder aufwachte, würden zwanzig Jahre vergangen sein. Es hieß: jetzt oder nie! Mit klopfendem Herz stand ich auf, entschuldigte mich, ging zurück in mein Büro und tat dort das Mutigste, das ich je getan habe. In Momenten wie diesem sind Mut und Verrücktheit oft nicht voneinander zu unterscheiden. Es lief alles auf einen vertrauensvollen Sprung in einen Abgrund hinaus – und ich tat diesen Sprung. Ich schrieb meine Kündigung, formulierte zuerst eine fristlose Kündigung und machte dann eine Kündigung nach einer Frist von drei Monaten daraus – das beruhigte mein schreckliches Herzklopfen ein wenig. Drei Monate später ließ ich die Sicherheit einer festen Anstellung hinter mir und ging mit nur wenigen Ersparnissen allein hinaus in eine kalte, unfreundliche Welt. Mein einziger Kompass war meine innere Vision. Ein Jahr lang suchte ich nach der Institution, die mir vorschwebte. Als mir das Geld ausging, nahm ich einen Teilzeitjob in einer Fabrik an und lieh mir etwas von meinem besten Freund. Ich fand einfach nichts, was meinen Vorstellungen entsprach. Es war entmutigend, aber dann, als ich die Suche gerade aufgeben wollte, fand ich das, was ich gesucht hatte. Es war eine gemeinnützige Organisation, die sich zur Aufgabe gemacht hatte, Schwerkranken und Sterbenden zu helfen, mit der enormen psychologischen und spirituellen Herausforderung ihrer Situation umzugehen. Das Institut in Marin County, gleich jenseits der Golden-Gate-Brücke, war international bekannt für seinen Ansatz. Ich hatte bisher noch nicht davon gehört, obwohl es damals bereits seit fünfzehn Jahren bestand.

Das Center for Attitudinal Healing (Zentrum für Heilung durch Geisteshaltung) oder „das Zentrum", wie es von seinen Klienten und den freiwilligen Helfern genannt wurde, war 1975 von dem anerkannten Psychiater und Bestsellerautor Dr. med. Gerald Jampolsky gegründet worden – gemeinsam mit Patsy Robinson, einer Frau, die in der Lage war, eine Vision zu nehmen und sie in der Welt zu verwirklichen. Die Klienten des Zentrums kamen aus allen Lebensbereichen und Altersgruppen. Das Spektrum reichte von Eltern, die ein Kind verloren hatten, bis zu Menschen, bei denen eine lebensbedrohliche Krankheit diagnostiziert worden war. Viele von ihnen hatten mit einer Stressbelastung umzugehen, die sich die meisten von uns kaum vorstellen können. Eine Zeit lang arbeitete das Zentrum auch mit Kriegsflüchtlingen, die alles verloren hatten. Die zentralen Prinzipien des Zentrums entsprachen der mein Leben verändernden Erfahrung auf der Terrasse: Die Leute dort definierten Gesundheit als inneren Frieden und verstanden Heilung als das Loslassen von Angst. Das Zentrum hatte zudem ein Modell entwickelt, das auf der Unterstützung durch eine Gruppe basierte und den Aufbau einer Gemeinschaft betonte; es ähnelte dem Modell, das ich aus meiner Arbeit mit Dr. Carl Rogers kannte. Das Programm basierte vollständig auf einer Körperschaft von zweihundert Freiwilligen, die den Klienten ihre Dienste kostenlos anboten und von einem Stab von Mitarbeitern des Instituts ausgebildet und begleitet wurden.

In der Organisation herrschte eine Atmosphäre der Bescheidenheit. Sie war in einem alten Lagerhaus in Tiburon untergebracht, gelegen in den Hafenanlagen am nördlichen Ende der Bucht von San Francisco. Die Möbel waren alt, das Gebäude ebenso, und die Wände waren von Kinderzeichnungen geschmückt. Doch das Institut war sauber und ordentlich und es lag dort eine lebendige und freundliche Energie in der Luft. Hier fand man eine dem Dienen verpflichtete Gemeinschaft, in der jedermann bedingungsloser Respekt entgegengebracht wurde. Hier wurde jedermann, jung oder alt, gleichermaßen als Lernender und als Lehrer betrachtet. Der Lehrplan war einfach und direkt: Es ging darum zu lernen, wie man Angst in jeglicher Erscheinungsform loslassen kann. Menschen aus aller Welt suchten das Zentrum auf. Professoren, Ärzte und Therapeuten kamen, um sich weiterzubilden, gewöhnliche Bürger aus allen Lebensbereichen kamen, um zu helfen, Arme ebenso wie Reiche spendeten Geld, und es tauchten sogar einige Suchende auf, die sich auf einer Pilgerschaft der Suche nach dem Sinn des Lebens befanden. Für alle wurde rasch eine Arbeit gefunden. Mehr als einhundert dieser Menschen gründeten nach der Rückkehr in ihre gewohnte Umgebung ein eigenes Zentrum. Dieser kleine Lichtpunkt war die Mutter einer globalen Gemeinschaft, die sich der Überwindung von Angst widmet.

Im Laufe seiner Arbeit entwickelte das Zentrum eines der bedeutendsten Modelle der psychiatrischen Betreuung in einer Gemeinschaft. Das war genau der Bereich, der mich interessierte, und es war aufregend, die Arbeit dieser Menschen zu beobachten. Ihr Modell war ebenso effektiv wie das der Anonymen Alkoholiker. Und die Gründe für diese Effektivität waren ähnliche wie bei den Anonymen Alkoholikern: Hier saßen Menschen in einem Kreis, die von praktischen Prinzipien geleitet wurden, mit Gleichheit als dem ersten Prinzip; und das führte zu einem Gefühl der gegenseitigen Verbundenheit, das wahrhaft heilsam sein kann.

Etwa einen Monat lang verbrachte ich all meine verfügbare Zeit im Zentrum, um zu sehen, ob dies wirklich der Ort war, nach dem ich gesucht hatte. Ich kaufte und las viele der im dortigen Buchladen angebotenen Bücher, ich lernte Patsy Robinson und die gesamte Belegschaft kennen, und ich lernte so viel wie möglich über die angebotenen Programme. Es war *in der Tat* der Ort, nach dem ich gesucht hatte. Wie es bei so vielen anderen Menschen geschah, verliebte ich mich in diese Gemeinschaft. Schließlich wurde ich dafür rekrutiert, als Komoderator für die Hilfsgruppe für HIV-Infizierte zu fungieren. Aus dieser Gruppe ergaben sich viele Segnungen für mich; eine davon war eine Arbeitsstelle. Durch meinen Komoderator hörte ich, dass die Stelle des Geschäftsführers bei einer lokalen AIDS-Organisation frei geworden war. Ich bewarb mich und wurde eingestellt.

Die AIDS-Epidemie war damals gerade auf ihrem Höhepunkt, und während der nächsten drei Jahre arbeitete ich mit einem Haufen von Heiligen, Außenseitern, Engeln, Gaunern und Helden, schwulen und heterosexuellen Männern und Frauen, Kindern, Prostituierten und Süchtigen. Die Belegschaft und die Freiwilligen, die in dieser Organisation arbeiteten, gehörten zu den wunderbarsten Menschen, denen ich je begegnet bin – und sie mussten es sein, denn sie hatten es mit verheerenden Umständen zu tun.

Ein Bild hat sich mir besonders tief ins Gedächtnis eingebrannt: Es war ein großes Haus mit Mietwohnungen, in dem einer meiner Mitarbeiter lebte. Dieses Haus war einmal so etwas wie ein Hort für Schwule gewesen, die hier zusammenlebten, sich liebten und einander unterstützten. In den guten Tagen vor dem Auftreten von AIDS teilten sie ihre Freuden miteinander. Sie pflegten einander bei Erkältungen und Grippe, standen sich gegenseitig in emotionalen Krisen bei und packten bei schwerer körperlicher Arbeit mit an. Sie begingen Thanksgiving, Weihnachten, Geburtstage und Begräbnisse zusammen, eben alles, was es so zu feiern und zu betrauern gab. Sie freuten sich an der Gesellschaft der anderen und kümmerten sich umeinander. Kurz gesagt: Sie waren echte Nachbarn. Nachdem die Seuche zugeschlagen hatte, lebte kaum noch jemand in dem Gebäude. Es hatte für eine Weile etwas von einer Geisterstadt.

Ich werde auch niemals die unglaublich kranken und ausgemergelten Körper in den Hospizen und Krankenhäusern vergessen. Ich hatte vorher nicht gewusst, dass Menschen derart krank werden und dermaßen leiden können. Aber ebenso unvergesslich ist für mich, welcher Geist der Menschlichkeit all dieses Leiden durchwehte. Er manifestierte sich in dem Lächeln, das über ein ausgezehrtes Gesicht huschte, und in der Unverwüstlichkeit von Pflegern, die wieder und wieder über Trauer und Entmutigung hinweggingen, um präsent und liebevoll zu sein und das zu tun, was als Nächstes zu tun war. Die Tränen und das Lachen der Menschen, die mit der Epidemie rangen, entsprangen einem Ort tief in ihrem Inneren, ebenso wie ihre Güte und ihr Mitgefühl. Und wer könnte die Menschen vergessen, die durch ihre Aktivitäten die Forschung vorantrieben, der es schließlich gelang, aus der tödlichen eine chronische Erkrankung zu machen? Manchmal denke ich, dass die Menschen, die gegen AIDS kämpfen, die Sanftmütigen sind, die die Erde erben werden. Sie lassen die emotionale und spirituelle Intelligenz erkennen, die meiner Meinung nach nötig sein wird, wenn wir den nächsten Schritt in der Evolution der menschlichen Kultur tun wollen.

Drei Jahre später verließ ich die AIDS-Hilfsorganisation und wurde zum Geschäftsführer des Zentrums in den Hafenanlagen von Tiburon. Die Erfahrung dort war ebenfalls sehr belohnend. In den Selbsthilfegruppen, Workshops und Beratungsdiensten des Zentrums arbeite ich mit Hunderten von Menschen zusammen, die demonstrierten, dass es möglich ist, die eigene Erfahrung durch tief greifende Veränderung der Geisteshaltung zu beeinflussen, ganz gleich, wie schlimm die eigene Situation ist. Bei einigen ging der Wandel schneller vonstatten, andere brauchten länger. Aber aus den ganzen zwölf Jahren meiner Arbeit am Zentrum erinnere ich mich an keinen Fall, in dem ein Mensch nicht in seine Heimat gelangt wäre. Mit „Heimat" meine ich hier die Erfahrung von Frieden – jene Erfahrung, die dort beginnt, wo die Angst aufhört, und die weiter wachsen kann bis zu einer Geistesverfassung, die es dem Menschen ermöglicht, jegliche widrigen Umstände zu transzendieren. Diese Menschen haben mir geholfen zu erkennen, dass es möglich ist, ohne Angst in dieser Welt zu leben – womit nicht gesagt sein soll, dass dies ein Leben ohne alle Ängste ist. Diese Menschen stellten sich ihren Ängsten Tag für Tag; sie begegneten ihnen mit einer Präsenz, die es ihnen ermöglichte, ihre Verluste und Probleme anzunehmen und sie schließlich zu transzendieren.

Zwei Frauen, denen ich dort begegnet bin, sind für mich Paradebeispiele dafür, welche Transformation bei Menschen möglich ist. Wenn ich einmal das Gefühl habe, das Leben hätte mir schlechte Karten gegeben, brauche ich nur an diese Frauen zu denken, und sofort wird mir das Herz leichter, meine Wirbelsäule richtet sich auf und ich gehe erhobenen Hauptes daher.

● ● ●

Die erste Person war eine Klientin des Zentrums in Argentinien. Ihr Name ist Pilar. Pilar war ein Contergan-Baby. Da ihrer Mutter das Medikament während der Schwangerschaft verschrieben worden war, wurde sie ohne Arme und mit schweren Verkrüppelungen geboren. Misshandelt, vernachlässigt und beiseitegeschoben, fühlte sie sich während des größten Teils ihres Lebens als Opfer und machte ihren Eltern und der Ärzteschaft bittere Vorwürfe wegen ihres Unglücks. Als sie schließlich erwachsen war, musste sie sich allein einer Welt stellen, die Pilar als abstoßend empfand. Wenn irgendein Mensch mit Recht zornig auf das Leben sein darf, dann war es Pilar – und für lange Zeit war sie sehr zornig.

Mithilfe des Zentrums begann sie, über ihr Schicksal und über den Aufruhr ihrer Gefühle hinauszuwachsen. Sie begann sich ihr Leben Moment für Moment wieder anzueignen, indem sie durch Versuch und Irrtum lernte, eine friedliche und vergebende Geisteshaltung zu entwickeln. Ganz allmählich befreite sie sich von der beschränkten und einschränkenden Existenz, die von ihrer Angst, ihrem Pessimismus und ihrem Zorn ständig erneuert worden waren. Was aufgrund ihrer beharrlichen Bemühungen schließlich hervortrat, war Pilar als eine heile Person – lebendig und frei, mit Würde, Intelligenz und der Kraft, Berge zu versetzen. Und sie versetzte tatsächlich Berge. Sie erfüllte sich einen Traum, dessen Erfüllung die meisten Menschen, die sie kannten, für unmöglich gehalten hatten. Sie wurde Künstlerin und malte mit den Füßen. Ihre Kunst gewann schließlich breite Anerkennung und gilt heute als einer der Nationalschätze Argentiniens.

Ich bin stolzer Besitzer zweier ihrer Gemälde. Die Zeit, die ich mit Pilar verbracht habe, war kurz, aber inspirierend, auch wenn wir nur wenig miteinander redeten. Sie spricht Spanisch und ich beherrsche diese Sprache nicht, aber das spielte keine Rolle. Allein schon ihr Gesicht war ein Kunstwerk; es war von einer Geisteshaltung durchstrahlt, die mehr kommunizierte, als Worte zu sagen vermögen. „Was für eine Lektion in Demut ist es doch, einen solchen Menschen zu sehen", schrieb Dr. Alberto Loizaga, ein Psychiater, der das Zentrum in Argentinien gegründet hat, „einen Menschen, der sich nicht als Opfer fühlt, sondern der eine leidenschaftliche Liebe zum Leben besitzt und dieser durch das Medium der Kunst Ausdruck verleiht."[3]

Die zweite Frau heißt Lubie. Als wir uns trafen, war sie vor dem Krieg in Bosnien auf der Flucht. Sie nahm an einem Workshop teil, den wir auf dem Höhepunkt dieses schrecklichen Krieges in Zagreb in Kroatien gaben. Im Gegensatz zu Pilar, die mehrere Monate brauchte, bis sie zu ihrem Durchbruch kam, dauerte das bei Lubie nur wenige Tage.

Der Workshop war Teil eines vom Außenministerium der US-Regierung finanzierten Programms, das Kriegsflüchtlingen helfen sollte, mit dem posttraumatischen Stress als Folge der unsäglichen Brutalität, deren Zeuge sie geworden waren, zurechtzukommen. Lubie war nur eine von dreihundert Teilnehmern an diesem Workshop, aber sie fiel mir sofort auf. Ich weiß noch genau, wie sie den Raum betrat und einen Platz in der dritten Reihe gleich am Seitengang einnahm. Sie war von Kopf bis Fuß in Schwarz gekleidet, so als trage sie Trauer. Ihre Augen waren hinter einer Sonnenbrille versteckt und ihr Haar war von einem Kopftuch bedeckt. Während der ganzen Vormittagssitzung saß sie bewegungslos da, ohne das Kopftuch oder die Sonnenbrille abzunehmen; sie hatte die Arme vor der Brust verschränkt und sah mich, der ich den Workshop leitete, an. Sie ließ keinerlei Gefühle erkennen; alles, was ich sehen konnte, waren herabgezogene Mundwinkel, was sich auch nicht änderte, wenn etwas Komisches passierte.

Die Mittagspause kam, und ich erwartete nicht, sie nach der Pause wieder zu sehen. Als ich die Nachmittagssitzung eröffnete, war sie jedoch wieder da und saß auf demselben Platz. Sie trug jetzt kein Kopftuch und keine Sonnenbrille mehr, und ich sah den tiefen Kummer in ihren Augen. Ich war überrascht, sie auch am nächsten Tag wieder zu sehen. An diesem und dem nächsten Tag wurde die Gruppe in kleinere Diskussionsgruppen aufgeteilt, und Lubie wurde der Gruppe zugeteilt, die ich moderierte. In der Sicherheit der kleineren Gruppe öffnete Lubie sich langsam emotional und erzählte von einigen der tragischen Erfahrungen, die sie bisher in ihrem Inneren verschlossen gehalten hatte. Sie sprach über ihren Schmerz, weinte darüber, und indem sie allmählich begann, ihn zu akzeptieren, ließ ihr Leid nach. Während der letzten Sitzung war sie sehr viel entspannter und war tatsächlich eine große Hilfe für alle anderen in der Gruppe.

Es ist immer eine erstaunliche Erfahrung, Zeuge einer solchen Heilung und auch ihrer Belastbarkeit zu sein. „Das Paradoxe ist", sagte Dr. med. Daniel Siegel, der Direktor des Mindfulness Awareness Research Center an der University of California in Los Angeles, „dass man gerade dann, wenn man fähig ist, die eigenen Grenzen zu definieren, tatsächlich Freiheit gewinnt".[4] Es ist genau so, wie Eckhart Tolle es formuliert hat: „In dem Augenblick, in dem man den eigenen Unfrieden vollkommen akzeptiert, wird dieser Unfriede in Frieden umgewandelt."[5]

Obwohl es mitten im Winter war, erschien Lubie zum letzten Tag des Workshops in farbenfroher seidener Kleidung, die einen Hauch von Frühling in den Raum brachte. An diesem Tag ergriff sie vor dreihundert Menschen das Wort und erzählte, sie habe vor dem Workshop geglaubt, ihr Leben verloren zu haben. Sie hatte das Gefühl gehabt, der Krieg habe das Leben aus ihr herausgesaugt und nur eine leere, lieblose Hülle zurückgelassen, in der sie für den Rest ihres Leben voller Schmerzen würde leben müssen. Doch im Laufe der vergangenen drei Tage sei alles anders geworden. Sie hätte sich im Workshop sicher genug gefühlt, das fühlen zu können, was sie fühlen musste, und das ansehen zu können, was sie ansehen musste, und schließlich die finsteren Stimmen in ihrem Kopf, die ihr alle Freude und allen Frieden geraubt hatten, infrage zu stellen. Dann begann sie zu weinen, sagte aber, dies seien Tränen der Freude. Dies war für alle Teilnehmer des Workshops ein zutiefst heilender Moment. Ein Jahr später traf ich Lubie in Zagreb auf einen Kaffee wieder, und sie hatte offenbar keinen Rückfall in die leere Hülle erfahren, die der Krieg aus ihr gemacht hatte. Lubie ist ein Beispiel dafür, wie schnell Menschen sich ändern können, wenn sie dazu bereit sind.

Wenn wir von Umständen sprechen, die die Welt uns auferlegt hat und über die wir keinerlei Kontrolle besitzen, dann sprechen wir gern von den *Tatsachen des Lebens*. Bei diesen beiden Menschen hat der innere Frieden die Tatsachen transzendiert. Als eine dynamische Form des Daseins ist der Friede eine innere Stärke, die uns über die Umstände und alles, was die Welt uns anzutun vermag, hinauswachsen lässt. Angst ist das, was uns diese Kraft verlieren lässt.

Einige Zeit vor dem Ende meiner Anstellung im Zentrum forderte mein Freund Larry Stupski mich heraus, ein Programm der Stressbewältigung zu entwickeln, das helfen könne, die Arbeit gesünder, freudvoller, belohnender und erfolgreicher zu machen. Während der dreizehn Jahre, in denen das Unternehmen von Charles Schwab das enorm schnelle Wachstum erlebte, welches es so bekannt gemacht hat, arbeite Larry dort als leitender Geschäftsführer. Larry betrachtet Stress und die Störung der zwischenmenschlichen Kommunikation, die daraus resultiert, als eines der gravierendsten Hindernisse für den langfristigen Erfolg einer Firma. Ich teilte diese Ansicht und war fasziniert von der Idee, dass es tatsächlich eine Lösung für das Problem des Stresses am Arbeitsplatz geben könnte. Als ich die diesbezügliche Literatur studierte, fand ich Larrys Ansichten bestätigt. In Amerika herrscht am Arbeitsplatz oft eine stressgeladene Atmosphäre, die für die Menschen und das Unternehmen schädlich ist. Sie hat negative Auswirkungen auf die persönliche Leistung, die Teamarbeit und die Motivation und führt damit letztlich zu einer Einschränkung der Rentabilität. Sie wirkt sich außerdem auf die Familien und die Beziehungen außerhalb des Arbeitsplatzes aus, weil die Menschen ihren Stress mit nach Hause nehmen. Die meisten von uns wissen das, die meisten spüren es, und eine ganze Reihe von Studien hat gezeigt, dass die meisten wegen dieses Stresses letztlich mit ihrer Arbeit unzufrieden sind. Das Problem ist, dass niemand zu wissen scheint, was man daran ändern könnte.

Ich vertiefte mich auch in die Forschungsergebnisse der Neurowissenschaft, indem ich einen Haufen Bücher zu diesem Thema durcharbeitete. Während der vergangenen zehn Jahre hat die Neurowissenschaft bei der Erforschung der Funktionsweise unseres Bewusstseins erstaunliche Durchbrüche erzielt. Was ich herausfand, lässt sich im Großen und Ganzen folgendermaßen zusammenfassen: Stress ist Angst, Frieden ist Kraft. Angst ist der biologische Auslöser für eine Stressreaktion. Zu viel Stress beeinträchtigt die höheren Gehirnfunktionen und chronischer Stress macht es dem Gehirn unmöglich, Spitzenleistungen zu erbringen, positive Beziehungen zu pflegen und gesund zu bleiben. Friede ist offensichtlich das genaue Gegenteil von Angst und Stress. Eine auf dynamische Weise friedvolle Geisteshaltung führt, neurologisch gesehen, zu optimaler Gehirnfunktion und einem Prozess der Regeneration, der die Auswirkungen von Stress umzukehren vermag. Aus neurologischer Sicht ist Erfolg innerer Friede, und Erfolg ist das Loslassen von Angst. Und es gibt noch einen Bonus obendrauf: Eine auf dynamische Weise friedvolle Geisteshaltung führt auch zu einer erfüllenderen Lebenserfahrung. Der psychologische Begriff dafür ist „Flow".

● ● ●

Kurz gesagt: Friede ist gleichbedeutend mit einem Gehirn, das seine absolute Höchstleistung zu erbringen vermag. Er führt zu einer Gehirnfunktion, die nötig ist, um auf jeder Ebene des Lebens Erfolg zu haben. Angst führt zu einem vergifteten Gehirn, das von Stresshormonen überflutet ist. Larry hatte offensichtlich Recht. Und wir hatten eine Lösung für das Problem, und zwar nicht nur für den Arbeitsplatz, wie Larry es sich gewünscht hatte, sondern ebenso für Eltern und Ehepaare, Schüler, Studenten und Lehrer. Unsere Lösung sollte im Grunde für jedermann funktionieren, dem es darum geht, Stress und die davon verursachten Unannehmlichkeiten zu überwinden.

Fünf Jahre später kulminierten meine Recherchen und meine Entwicklungsarbeit in der Gründung eines Unternehmens namens ProAttitude, welches Menschen hilft, diesen optimalen Bewusstseinszustand zu verwirklichen. Dieses Buch fasst all das zusammen, was ich über eine auf dynamische Weise friedvolle Geisteshaltung gelernt habe, und zeigt auf, welcher Prozess uns hilft, sie zu verwirklichen.

1

Das ganz gewöhnliche Genie

Wie schön ist das menschliche Geschlecht!
O brave neue Welt, die solche Einwohner hat!

William Shakespeare, Der Sturm

Das erstaunlichste System, das es in der Welt der Biologie gibt, liest in diesem Augenblick dieses Buch. Es hat sorgfältig die Seiten umgeblättert, hat die Information analysiert, hat sie vielleicht infrage gestellt, hat emotional darauf reagiert, hat sie integriert, assoziiert, extrapoliert und letztlich die Bedeutsamkeit des Buches bewertet.

Sie sind das erstaunlichste System, das die Welt der Biologie hervorgebracht hat.[1] Sie sind das größte Wunder auf Erden. Sie besitzen die größte Errungenschaft der Evolution der Natur: das menschliche Gehirn. Und Sie besitzen die Fähigkeit, dieses Gehirn zu steuern, und zwar „mit dem komplexesten aller Prozesse im Universum, dem menschlichen Geist".[2] Indem Sie diese Fähigkeit benutzen, ganz gleich, wie Sie sie benutzen, erzeugen Sie damit Ihre Lebenserfahrung.

Das Gute Leben

Die Evolution des menschlichen Gehirns war ein besonderes Ereignis in der Natur. Die Geschwindigkeit, mit der die natürliche Auslese das menschliche Gehirn entwickelt hat, ist beispiellos. Es ist geradezu spektakulär, dass es dermaßen schnell zu solch vielen Mutationen in so vielen Genen gekommen ist.[3] Der Neocortex war der letzte Teil des Gehirns, der sich entwickelt hat. Forschungsarbeiten an der Princeton-Universität haben frühere Studien bestätigt und gezeigt, dass der Neocortex im Verlauf der Evolution schnell gewachsen ist. Hat er bei den Insektenfressern noch 16 Prozent des Gehirns ausgemacht, so macht er beim Menschen 80 Prozent aus.[4] Das unterscheidet den Menschen von allen anderen Kreaturen. Die Natur wollte einen unglaublich intelligenten Menschen hervorbringen, und sie wollte, dass dies schnell geschähe. Dieser Größenzuwachs des Neocortex führte zu all dem, was wir als Intelligenz bezeichnen. Die Natur hat in dem Prozess, der unser Gehirn mit den nötigen Schaltkreisen für einen höchst kreativen, ausgesprochen sozialen und zutiefst emotionalen Geist ausgestattet hat, keine Zeit verschwendet. Je weiter die Wissenschaft die neurologischen, psychologischen und spirituellen Dimensionen des Gehirns, das zum Geist wird, erforscht, desto mehr sieht es also aus, als habe die Natur beabsichtigt, uns von aller Mühsal zu befreien, damit wir Freude erfahren und mithilfe der Freude zur Höherentwicklung des Bewusstseins beitragen können.

Mit „Freude" meine ich hier die Beglückung, die wir erfahren, wenn wir unser Talent, unser Wissen und unsere Fähigkeiten hin zu immer größerer Kompetenz erweitern. Es ist die Freude, die darin liegt, unser angeborenes Potenzial auf die Probe zu stellen, es zu entdecken und zu verwirklichen. So haben auch die alten Griechen den Begriff der Freude definiert. Aristoteles nannte dies das „Gute Leben" *(eudaimonia),* womit er einen Zustand des Gedeihens meinte. Für ihn bedeutete dies „gut zu sein und Gutes zu tun".[5] Dies ist das Phänomen, dass ein positiver innerer Zustand bei uns eine positive Wirkung in der Welt hervorruft. Es bedeutet, voll und ganz zu leben und in Frieden zu sein, Freude an unserer Arbeit und an unserem Leben zu haben. Das heißt, dass wir mit uns selbst in Frieden sind, uns in unserer Haut wohlfühlen, gut mit anderen Menschen umgehen können und die Fähigkeit besitzen, auch in einer Krise ruhig zu bleiben und einen klaren Kopf zu bewahren.

Für die alten Griechen waren Friede und Freude nicht so sehr spirituelle, sondern ganz praktische Tugenden, die es der Menschheit erlauben, voll zu funktionieren und letztlich das zu erbringen, was der einzigartige Beitrag des Menschen ist. Es sieht so aus, als hätten sie intuitiv verstanden, was die Neurowissenschaft gerade erst in unseren Tagen mit den Mitteln der Hochtechnologie entdeckt: dass Friede und Freude ein Bewusstseinszustand sind, der die Gehirnfunktion auf ihr absolut bestes Niveau hebt. Die Griechen benutzten ihre optimale Gehirnfunktion, um die Kunst, die Wissenschaft, die Philosophie, den Handel und die Demokratie zu begründen und eine Zivilisation aufzubauen, die sechshundert Jahre überdauerte und das Fundament darstellt, auf dem die abendländische Kultur steht. Erhabene Errungenschaften – genau das ist es, was die Natur beabsichtigte.

◉ ◉ ◉

So wundervoll sich dies alles auch anhört, für viele Menschen war die Reise alles andere als freudvoll. Die Tatsache, dass die Natur uns das Vermögen der Kreativität gegeben hat, bedeutet, dass wir Elend ebenso wie Freude schaffen können, unangenehme Konsequenzen ebenso wie Belohnungen. Unsere kreative Natur wird oft von Unglücklichsein und Enttäuschung, Stress und Mühsal überschattet, wenn diese Erfahrungen sich zu dem Glauben verdichten, dass wir Opfer dieser Welt sind. Und dieses Geschenk der Kreativität ist nicht einfach nur etwas, mit dem wir geboren wurden; es ist auch eine Kraft, die wir entdecken, pflegen und richtig anwenden müssen. Goethe, der deutsche Dichterfürst, schrieb:

> Ich bin zu dem furchterregenden Schluss gekommen, dass ich selbst das bestimmende Element bin. Meine persönliche Geisteshaltung erschafft das Klima. Meine tägliche Stimmung macht das Wetter. Ich besitze die enorme Kraft, das Leben leid- oder freudvoll zu gestalten. Ich kann ein Werkzeug der Qual oder ein Instrument für Inspiration sein, ich kann demütigen oder humorvoll sein, verletzen oder heilen. In allen

Situationen ist es meine Antwort, welche entscheidet, ob eine Krise eskaliert oder beruhigt wird und ob ein Mensch menschlicher oder unmenschlicher wird.

In unserem Umgang mit der Welt begegnen wir oft Widrigkeiten, Konflikten und Vorurteilen, die uns den Weg zu versperren scheinen. Das kann uns ängstlich, ärgerlich oder pessimistisch machen, wobei ein Gefühl mit dem anderen konkurriert, sodass schließlich eine Grundhaltung entsteht, die Rollo May als eine „vage andauernde Unsicherheit und Hilflosigkeit" beschreibt.[6] Das Wort „stressgeladen" beschreibt eine solche Situation. Wenn Unsicherheit und Hilflosigkeit zunehmen, kann das zu einem Unwetter von Stress und Negativität anwachsen, welches das Gemüt zersplittert, unsere Begeisterung dämpft und unser Selbstvertrauen erschüttert. Dann sind wir weit davon entfernt, das „Gute Leben" zu leben. Wir führen vielmehr ein stressgeladenes Leben, in dem wir uns von unserer Arbeit, unseren Aufgaben, ja selbst von unserer Familie unter Druck gesetzt fühlen. In Workshops oder Seminaren, die ich veranstalte, höre ich immer wieder von den Teilnehmern, sie könnten sich nicht erinnern, wann sie zuletzt Freude oder Frieden erfahren hätten. Sie können sich zwar sofort an die letzte Gelegenheit erinnern, bei der sie zornig oder deprimiert oder aus Angst vor Versagen völlig gelähmt waren, aber nicht daran, wann sie zuletzt in Frieden gewesen sind. Sie sind nicht der Ansicht, dass berufliche Leistung, Erfolg oder die Entwicklung außerordentlicher Fähigkeiten von einer freudigen, friedvollen Geistesverfassung abhängen. Diese Menschen neigen dazu zu glauben, dass sich das „Gute Leben" außerhalb ihres Berufslebens abspiele oder dass es ihnen einfach nicht beschieden sei.

Wie Sie sehen werden, haben Freude und Frieden aus neurologischer Sicht sehr viel damit zu tun, ob man auf jeder Ebene des Lebens zu einem sinnvollen Erfolg gelangen kann. Wir können zwar vergessen, wie sich Friede und Freude anfühlen, aber keinem von uns sind diese Gefühle völlig fremd. Sie sind in die neuronale

Struktur unseres Gehirns eingebaut. Wie es auch bei jeder anderen menschlichen Fähigkeit der Fall ist, entwickeln sie sich, wenn wir sie gebrauchen. Wenn wir diese positiven Gefühle also ständig trainieren, dann entwickelt sich allmählich eine Gehirnstruktur, die schließlich eine Kraft des Bewusstseins entstehen lässt, durch die wir über uns selbst hinauswachsen. Wir treten aus dem Sturm heraus in sein Auge, wo das dort herrschende Klima von Friede und Freude die Verwirklichung der natürlichen Begabung, die unser Geburtsrecht ist, fördert. Friede und Freude können zu unserer Daseinsform werden, zu etwas, das wir tagtäglich erfahren und nicht nur als seltene Begebenheit ungewissen Ursprungs zwischen Gewitterfronten der Angst.

Wollen wir über den Sturm hinaus gelangen und in das Auge eintreten, so besteht der erste Schritt darin, sich des enormen Geschenks der kreativen Kraft, die in unserem Gehirn wohnt, bewusst zu werden. Wir können beginnen, uns zu fragen: Was wäre, wenn der Nobelpreisträger Erik Kandel und andere Forscher recht hätten, wenn sie sagen, dass ein jeder von uns über das erstaunlichste System in der Welt der Biologie verfügt sowie über die Fähigkeit, es mithilfe der komplexesten Prozesse, die es im Universum gibt, zu steuern? Wenn wir uns im Stillen erlauben, Kandel zu vertrauen, dann erfahren wir vielleicht eine Erweiterung unseres eigenen Bewusstseins, durch die die Grenzen unseres beschränkten Denkens überschritten werden. Je mehr Kraft wir diesem Gedanken verleihen – das heißt, je mehr wir daran glauben, dass dieser Gedanke Kraft besitzt –, desto mehr Kraft wird er tatsächlich haben.[7] In diesem Bewusstseinszustand spüren wir vielleicht sehr deutlich, über welche Möglichkeiten wir verfügen. Auch nur ein wenig davon zu schmecken, kann Freude in unser Herz bringen. Wenn die Erfahrung noch stärker wird, fühlen wir uns vielleicht von dem Wissen darum, was wir tun könnten, aber noch nicht getan haben, inspiriert – vielleicht auch von dem, was wir uns erträumt, was wir aber bisher noch nicht verwirklicht haben. Vielleicht fühlen wir uns auch dazu veranlasst, die Gelegenheit in diesem Augenblick zu ergreifen und mit der Arbeit zu beginnen.

> **Du siehst vorhandene Dinge und sagst: „Warum?"**
> **Ich erträume Dinge, die noch nie da waren,**
> **und sage: „Warum nicht?"**
>
> **George Bernard Shaw**

Das Ziel dieses Buches ist, Sie dazu zu veranlassen, sich dem Sturm zu entziehen, in dem Sie keine wirkliche Kraft besitzen, und in das Auge des Sturms einzutreten, wo das Talent, die Kraft und die Magie dessen, was Sie sind, wachsen können. Im Auge des Sturms erlangen wir ein Vermögen, das uns von nicht weniger als sieben verschiedenen Formen der Intelligenz verliehen wird. Diese Formen der Intelligenz sind archetypisch und stellen außerordentliche Befähigungen des Menschen dar. Es sind die Fähigkeiten des Dichters, des Naturwissenschaftlers, des Komponisten, des Bildhauers, des Athleten, des Lehrers und des Mystikers in jedem Einzelnen von uns. So greifen zum Beispiel Werbefachleute und große Menschenführer auf die sprachliche Intelligenz des Dichters zurück. Strategische Planer, Ingenieure und Handwerker greifen auf die logische und mathematische Intelligenz des Naturwissenschaftlers zurück. Eltern, Vermittler und Lehrer greifen auf die zwischenmenschliche Intelligenz des Lehrers zurück, während Mystiker, Priester und Psychologen die innermenschliche Intelligenz des Mystikers anwenden. Wenn wir eine Aufgabe, die wir erledigen, analysieren, dann wird sich herausstellen, dass wir auch bei der Erledigung einfacher Aufgaben mehrere Formen der Intelligenz ins Spiel bringen. Howard Gardner von der Harvard-Universität schrieb: „Jedes normale Individuum besitzt diese verschiedenen Intelligenzen in unterschiedlich starker Ausprägung, und in Hinsicht auf die Art und Weise, wie diese Intelligenzen miteinander kombiniert und verschmolzen werden, gibt es ebenso große Unterschiede wie bei den Gesichtern und Persönlichkeiten von Individuen."[8]

> **Glück besteht darin,**
> **sich in etwas Ganzes und Großes aufzulösen.**
>
> **Willa Cather**

Von Zeit zu Zeit erlebt jeder von uns die Beglückung des gewöhnlichen Genius, wenn wir versuchen, etwas Bedeutsames zu verwirklichen, das unsere Fähigkeiten ganz und gar fordert. Vielleicht wurden wir zu Beginn von dem üblichen Sturm von Anforderungen, Druck und Zweifel heimgesucht, doch es gelang uns durch subtile Wendungen und Ausweichmanöver dem Sturm zu entfliehen und sein Auge zu finden, wo der Druck, etwas zu leisten, sich in die Herausforderung verwandelte, etwas Außerordentliches hervorzubringen. Und indem wir uns in diesem Auge einrichteten, übernahm ein müheloses Fließen von Intelligenz die Führung und riss uns mit in seiner unausweichlichen Strömung. Unser Geist wurde klar und arbeitete mit Präzision. Die Zeit stand still. Wir fühlten uns beschwingt und vermochten unsere Begeisterung zu kanalisieren, zu sammeln und zu bewahren und so ein hohes Maß an Energie aufrechtzuerhalten. Allmählich legten wir eine erstaunliche Beherrschung der vorliegenden Aufgabe an den Tag und bewahrten uns einen Blick für das Ganze, auch dann, wenn wir uns um die Details kümmerten. Die Dinge rückten ohne Anstrengung an ihren Platz, als verbänden sich die Puzzlesteinchen ganz von selbst miteinander. Unsere Vision des Ganzen weitete sich aus, indem uns mehr Möglichkeiten bewusst wurden. Auf diese Weise zu arbeiten, kam uns nicht mehr wie Arbeit vor. Es war mehr so etwas wie eine belohnende Liebesmüh. Es ist wahrscheinlich, dass wir in einer solchen Erfahrung schließlich „ein tiefes Gefühl der Freude empfanden … die in unserer Erinnerung als ein Beispiel dafür hervorstand, wie das Leben eigentlich sein sollte".[9]

> Ich mag keine Arbeit – niemand mag sie –,
> aber ich mag, was die Arbeit uns bietet,
> nämlich die Gelegenheit, uns selbst zu finden.
> Zu finden, was die Wirklichkeit ist,
> für uns selbst, nicht für andere –
> etwas, das sonst niemand wissen kann.
>
> Joseph Conrad

Wenn diese Weise zu arbeiten zu einer Lebensweise wird, dann kommen in dem, was wir tun, Intelligenz und Schönheit zum Tragen, ob wir nun ein Unternehmen aufbauen, eine Schulklasse unterrichten oder Wäsche waschen. Die Qualität der Erfahrung führt zu Qualität im Ergebnis, selbst wenn sich dieses Ergebnis nur in einem weiß gewaschenen Taschentuch zeigt, wie es in einem Gedicht von D. H. Lawrence heißt.[10] Nur wenigen von uns ist es gelungen, diesen „Flow" von Intelligenz zu einer alltäglichen Erfahrung zu machen. „Wie beschämend ist es für den Menschen", schrieb der bekannte Theologe Abraham Joshua Heschel, „das größte Wunder auf der Erde zu sein und dies doch nicht zu erkennen. Wie beschämend für den Menschen, dass er im Schatten der Größe lebt, und nicht um diese weiß."[11] Dieser wundervolle Geist, der aus beinahe unendlichen Punkten des Lichts in unserem Gehirn entspringen kann, ist wie ein glitzerndes Juwel, das wir vor so langer Zeit in einen Safe eingeschlossen haben, dass wir inzwischen die Kombination vergessen haben. Was hat dazu geführt, dass wir die Kombination für den Safe vergessen haben? Warum haben wir an der Macht des Geistes gezweifelt oder sie missbraucht? Die Antwort ist: Es war Stress, der, biologisch betrachtet, Angst ist. Ein Gehirn, das ständig unter Stress steht, ist nicht fähig, das volle Maß der Kraft, die die Natur ihm mitgegeben hat, auszunutzen. Neurologisch gesehen gibt es nichts, was die Gehirnfunktion mehr hemmt als eine Anhäufung von Stresshormonen, die aus andauernden Angstanfällen entstanden sind. Und was ist die Hauptursache von Stress? Eine furchtsame Geisteshaltung. Dr. Bruce McEwen, einer der bekannten Stressforscher, hat das Problem in seinem Buch *The End of Stress as We Know It* kurz und bündig formuliert: „Der Begriff ‚Stress' wird längst nicht mehr nur verwendet, um mit Stolz die Narben oder Medaillen eines hyperaktiven Lebens zur Schau zu stellen. ‚Stress' hat vielmehr die Bedeutung von etwas bekommen, das unsere Sicherheit, Gesundheit und unsere Lebensgrundlage bedroht. Der Begriff steht für den Verlust der Annahme, dass die Welt ein sicherer Ort sei."[12]

Wir alle erleben Situationen, in denen der Stress die Oberhand gewinnt. Wir versuchen, das in den Griff zu bekommen und die Auswirkungen des Stresses zu verringern, aber es ist eine Tatsache, dass wir dabei immer mehr an Boden verlieren. Der Stress hat epidemische Formen angenommen. Eine jährlich durchgeführte Befragung der Gallup Organisation hat ergeben, dass Stress heute von 40 Prozent der Amerikaner als „extrem" empfunden wird und er weiteren 40 Prozent Probleme bereitet.[13] Im Erziehungs- und Gesundheitswesen arbeitende Menschen scheinen besonders stark betroffen zu sein. Viele von uns glauben, mit dem Stress ganz gut zurechtzukommen, bis sie einmal genauer hinsehen. Bei ihrer alljährlich durchgeführten Untersuchung des Stresses in den Vereinigten Staaten hat die American Psychological Association festgestellt, dass die meisten Menschen das Niveau ihrer Stressbelastung unterschätzen. Die Studien haben gezeigt, dass die meisten Menschen zwar glauben, den Stress gut zu verkraften, dass sie zugleich aber berichten, er habe negative Auswirkungen auf ihr körperliches und psychisches Wohlergehen. Dies waren die Ergebnisse der Befragung von fast 2000 Personen:

Drei Viertel (77 Prozent) erfuhren während des vergangenen Monats körperliche Symptome aufgrund von Stressbelastung, darunter: Erschöpfung (51 Prozent), Kopfschmerzen (44 Prozent), Magenbeschwerden (34 Prozent), Muskelverspannungen (30 Prozent), Veränderungen des Appetits (23 Prozent), Zähneknirschen (17 Prozent), Veränderungen des Sexualtriebs (15 Prozent), Schwindel (13 Prozent).

Beinahe ebenso viele (73 Prozent) erfuhren während des vergangenen Monats psychische Probleme, darunter Reizbarkeit oder Wut (50 Prozent), Nervosität (45 Prozent), Antriebslosigkeit (45 Prozent), Angstgefühle (36 Prozent).

Die Hälfte (48 Prozent) der Erwachsenen erfuhr während des vergangenen Monats Schlaflosigkeit aufgrund von Stress und

erlitt im Durchschnitt einen Verlust von 21 Stunden Schlaf
pro Monat.

43 Prozent aßen zu viel oder aßen ungesunde Nahrungsmittel, und mehr als ein Drittel (36 Prozent) ließen aufgrund
von Stress während des vergangenen Monats eine Mahlzeit
ausfallen.[14]

Es ist offensichtlich, dass die meisten Amerikaner nicht das „Gute
Leben" führen. Und es geht nicht nur den Amerikanern so. Etliche
Untersuchungen haben gezeigt, dass Stress ein globales Problem ist.

Der Sturm

Gewöhnlicher Stress ist sozusagen das schlechte Wetter des Gemüts,
das kommt und geht, doch chronischer Stress ist gleichbedeutend
mit einem Leben am Rande eines aufziehenden Unwetters. In einer
derart instabilen Situation kann schon eine geringfügige Irritation
wie die beiläufige Bemerkung eines Menschen ein Gefühl der Bedrohung hervorrufen und einen Teil unseres Gehirns aktivieren,
der auf jede Bedrohung reagiert, als stünde unser Leben in Gefahr.
Unsere Stimmung verfinstert sich, Donner grollt und Erinnerungen
an vergangene Traumata blitzen auf. Gehen wir mit der Irritation
nicht angemessen um, was einem unter chronischem Stress leidenden
Gehirn nur allzu leicht passiert, dann kann sich unsere Aufgeregtheit
enorm verstärken und einen Sturm hervorrufen. Angst, Wut und
Überwältigung können zu einem Wirbel fliegender Trümmer anwachsen, der unsere Vernunft niedermacht und unser Wohlbefinden
beeinträchtigt. Angriff oder Verteidigung folgt dann fast unausweichlich. Solche Erfahrungen lassen uns an der Behauptung zweifeln,
dass wir mit dem erstaunlichsten System in der Welt der Biologie
ausgestattet sind. Chronischer Stress bedeutet, dass im System etwas

schief gelaufen ist. Dann ist das Gehirn aus dem Gleichgewicht, von Stresshormonen vergiftet und nicht zu höheren Intelligenzleistungen fähig.

> **Ihr lehrtet mich reden,**
> **und der ganze Vorteil, den ich davon habe,**
> **ist, dass ich fluchen kann.**
>
> William Shakespeare, *Der Sturm*

Die meisten Menschen glauben, es sei nicht möglich, chronischen Stress zu überwinden. Es *ist* möglich. Für einen unter Stress stehenden Geist mag es hoffnungslos schwierig erscheinen, dies zu erreichen, aber es ist einfacher, als wir denken. Die meisten Stressreaktionen lassen sich vermeiden. Der erste Schritt zur Überwindung von Stress besteht darin, keinen Wert mehr darauf zu legen, wie der Stress uns denken, fühlen oder die Welt sehen lässt. Manche Leute glauben, Stress habe einen Wert. Wenn ich in meinen Workshops von den Problemen spreche, die der Stress bereitet, dann wendet unweigerlich einer der Teilnehmer ein, Stress sei gut zur Motivierung von Menschen und erhöhe ihr Leistungsvermögen. Das stimmt nicht. Chronische und wiederholte Stressepisoden erzeugen vielmehr die gegenteilige Wirkung.

Gewiss ist der biologische Mechanismus, den wir Stressreaktion nennen, in spezifischen Situationen nützlich, jedoch nicht zur Aufrechterhaltung von Spitzenleistung. Eine ausgeprägte Stressreaktion kann uns in einer tatsächlichen und akuten Notsituation das Leben retten. Das ist fraglos eine gute und ganz wichtige Sache. Es gibt auch einen Aspekt von Stress, den man Eustress nennt. Hans Selye, der erste Wissenschaftler, der die Existenz von Stress nachwies, prägte diesen Begriff. Eustress ist ein kurzfristiger Spitzenwert der Erregung, der höchstens für einige Minuten andauert. Es ist die Erregung einer Achterbahnfahrt oder der Schreck, den ein Wecker auslösen kann, wenn er uns aus dem Schlaf reißt. Es kann der Adrenalinstoß sein, zu dem es kommt, wenn wir an ein Rednerpult treten oder die bloße Erregung des Aufblitzens einer kreativen Idee. Es kann auch eine Welle von Angst sein, wenn wir uns an das Nahen eines Stichtags erinnern. Eustress soll uns schnell auf Touren bringen. Sollte die Fahrt auf der Achterbahn plötzlich außer Kontrolle geraten oder die Angst uns am Rednerpult erstarren lassen, dann werden die niederen Gehirnfunktionen zunehmen, unsere Energie erschöpfen und die höheren mentalen Funktionen beeinträchtigen. Robert Sapolsky von der Stanford Universität hat diesen Sachverhalt wunderbar zusammengefasst. Die Stressreaktion „ist eine hervorragende Anpassung an die Situation, wenn Sie einem Bären über den Weg laufen – doch des Guten zu viel, und Sie kommen in Schwierigkeiten".[15] Wir können den Teufelskreis des Stresses ein für allemal durchbrechen.

WIR KÖNNEN LERNEN, UNSER GEHIRN SO ZU STEUERN,
DASS ES UNS EINEN STRESSFREIEN GEIST LIEFERT,
DAMIT WIR ERFÜLLEN KÖNNEN,
WAS ZU ERFÜLLEN WIR FÄHIG SIND.

Das Auge des Sturms

Um uns aus dem Sturm heraus und in das Auge des Sturms zu begeben, wo der Geist freudig engagiert und in Frieden ist, braucht es eine einfache, aber wesentliche Verlagerung der Geisteshaltung, die jedermann herbeiführen kann. Wenn wir diese Verlagerung aufrechterhalten, beginnt unser Gehirn zu funktionieren, wie es von der Natur vorgesehen war. Die Gammawellenaktivität, Anzeichen für einen klareren Geist, nimmt ständig zu. Die Gefühle beginnen in Einklang mit der Vernunft zu wirken, statt unseren Geist zu entführen. Wir aktivieren neuronale Schaltkreise, die uns liebevoller und einfühlsamer machen. Dadurch nimmt unser Vermögen zu, zwischenmenschliche Beziehungen aufzubauen, und es wird eine optimistische und konstruktive Beziehung zur Welt gefördert. Homöostase greift Platz und stellt somit eine Körper-Geist-Beziehung sicher, die zu optimaler Gesundheit führt. Wir verwirklichen, kurz gesagt, mehr von unserem angeborenen Potenzial zu Höchstleistungen, zur Schaffung erfüllender Beziehungen und zur Verwirklichung eines langen und gesunden Lebens – das alles durch eine einzige, aber wesentliche Verlagerung der Geisteshaltung. Das ist, als fingen wir drei exotische Vögel mit einem Netz. Ich nenne das den neurokompetitiven Vorteil.

Die Verlagerung der Geisteshaltung in das Auge des Sturms ist der psychische Sprung von der Angst zum Frieden. Es gibt keinen größeren Gewinn für die Gehirnfunktion und die Gehirnchemie als diese Verlagerung. Manche Menschen glauben, Friede bedeute eine Loslösung von der Welt, die uns unseren Biss verlieren und passiv sowie unmotiviert werden lässt. In Wirklichkeit ist Friede ein dynamischer Seinszustand, der neurologische Kraft hervorbringt. Friede ist ein furchtloser Umgang mit der Welt, was wiederum eine Vorbedingung für Höchstleistung, konstruktive Beziehungen und optimales Wohlergehen ist.

GEISTESHALTUNG IST NEUROPLASTISCH,
SIE FÜHRT ZU EINER NEUEN VERNETZUNG DES GEHIRNS,
WELCHE DIE ERFAHRUNGSWEISE,
DIE EINE NEUE GEISTESHALTUNG MIT SICH BRINGT,
AUFRECHTERHÄLT.

Der Psychologe Mihaly Csikszentmihalyi von der Universität Chicago hat über Jahrzehnte bahnbrechende Forschungen auf dem Gebiet der menschlichen Leistungsfähigkeit durchgeführt. Er stellte fest, dass es eine direkte Korrelation zwischen Spitzenleistungen und einem Bewusstseinszustand, den er Flow nannte, gibt.[16] Er fand diesen Zustand des Flow bei Kletterern, Tänzern, Schachspielern,

Sportlern, Künstlern, Managern, Bauern, Fischern und Hausfrauen. Kurz gesagt: Flow kann bei jeglicher Aktivität auftreten, in der man etwas Besonderes leisten will. Diese „besten Momente", wie er sie nannte, „treten gewöhnlich dann auf, wenn ein Mensch an seine körperlichen und geistigen Grenzen geht, um in einer willentlichen Anstrengung etwas Schwieriges oder Lohnendes zur erreichen".[17] Diese Erfahrung von Grenzbereichen wird nicht als Stress empfunden. Es ist vielmehr eine auf dynamische Weise freudige und friedvolle Geisteshaltung, welche zu einer Flow-Erfahrung führt. Darin wird Anstrengung transzendiert und das hervorgebracht, was Csikszentmihalyi „Zustände psychischer Negentropie"[18] nennt, die sich in dem manifestieren, was wir gerade tun. In diesem Zustand sind die Ergebnisse mit großer Wahrscheinlichkeit produktiv und gehen mit einer innerlich befriedigenden Erfahrung der Arbeit oder des Lebens einher. Das genaue Gegenteil des Flow ist ein „Zustand psychischer Entropie", der von Angst erzeugt wird. Psychische Entropie ist eingeschränktes mentales Leistungsvermögen. Sie ist ein Zusammenbruch emotionaler Stabilität und Widerstandskraft, ein ausgelaugter Körper ohne physische Kraft. Psychische Entropie bedeutet ein Gehirn unter Stress, welches nicht in der Lage ist, den Flow der Spitzenleistung aufrechtzuerhalten.

Mystisches Coolsein

Menschen, die dem Leiden im Sturm ausgesetzt sind, glauben oft, dass diejenigen, die das Auge gefunden haben, genetisch besonders begabt, spirituell gesegnet oder einfach stinkreich sind. Doch in einem jeden von uns wartet die optimale Erfahrung darauf, dass wir den Schalter umlegen und sie aktivieren. Um den Schalter umlegen zu können, bedarf es einer grundlegenden Änderung der Geisteshaltung. Wie wir sehen werden, ist Geisteshaltung neuroplastisch – sie führt zu einer neuen Vernetzung des Gehirns, welche die Erfahrungsweise, die eine neue Geisteshaltung mit sich bringt, aufrechterhält.

Schließlich programmiert das Gehirn die Erfahrung so, dass sie zu unserer zweiten Natur wird. Sie wird zu einer Daseinsweise, die sich in allem, was wir tun, manifestiert und die den Prozess auf allen wichtigen Ebenen verbessert. Psychologen nennen dieses Fließen der Erfahrung Flow, Sportler nennen es „die Zone" und Mystiker sprechen vom anstrengungslosen Tun. In diesem Buch nenne ich es Mystisches Coolsein, ein Konzept, das ich im fünften Kapitel genauer darstellen werde. Mystisches Coolsein ist eine praktische Methode zum Eintreten in das Auge des Sturms.

Das Pantheon des Gehirns

Das greifbare Ergebnis, zu dem dieses Buch führen soll, ist Friede und Freude – der Friede und die Freude, die wir erfahren, wenn wir unsere angeborene Begabung und Intelligenz einsetzen können, um unser Bestes zu geben und damit unseren Beitrag zu dieser Welt zu leisten.

Eine auf dynamische Weise friedvolle und freudige Geisteshaltung aufrechtzuerhalten verlangt, dass man die drei Teile des Gehirns dazu bringt, miteinander statt gegeneinander zu arbeiten. Jeder dieser Teile repräsentiert ein Stadium in der Entwicklung des menschlichen Gehirns. Zusammengenommen bilden sie ein neurologisches Pantheon von drei Göttern mit einem Gefolge niederer Götter, die das alles zu einem funktionierenden Ganzen verknüpfen. Die drei Götter der Neurologie sind Apollo oder der Neocortex; Mars oder das emotionale Gehirn; und Drache oder das primitive Gehirn.

Diese drei Götter der Neurologie sind allmächtig und ebenso wunderbar wie die Götter der alten Kulturen. Und sie können ebenso miteinander streiten und sich gegenseitig anfeinden, wie es die Götter des Altertums taten. Jeder hat seine klar identifizierbare Persönlichkeit und seine Begabungen, weshalb wir oft von dieser oder jener Seite unserer selbst sprechen. Sind die Götter der Neurologie untereinander uneins, dann wird das Gehirn auf Kosten der Intelligenz zu einem Sturm der Fehlfunktion.

Arbeiten die Götter des Gehirns harmonisch zusammen, dann transzendieren wir unsere Persönlichkeit und unser Talent und finden uns an der Schwelle zum Genie, welches das charakteristische Kennzeichen unserer Spezies ist. Wie der große Philosoph Schopenhauer sagte: „Das Talent gleicht dem Schützen, der ein Ziel trifft, welches die übrigen nicht erreichen können; das Genie dem, der eins trifft, bis zu welchem sie nicht einmal zu sehen vermögen." Wenn die Götter miteinander in Einklang sind, umgeht der Geist den Sturm des Stresses und der inneren Konflikte, betritt elysische Gefilde und verwirklicht das, was Abraham Joschua Heschel „das größte Wunder auf Erden" nannte.

In den folgenden Kapiteln werden wir erkunden, was diese drei Götter sind. Selbst ein rudimentäres Verständnis der Funktionsweise dieser drei Systeme sowie der Art und Weise, wie sie sich anfühlen und wie sie unsere Erfahrung erzeugen, kann uns helfen, den Weg in das Auge des Sturms zu finden.

**Der Unterschied zwischen dem, was wir tun,
und dem, was zu tun wir fähig sind, würde ausreichen,
um die meisten Probleme der Welt zu lösen.**

Mahatma Gandhi

2

Der Drache,
das primitive Gehirn

Ohne das Tier in uns sind wir kastrierte Engel.

Hermann Hesse

Der Drachen-Gott der Neurologie, der älteste und kleinste Teil des Gehirns, ist die Grundlage, auf der sich die anderen Teile entwickelt haben. Der Drache, oft das primitive Gehirn oder das Reptilienhirn genannt, ist der Körper und seine weitgehend automatische, unbewusste Funktion unter dem Kommando des Hirnstamms. Doch wie wir sehen werden, stattet das primitive Gehirn den Körper auch mit seinem eigenen Geist aus, der tiefgründig und reich an Weisheit ist. Es ist unsere wilde, animalische Natur, die auf die Erde eingestimmt ist. Das Wort „Drache" kommt vom Griechischen *drakein,* was „klar sehen" bedeutet. Und in der Tat ist die Fähigkeit, klar zu sehen, genau das, womit unser primitives Gehirn uns ausstattet.

In der griechischen Mythologie bewachte der Drache gewöhnlich eine heilige Quelle, einen heiligen Hain oder einen Goldschatz. So wurde zum Beispiel das Goldene Vlies im heiligen Wald des Mars in Colchis von einem Drachen bewacht, der niemals schlief. Ein Paar geflügelter Drachen zog den Wagen von Demeter, der Göttin der Fruchtbarkeit und Wächterin der Jugend, welche die Jahreszeiten und vor allem den Frühling brachte. Diese griechischen

Mythen stellen den Drachen vor den Schatz, den die Menschheit am höchsten schätzt, und erinnern uns damit daran, dass wir durch das Primitive hindurchgehen müssen, um zum Schatz zu gelangen. Außerdem gibt es den Mythos von Athena, die Drachenzähne in die Erde säte, um eine Armee von ausgewachsenen und voll bewaffneten Kriegern hervorzubringen. Dies repräsentiert die wilde Natur des Reptilienhirns.

Die griechische Kultur war nicht die Einzige, die Drachen kannte. Die Eingeborenen Amerikas verehren den Drachen als die göttliche Manifestation aller Urkräfte der Natur und des Universums. In der asiatischen Mythologie ist der Drache ein wohlwollendes Wesen, während er in der abendländischen Mythologie bösartig ist. Die australischen Aborigines nennen ihren Reptiliengott *Mangar-kunjer-kunja,* der Gott, der die Menschen erschuf. Das primitive Gehirn ist das Gute und das Böse, aus dem die menschliche Rasse entspringt.

Der unbewusste Körper

Das primitive Gehirn ist der unbewusste Körper. Es kontrolliert die vegetativen Prozesse des Körpers, wie die Atmung, den Herzschlag und die Verdauung. Wenn es nicht funktioniert, dann sterben wir. Es hält die lebenswichtigen Funktionen des Körpers aufrecht, ohne einen einzigen Gedanken, eine Wahrnehmung oder ein Gefühl zu erzeugen. Es ist Instinkt, Sexualität und Reflexe. Das primitive Gehirn ist die einzige Gehirnstruktur, die wir mit allen Kreaturen auf der Erde gemeinsam haben, von den Säugetieren über die Fische bis zu den Insekten.

Genau genommen bezeichnen wir eine Kreatur, die nur das primitive Gehirn besitzt, nicht als intelligent. Sie scheint keinerlei Erinnerung an ihre eigene Erfahrung zu besitzen. Sie scheint nicht zu denken, zu berechnen oder sich ihren Weg zu suchen. Es heißt vielmehr, dass sie dem Instinkt folgt. Wenn wir es genauer betrachten, zeigt sich allerdings, dass dieser unbewusste Körper klüger zu sein scheint, als wir glauben. Je mehr die Wissenschaft das animalische Verhalten erforscht, desto dünner wird die Trennlinie zwischen Instinkt und Intelligenz. In gewissen Situationen erreicht der Instinkt dieselben Resultate, die die Intelligenz erreicht, oder übertrifft diese sogar noch. Vögel, Fische und Insekten, die nur das primitive Gehirn besitzen, sind in der Lage ihren Weg zielgenau durch Ozeane oder das Firmament zu finden, um zu laichen oder zu überwintern. Hummeln besitzen ein unglaubliches Heimfindevermögen, das es ihnen erlaubt, aus Entfernungen von über 12 Kilometern nach Hause zu finden. Sie vermögen dem Magnetfeld der Erde Richtungshinweise zu entnehmen, können Koordinaten nach dem Himmel berechnen und vermögen ihre Reisedistanz zu erkennen.[1] Unglaublicherweise sind Honigbienen zudem in der Lage, ihren Nestgenossinnen durch präzise Bewegungen ihres Hinterleibs Flugkoordinaten mitzuteilen und sie so zu Feldern zu dirigieren, auf denen Blumen blühen. Diese Koordinaten, die in Relation zum Sonnenstand angezeigt werden, berücksichtigen in der Tat Veränderungen des Sonnenstands aufgrund der Erdumdrehung unter Einbeziehung der Zeit, zu der die Biene zuletzt das Blumenfeld besucht hat.

Der moderne Mensch hat sich immer mehr auf seinen Intellekt verlassen und neigt dazu, primitive Impulse zu verdrängen – und das nicht ohne Grund. Diese Impulse können uns nämlich in große Schwierigkeiten bringen. Wenn der Drache die Kontrolle über das menschliche Verhalten übernimmt, lässt er uns höchst territorial werden und allein auf das Überleben ausgerichtet. Er kann uns auch wild und primitiv werden lassen. Wenn eine militärische Einheit sinnlos wehrlose Menschen massakriert, so ist es wahrscheinlich, dass der Geist der Soldaten aufgrund von Furcht, Erschöpfung und Trauma die Gehirnfunktion so weit zurückentwickelt hat, dass primitive Instinkte die Kontrolle übernommen haben. Um zu überleben, tötet der Instinkt, ohne darüber nachzudenken. Es ist offensichtlich, dass wir es nicht gut fänden, wenn die primitive menschliche Natur im Weißen Haus säße und den Finger auf dem roten Knopf hätte. Der Verstand misstraut der primitiven Leidenschaft, weshalb die Mütter über Jahrhunderte in vielen Kulturen das Liebeswerben bei ihren Kindern beaufsichtigten. Aus demselben Grund knurrt ein Vater den gut aussehenden heißblütigen Burschen mit dem schicken Auto an, wenn dieser an der Tür klingelt, um seine Tochter abzuholen. Auch im täglichen Leben kann uns das primitive Gehirn impulsiv und übereilt reagieren lassen. Eine konservative, gut geführte Bank würde unserer primitiven Natur keine Kreditkarte ausstellen. Die Notwendigkeit gewisser Einschränkungen durch den Intellekt ist verständlich. Die Gesetzgebung, die Strafverfolgung und die Anstandsregeln sind Versuche Apollos, das wilde Tier zu zähmen. Indem wir das Primitive gezähmt haben, sind wir moderne Menschen zu der Ansicht gelangt, dass dieser Teil von uns krude ist und primitive Kulturen unterentwickelt sind. Wir neigen dazu, Botschaften aus dem primitiven Gehirn abzutun als etwas, das allzu unzuverlässig und unglaubwürdig ist, um intelligent sein zu können.

Der Körper als Geist

In Wirklichkeit waren unser Körper und unser Geist nie mehr in Einklang miteinander als zu der Zeit, da wir noch Primitive waren; sie waren nie mehr in Harmonie mit unserer unmittelbaren Erfahrung, nie mehr in Berührung mit dem Heiligen. Wir können eine enorme Menge an persönlicher Kraft zurückgewinnen, wenn wir unsere Rationalität dazu überreden können, mit mehr Respekt auf die Information unseres primitiven Gehirns zu hören, die dieses uns durch unseren Körper zukommen lässt. Ihm wohnt tatsächlich Genie inne.

Der Film *Der letzte der Mohikaner* stellt die Macht der Primitivität sehr eindringlich dar. In der ersten Szene, die ich hier nach dem Drehbuch nacherzähle, hören wir den Wald, den Ruf einiger Vögel in der Ferne und ein Rascheln, das näher kommt und lauter wird. Plötzlich schnellt ein mit einem Mokassin bekleideter Fuß durch das Bild. Es ist ein Indianer, der schnell läuft, und wir hören seinen Atem schwer, aber regelmäßig, gehen. Es ist ein junger Mann, tätowiert und mit kahl geschorenem Kopf. Dies ist Uncas, der letzte der Mohikaner. In einer Hand trägt er ein Steinschlossgewehr. Sein Baumwollhemd ist in der Taille über seinem Lendenschurz von einem Wampumgürtel mit kleinen weißen Perlen zusammengerafft. Ein Tomahawk mit langem Stiel steckt in seinem Gürtel.

Schnitt, und wir sehen einen anderen Teil des Waldes, wo ein Mann mit einer schweren Kriegskeule in der Hand durch das Unterholz läuft. Er hat eine massivere Statur und ist älter. Über seiner linken Augenbraue sehen wir eine eintätowierte Schlange. Dies ist Chingachgook, Uncas' Patenonkel. Während er läuft, knickt er keine Halme um oder bricht Zweige ab; er macht keinerlei Geräusche, während er parallel zu Uncas durch den Wald läuft. Sie laufen durch die Kathedrale des Waldes mit den hoch aufragenden Bäumen, über Bäche, Felsen, umgestürzte Bäume, hinab in eine Schlucht.

Erneuter Schnitt zu einem anderen Teil des Waldes, wo ein Mann mit langem schwarzem Haar pfeilschnell durch den Wald schießt. In seiner Rechten trägt er ein Gewehr mit langem Lauf. Dies ist Nathaniel Poe, der weiße Mann, den die Irokesen Hawkeye genannt haben. Er rennt durch das Unterholz und hält plötzlich inne. In etwa 200 Meter Entfernung sehen wir die Farben eines Tiers durch die dichten Blätter schimmern. Hawkeye hebt das Gewehr an die Schulter. Es gibt einen lauten Klick, als Hawkeye das Gewehrschloss mit dem Stück Feuerstein spannt. Bei diesem Geräusch erstarren Uncas und Chingachgook mit einem Mal in ihrem Lauf. Hawkeye schießt und beim Geräusch des Schusses springt der große Hirsch nach vorn – genau in die vorauskalkulierte Schussbahn, wo er von dem Projektil niedergestreckt wird. Bevor Chingachgook das Tier ausweidet, kniet er nieder und betet: *Es tut uns leid, dass wir dich töten mussten, Bruder. Vergib uns. Ich ehre deinen Mut und deine Geschwindigkeit und deine Kraft.*[2]

Das Ganze ist ein Bild von Männern, die mit ihrer Umgebung und miteinander eins sind sowie mit ihrem Ziel, die lebensnotwendige Nahrung für ihr Volk zu beschaffen. Es ist, als wären die

Männer, die Landschaft und das Tier Teile eines Körpers, der sich in einem fließenden Ablauf vorwärtsbewegt durch die Zeit, die immer Hier und Jetzt ist. Das primitive Gehirn ist im Wesentlichen außengelenkt. Es lebt in der äußeren Welt, fokussiert den Geist auf den gegenwärtigen Augenblick und benutzt den Körper, um die Welt zu lesen und darauf zu reagieren. Tiere sind vor allem, wenn nicht sogar ausschließlich, außengelenkt. Sie reagieren augenblicklich auf visuelle, auditive und taktile Reize aus der Umgebung. In der Wildnis hält das primitive Gehirn die Aufmerksamkeit fest auf das gerichtet, was *da draußen* geschieht.

● ● ●

Der Film illustriert ebenfalls den kreativen, weitgehend innengelenkten Geist, den das höhere Gehirn hervorbringt. Er manifestiert sich in den Gerätschaften, die die Männer bei sich tragen, in ihrer Kleidung, in der Selbstdarstellung durch ihre Tätowierungen, die geschorenen Köpfe, der Perlenstickerei sowie in dem Gebet, das Chingachgook neben dem niedergestreckten Hirsch spricht. Die Einzigartigkeit der Menschen zeigt sich darin, dass sie, anders als die Tiere, gleichzeitig sowohl innengelenkt als auch außengelenkt sein können. Die Sinnesinformationen, die vom primitiven Gehirn vermittels des Körpers gesammelt werden, werden in einen anderen Teil des Gehirns weitergeleitet, wo sie in die Sprache der Emotionen übertragen werden. Dies ist der Teil von uns, der das, was im Augenblick geschieht, sieht, riecht, hört und registriert und dann bestimmt, welche Gefühle wir mit dem, was wir wahrnehmen, verbinden. Die sensorischen und emotionalen Daten passieren dann das höhere Gehirn, wo sie mit früheren Informationen, Erinnerungen und angesammeltem Wissen abgeglichen werden. Sinneswahrnehmung, Gefühl und Verstand stehen nicht im Widerstreit; sie sind aufeinander eingestimmt und erzeugen eine Resonanz, wie es sie zwischen den drei Kriegern gab, und sie bringen so das der Situation angemessene Verhalten hervor.

Dies ist der Weg des Kriegers. Es ist auch der Weg der großen Führer, die in der Lage sind, Kohärenz in ihre innere und äußere Erfahrung zu bringen. Sie achten auf die äußere Situation, sie lesen die Äußerungen und Absichten der Menschen und sie fühlen die Atmosphäre im Raum. Sie spüren die emotionale Resonanz oder Dissonanz, die vorhanden ist. Sie interpretieren ihre eigene gefühlsmäßige Reaktion zutreffend und wissen damit umzugehen. Wenn alles wie von einer Linse gebündelt zusammenkommt, dann formulieren sie eine Antwort, welche hilft, die vorliegende Situation in einem größeren Kontext zu begreifen. Ein guter Lehrer, Menschenführer oder ein gutes Elternteil, sie alle zeichnen sich durch dieselbe integrierte Daseinsweise aus. Sie ist es, die einen Makler an der Börse erfolgreich macht oder eine Ehe gelingen lässt.

Angesichts der Art und Weise, wie der moderne Mensch mit dieser Erde umgeht, kann man wohl behaupten, dass er nicht so integriert und deshalb nicht so lebendig ist wie unsere Vorfahren. Wir neigen zu einer sehr viel stärkeren Innenlenkung. Wir sind sehr viel weniger auf die Erde eingestimmt und haben oft den Kontakt zu unserer unmittelbaren körperlichen Erfahrung verloren. Das Ergebnis ist, dass wir weniger fähig sind, die Sprache unseres Körpers in Aktion zu übertragen. Man könnte auch behaupten, dass unsere Vorfahren bessere Gehirne hatten als wir. Die Wissenschaft hat herausgefunden, dass körperliche Anstrengung in der Tat einen neurologischen Zustand erzeugt, der „angereicherte Umgebung"[3] genannt wird. Die Wildnis zwang unsere Vorfahren dazu, körperlich aktiver zu sein, und das Gehirn reagiert auf körperliche Anstrengung durch die Bildung einer größeren Anzahl von Nervenzellen, was zu einem größeren Gehirn führt. Das Gehirn benutzt diese neuen Zellen, um den Cortex auszubauen, die Synapsen zu stärken und mehr Verzweigungen zu bilden, sodass wir unser Potenzial verwirklichen können. In der Wildnis war ein entwickeltes Gehirn notwendig. Man braucht schon eine Menge Gehirnstrukturen, um die kinetische Intelligenz und die mentale Zähigkeit entwickeln zu können, mit denen man einen Hirsch zur Strecke bringen kann.

Es sieht ganz so aus, als *wollten* wir moderne Menschen zu bestimmten Zeiten gar nicht in unserem Körper sein. Wir sind sehr viel stärker innengelenkt und neigen dazu, uns mehr auf unseren Kopf als auf unser Herz zu verlassen, mehr auf Logik und Rationalität als auf unsere Intuition. Wir versuchen eher, die Dinge zu verstehen, als uns mithilfe unserer Gefühle zu orientieren. Wir führen ein hoch strukturiertes Leben und ziehen Vorhersagbarkeit der Spontaneität vor. Das kann zur Folge haben, dass ein Mensch den Kontakt zur konkreten Realität verliert und nicht mehr geerdet ist. Wir neigen dazu, unser Leben weniger im Augenblick zu leben, weniger in unserer direkten Erfahrung, und dafür immer mehr in unserem Denken, sodass wir schließlich nicht mehr fähig sind, die vom Körper erzeugten Gefühlszustände zu entschlüsseln. Das kann uns unentschlossen, pedantisch, eindimensional und sogar verrückt machen. Manchmal fühlen wir uns deshalb der Außenwelt entfremdet, ohne ein Gefühl für das zu haben, was wir sind und warum wir hier sind.

Die Tatsache, dass das Menschenwesen über die Wildnis hinausgewachsen ist, bedeutet nicht, dass wir das Vermögen, ein stärker integriertes Leben zu führen, verloren haben. Ein Spaziergang in der Natur ist genug, um das starke Herz und den starken Geist unserer Vorfahren wieder zu erwecken – wenn wir mit Gewahrsein gehen. Alles, was dazu nötig ist, ist, unseren Geist zu beruhigen, unserem Atem zu folgen, den Boden unter unseren Füßen und den Wind auf unserer Haut zu spüren, den Vögeln, dem Rascheln der Blätter und dem Glucksen des Wassers zu lauschen und die Insekten zu beobachten, während wir mit unseren Fingerspitzen durch das hohe Gras fahren. An einem bestimmten Punkt fangen Innen und Außen an, miteinander zu verschmelzen. Körper und Geist beginnen sich zu umschlingen wie Liebende. Unsere Schwierigkeiten beginnen sich aufzulösen und zur natürlichen Ordnung der Dinge zu werden. Unser Geist lässt ab von dem Verlangen, jedes spezifische Problem unbedingt verstehen zu wollen, und beginnt sich in ein tieferes Verständnis des Lebens einzufühlen. Dies ist der Prozess, durch den bloße Rezeptivität zu Kreativität wird, durch den Hören zu Zuhören wird, durch den Sinneswahrnehmung zu Sensibilität und Verständnis zu Mitgefühl wird – und durch den das alles zusammen zu Liebe wird. Vielleicht spüren wir sogar, wie die Spontaneität unseres wilden Herzens wiedererwacht und wir bereit sind, das Risiko einzugehen, es mit etwas Neuem zu versuchen, das unser Leben ändern könnte.

Die Mohikaner, Hopi, Sioux, Huichol und andere Indianerstämme – wenn nicht gar alle Eingeborenenkulturen – haben schon lange begriffen, dass unsere primitive Natur in Harmonie mit unserem höheren Geist arbeitet, um eine Intelligenz zu erzeugen, die sich, zu bestimmten Zeiten, mystisch anfühlt. Sie entspringt einer inneren Größe, welche die natürliche Größe, die uns umgibt, durchdringt. Auch Albert Einstein verstand dies. „Das schönste und tiefste Gefühl, das wir erfahren können", schrieb er, „ist die Empfindung des Mystischen. Es ist die Quelle aller wahren Wissenschaft." Es scheint klar zu sein, dass der primitive Geist die Grundlage dieser Erfahrung darstellt, die Neurowissenschaft beginnt heute, Beweise dafür zu finden. „Primitive Gehirnstrukturen", sagte der führende Kognitionswissenschaftler des MIT, „könnten die Maschine sein, die selbst unsere fortgeschrittenen intelligenten Lernfähigkeiten auf höchster Ebene antreiben."[4]

Die Intelligenz des Bauchgefühls

Intuition ist eine der wesentlichen Formen der Intelligenz; sie wird von den drei Göttern der Neurologie gemeinsam hervorgebracht. Neurologisch gesehen ist Intuition Information, die dem Körper entspringt und von dort zum Präfrontalen Cortex aufsteigt. Der Präfrontale Cortex ist der entscheidende Teil für die höheren Gehirnfunktionen und der Punkt, an dem das primitive Gehirn, das emotionale Gehirn und der Neocortex zusammenkommen. In einer fließenden Bewegung bemerken wir eine Empfindung in unserem Bauch, fühlen und interpretieren wir innerlich, was wir empfinden, korrelieren wir das, was es uns sagt, mit dem, was wir aus Erinnerung wissen, filtern wir Entscheidungsmöglichkeiten mithilfe moralischer Werte und handeln dann aus dem heraus, was sich richtig anfühlt.

„Gefühle verschaffen uns einen Einblick in das, was in unserem Fleisch geschieht", schrieb Dr. Antonio Damasio.[5] Nach seiner Theorie der somatischen Zustände ist die Fähigkeit des Gehirns, Empfindungen zu registrieren, die aus dem Bauch aufsteigen, entscheidend für das, was Adaptive Entscheidungsfindung genannt wird. Neuronen im Bauch scheinen uns drohende Gefahr oder Bestrafung oder ein drohendes Risiko zu signalisieren, oder auch das Gegenteil – die Erwartung von Belohnung. Intuition ist dann besonders wertvoll, wenn wir in einer Situation der Unsicherheit schnell eine Entscheidung treffen müssen. Wenn ein Geschäftsführer keine Daten vorliegen hat, auf die er zurückgreifen könnte, entscheidet für ihn das Gefühl. Das Gefühl ist es auch, was einen Börsenmakler zu einer Entscheidung gegen die Wahrscheinlichkeit treibt. Eine Frau entscheidet nach dem Gefühl, ob sie den Absichten eines Verehrers trauen kann. Und ein Polizist fühlt, ob jemand lügt, mit verdeckten Karten spielt oder gar potenziell gefährlich ist. Es ist dasselbe bei einer Mutter, die ihr Kind durch und durch kennt: Sie erkennt die kleinsten Änderungen in der Stimme, der Stimmung und der Körpersprache. Der Dichter findet intuitiv genau die Zeile oder das Wort, das ein Gedicht vervollständigt. Und ein guter Arzt durchschaut intuitiv komplexe und einander manchmal widersprechende Fakten und kommt zu der richtigen Diagnose.

Wir nennen es Bauchgefühl, und wer die noetische Kunst des Hörens auf seine Intuition kultiviert hat, gewinnt eine Weisheit, zu der der Intellekt allein nicht gelangen kann. Einige der größten Fehler, die wir im Leben machen, passieren, weil wir nicht auf unser Bauchgefühl hören. Der Bauch ist auch der Ort, an dem wir Mut finden oder verlieren und wo wir den Nervenkitzel des Gewinnens spüren, wenn zum Beispiel ein Basketballspieler den entscheidenden Ball versenkt, oder wo wir den Schmerz des Verlierens empfinden, wenn der Wurf daneben geht.

Die Intelligenz des Herzens

Ein anderer Teil des Drachen, der seinen Beitrag zu einer ergiebigen und einzigartigen Form der Intelligenz leistet, ist das Herz. „Die Idee, dass wir mit unserem Herzen denken können", sagte Joseph Chilton Pearce, „ist längst keine bloße Metapher mehr, sondern ist die Konstatierung eines ganz realen Phänomens."[6] Das Herz besitzt, genauso wie der Bauch, seine eigene Gehirnstruktur. Es enthält eine große Anzahl von Nervenzellen, die mit jenen im Gehirn identisch sind. Die Hälfte dieser Neuronen scheint dazu zu dienen, eine direkte neuronale Verbindung zum emotionalen Gehirn herzustellen und eine dauernde Kommunikation zwischen beiden zu ermöglichen. Diese Kommunikation erlaubt es uns, unsere Gefühle zu erfahren, sie auszudrücken und nach ihnen zu handeln.[7] „Das emotionale Gehirn bewertet unsere Erfahrung der Welt qualitativ", sagte Pearce, „und es sendet diese Information von Moment zu Moment hinab zum Herzen. Umgekehrt ermahnt das Herz das Gehirn, eine angemessene Antwort zu finden."[8] Doch wir denken nur selten, dass ein offenes Herz ein Werkzeug zum Sammeln von Information ist, welche unsere Intelligenz vergrößert.

Unglücklicherweise gelingt es dem Herzen nicht immer, erfolgreich eine angemessene Reaktion zu vermitteln. Wenn Mars oder das emotionale Gehirn eine Bedrohung empfindet und reaktiv das Kommando übernimmt, kann die darauf folgende Belagerung das Herz vor Angst zittern lassen. Angst erzeugt ein dissonantes Muster neuronaler Signale, die vom Herzen zum Gehirn laufen und höhere kognitive Funktionen zu hemmen scheinen. Das schränkt unsere Fähigkeit, klar zu denken, ein und auch die Fähigkeit, uns zu erinnern, zu lernen, vernünftig zu denken und effektivere Entscheidungen zu treffen. Emotional empfinden wir die Dissonanz als Entmutigung – uns rutscht, umgangssprachlich ausgedrückt, „das Herz in die Hose". Umgekehrt verbessern positive Gefühlszustände die Gehirnfunktion.[9] Wenn wir Gefühle von Liebe, Respekt oder Wertschätzung aufrechterhalten, koppeln sich unser Blutdruck, unsere Atmung und andere oszillierende Systeme an den Herzschlag an und synchronisieren sich mit den Rhythmen des Gehirns. Dies ist dann ein Zustand der Resonanz, in welchem die kognitive und emotionale Intelligenz, die von einem dissonanten Zustand der Furcht blockiert wurde, wiederhergestellt wird.

Weitblick

Weitblick ist ein weiteres machtvolles Geschenk, welches das Herz uns Menschenwesen beschert. Eine Reihe von Studien lässt vermuten, dass das Herz an dem beteiligt ist, was wir gewöhnlich als Vorahnung bezeichnen.[10]

Die Begriffe, die die Wissenschaft benutzt, um diese Fähigkeit zu beschreiben, sind „Prästimulus-Reaktion" und „Nichtlokalität". Nichtlokalität bedeutet, dass das Herz und das Gehirn Information über ein zukünftiges Geschehen erhalten und darauf reagieren, bevor das Ereignis tatsächlich eintritt.[11] Wir alle haben von Zeit zu Zeit Vorahnungen. Das Telefon läutet, und wir wissen sofort, wer da anruft, auch wenn wir mit der betreffenden Person schon lange keinen Kontakt mehr gehabt haben. Wir staunen über die Weitsicht großer Künstler, Erfinder, Mystiker und Sozialvisionäre, die ihrer Zeit oft voraus sind. Unternehmer wie Steve Jobs und Bill Gates, Künstler wie Pablo Picasso und Bob Dylan und Sozialreformer wie Mahatma Gandhi und Theodore Roosevelt besitzen oder besaßen alle diese Fähigkeit. Sie demonstrierten eine Art kultureller Voraussicht, die sie bereits eine Zukunft sehen ließ, welche die Gesellschaft erst ein oder zwei Generationen später tatsächlich erreichte. Diese Visionäre hatten durch einen gründlicheren Gebrauch ihrer inneren Ressourcen Zugang zu einem breiteren Spektrum von Information. Sie waren offen für Erfahrungen, die den meisten von uns entgehen. Es könnte sein, dass diese Eigenschaft der Offenheit ihr Gehirn so vernetzt, dass sie eine Art sechsten Sinn entwickeln. Dieser sechste Sinn ermöglicht ihnen einen tieferen Einblick in die kollektive Psyche; sie sehen sozusagen ein Stück weiter als wir die Straße hinab, die der Lauf der Dinge nimmt. Jesus sagte zu den Pharisäern: „Über das Aussehen des Himmels könnt ihr urteilen; könnt ihr dann nicht auch über die Zeichen der Zeit urteilen?"[12] Offenbar vermochten die Pharisäer nicht die von Jesus repräsentierte Zukunft zu erkennen, weil ihre Herzen verschlossen waren. Neurologisch gesehen könnte es sein, dass ihr verschlossenes Herz die Fähigkeit des Weitblicks blockierte.

Das nichtbegriffliche Ich – unsere innere Stimme

„Wir sollten aufpassen, nicht unseren Intellekt zu unserem Gott zu machen", warnte uns Albert Einstein. „Er hat kräftige Muskeln, aber keine Persönlichkeit. Er kann nicht führen, er kann nur dienen." Wir sehen uns oft dazu verführt, uns in der abstrakten Welt unseres Denkens zu isolieren. „Des Inputs unseres Körpers gewahr zu sein, insbesondere der Information aus dem neuronalen Netzwerk, das unsere Eingeweide und unser Herz umgibt, ermöglicht es uns, für die Weisheit unseres nichtbegrifflichen Ichs offen zu sein."[13]

Unsere Kultur neigt dazu, das Ich auf ausgesprochen begriffliche Weise zu definieren – in Begriffen unserer Rollen, unseres Berufs, unseres sozialen Status' sowie in Hinsicht auf vergangene Misserfolge und Erfolge sowie auf Ziele in der Zukunft. Das hat alles seinen Platz, aber es besteht die Gefahr, in einer solchen Definition zu versteinern. Unsere Ichempfindung kann zu einem strategischen Plan werden, mit dem wir der Welt eine künstliche Fassade verkaufen – in der Hoffnung, dass die Welt diese akzeptiert und damit unsere Authentizität bestätigt wird. Die Entdeckung, dass dieser Ansatz zu keiner echten Icherfahrung führt, ist oft der erste Schritt zur Selbsterkenntnis. Wir besitzen eine tiefere Natur, aus der unser gesamtes Dasein hervorgeht, die uns eine umfassendere Lebenserfahrung beschert und die eine machtvollere Wirkung auf die Welt hat – eine Wirkung, die das begriffliche Ich niemals zu erzielen vermag. Zum Glück ist nichts leichter, als unsere tiefere Natur zu erreichen. Durch Offenheit für unsere Erfahrung, von Moment zu Moment, gewinnen wir Zugang zu ihr, also dadurch, dass wir uns auf Körper, Geist und Seele einstimmen und auf die Information hören, die sie uns anbieten.

„Die ganzheitlich funktionierende Person", schrieb Carl R. Rogers, der Vater der Humanistischen Psychologie, „macht Gebrauch von aller Information, die ihr das Nervensystem liefern kann, und verwendet sie mit Bewusstheit, wobei sie sich darüber klar ist, dass ihr gesamter Organismus vielleicht, wenn nicht sogar oft, weiser ist als ihr Bewusstsein."[14] Es gibt einen klassischen Archetyp in der Literatur, der illustriert, was es bedeutet, ganz und gar aus dem Körper zu leben. Er ist verkörpert in Gestalten wie Shakespeares Fallstaff oder Alexis Sorbas von Nikos Kazantzakis. Sie sind herausragende literarische Figuren, welche die Entwicklung eines aus der Grundlage des Körpers heraus voll aktualisierten menschlichen Wesens darstellen. Dieser erdverbundene Charakter spielt gewöhnlich eine Nebenrolle als der Kumpan eines privilegierten Mannes mit geringer Lebenserfahrung. Der etwas verkrampfte Protagonist wird von seinem spontaneren und lebenslustigeren Gefährten in alle möglichen Abenteuer und Schwierigkeiten verwickelt, durch die er schließlich zu einem authentischeren Leben findet. Auf ähnliche Weise treibt der primitive Geist den Intellekt und das Gefühl mit dem Instinkt von Herz und Bauch voran in Richtung auf ein vollständiges Menschenwesen.

Wir lieben diese Nebenrollen, weil sie ganz geradeheraus und unprätentiös sind, was sie umso menschlicher macht. Sie bestehen wirklich aus Fleisch und Blut, sind voller Leidenschaft, körperlicher Vitalität und Wagemut – und sie sind ebenso unvollkommen, wie der Rest von uns. Sie lehren uns, das Leben und diesen Augenblick, hier und jetzt, einfach anzunehmen. In ihnen erkennen wir das von Verwegenheit hervorgebrachte Genie. Wir sehen, wie lohnend es sein kann, Risiken einzugehen, und dass Weisheit der größte Gewinn ist, wenn wir uns – in der Bereitschaft, Fehler zu machen und daraus zu lernen – auf das Leben einlassen. Sie lehren uns auch über das Leben und über uns selbst zu lachen, besonders über die Torheiten, die wir in unserem Wagemut manchmal begehen. Sie verkörpern die dunkle und die lichte Seite unserer wilden Natur, die dadurch sichtbar wird, dass wir uns dafür entscheiden zu lieben. Das Ergebnis ist, dass sie uns lehren, mehr zu sehen, als wir sehen wollten, mehr zu fühlen, als wir fühlen wollten, und mehr zu lernen, als wir bereits wissen.

Dieser Archetyp repräsentiert das Primitive, das empfindungsfähig wird, und die Empfindung, die auf das Primitive zurückgreift, um die Essenz der menschlichen Natur, die frei ist, zu erkennen. Der französische Philosoph Jean-Jacques Rousseau sagte: „Der Mensch ist frei geboren, und überall liegt er in Ketten."[15] Rousseau bezog sich auf politische Unterdrückung, aber die großen Literaten führen uns einen Schritt weiter und zeigen, in welche Ketten uns unser eigenes restriktives Ego legt. Indem sie den wilden Weisen einer engstirnigen privilegierten Person gegenüberstellen, zeigt uns die Literatur, wie gefangen und eingeengt das verbegrifflichte Ich wird und wie lebendig das individuierte Selbst werden kann, wenn die Ketten entfernt werden.

Kein anderer Roman hat diesen Archetyp besser gezeichnet als Nikos Kazantzakis' Meisterwerk *Alexis Sorbas,* auf dem der Film *Sorbas der Grieche* beruht. Was Sorbas noch überzeugender macht, ist die Tatsache, dass er eine reale Person war, einer von uns. Sein Name war Georgis Sorbas und er war ein lebenslanger Freund des Autors. Ich hatte Gelegenheit, Helen, der Frau von Kazantzakis, zu begegnen, und sie erzählte mir, Anthony Quinns Darstellung von Sorbas in dem preisgekrönten Film habe das Wesen und die Persönlichkeit jenes Sorbas, den sie kannte und liebte, sehr gut getroffen. Sorbas besaß, in den Worten von Kazantzakis, „den ursprünglichen Blick … eine kreative Aufmerksamkeit, die jeden Morgen erneuert wurde und die es ihm ermöglichte, alle Dinge ständig so zu sehen, als sähe er sie das erste Mal."[16] Sorbas hatte „den furchtlosen Wagemut, die Seele zu hänseln, als trüge er eine der Seele überlegene Kraft in sich". Er konnte auf Seevögel zeigen und sagen: „Das ist der Weg, den wir gehen müssen; finde den absoluten Rhythmus und folge ihm mit absolutem Vertrauen." Er besaß ein „wildes, überschäumendes Lachen, welches die Barrieren niederreißen konnte, die das Leben einzwängen. ... Selbst die unbedeutendsten Ereignisse, die mit Sorbas zu tun hatten", schrieb Kazantzakis in seiner Autobiografie, „strahlten vor Klarheit, waren in rascher Bewegung und kostbar wie farbenprächtige Fische in einem transparenten Ozean".[17]

„Mich interessiert, was heute geschieht, in dieser Minute", sagte Sorbas. „Wahres Glück besteht darin, keinen Ehrgeiz zu haben und doch zu arbeiten wie ein Pferd, als hätte man allen Ehrgeiz der Welt. Es besteht darin, fern von den Menschen zu leben, sie nicht zu brauchen und sie doch zu lieben. Es besteht darin, dort zu sein, wo immer man sich befindet, und sich davon nicht einschüchtern zu lassen."[18] Wenn man diese Aussagen Sorbas' auf Eigenschaften reduziert, dann beschreiben sie zum Teil die Natur unseres primitiven Gehirns. Selbst die Vorstellung, die Sorbas von Gott hatte, war primitiv. „Lasst uns nach draußen gehen", sagte er, wenn er das Bedürfnis verspürte zu beten, „damit Gott uns besser sehen kann."

Wie Einstein warnte Sorbas davor, den Intellekt zu einem Gott zu machen. „Du denkst zu viel", sagte er zu seinem pedantischen Freund, „das ist dein Problem. Schlaue Menschen und Krämer, die wägen alles ab. Los doch, mein Freund, entscheide dich. Wage den Sprung. Ein Mann braucht etwas Wahnsinn ... ansonsten ... wagt er es niemals, die Bande durchzuschneiden und frei zu sein." Es ist natürlich eine Herausforderung, das durchzutrennen, was uns an das begriffliche Ich fesselt, und den Sprung zu wagen; so fühlt es sich zumindest für einen verkörperten Geist an, wenn er die Angst loslassen soll. Da schwingt die Lebendigkeit des Wagemuts mit. „Hätte ich nur auf seine Stimme gehört", schreibt Kazantzakis, „dann hätte mein Leben mehr Wert gehabt. Ich hätte mit Blut, Schweiß und Knochen erfahren, wovon ich heute nur tagträume wie ein Haschischraucher."[19]

Diese tiefere ursprüngliche Person existiert in jedermann, und sie ruft uns. Sie scheint ganz klar zu wissen, wer und was wir wirklich sind. Sie weiß, wohin wir gehen wollen, wie wir dorthin gelangen, wozu wir hier sind und was wir zur Welt beizutragen haben. Diese tiefere Natur tritt zutage, wenn Bauch, Herz und Kopf zusammenkommen, um eine exponentielle Intelligenz zu erzeugen. Wie wir sehen werden, besitzen wir die Fähigkeit, unser Gehirn so zu vernetzen, dass wir diese Integration erreichen können. Einsicht, Weitblick und Intuition können miteinander vernetzt werde, sodass sie eine innere Stimme bilden, die zu uns spricht und die uns zu führen vermag. Manchmal führt uns diese innere Stimme an den Rand einer neuen Welt und fordert uns auf, den Sprung zu wagen. Manchmal warnt sie uns auch vor dem Rand einer Schlucht des Unheils. Ohne diese innere Führung hätten wir kein echtes und persönliches Gefühl einer inneren Reise. Uns bleibt dann nur das begriffliche Ich, das oft nur eine Fassade ist oder eine ängstliche Unsicherheit, die die Bestätigung anderer erheischt, indem wir deren Erwartungen erfüllen.

In einer Rede vor frisch Graduierten der Stanford-Universität riet Steve Jobs diesen: „Lassen Sie ihre Innere Stimme nicht von dem Getöse der Meinungen anderer übertönen. ... Haben Sie den Mut, Ihrem Herzen und Ihrer Intuition zu folgen. Irgendwie wissen diese bereits, was Sie wirklich werden wollen. Alles andere ist zweitrangig.“[20] Kazantzakis und Jobs waren sich dessen vielleicht nicht bewusst, aber das, worauf sie hinweisen, hat nicht nur inspirierende Qualität; es geht hier um ein neurologisches Vermögen.

3
Apollo, der Neocortex

Wir liegen im Schoß einer gewaltigen Intelligenz.

Ralph Waldo Emerson

Apollo, der zweite Gott der Neurologie, den wir hier behandeln wollen, verkörpert die Kraft des Neocortex. Der Neocortex war der Teil des Gehirns, der sich zuletzt entwickelt hat. Der Neocortex wird oft mit dem Intellekt gleichgesetzt, aber das Reich von Apollo erstreckt sich über den bloßen Intellekt hinaus. Apollo repräsentiert den bewussten Geist, der zum Meister des körperlichen, emotionalen und intellektuellen Bereichs wird. Darum betrachteten ihn die alten Griechen auch als den wichtigsten der Götter des Olymps. Eines der großen Meisterwerke griechischer Bildhauerei ist der *Apollo von Anzio*. Die Römer bewunderten diese Statue so sehr, dass sie sie kopierten. Das ewig jugendliche Gesicht schaut uns geradeheraus an, mit einem sanften, offenen Ausdruck noetischer Gelassenheit. Es ist schwer zu sagen, ob die Statue einen Mann oder eine Frau darstellt. Aus welchem Winkel man sie auch betrachtet, das Gesicht ist wundervoll. Das maskuline und das feminine Prinzip sind hier in vollkommener Balance, wie es auch beim kreativen Prozess der Fall ist. Kreative Intelligenz ist die Essenz von Apollo und des Neocortex. Das männliche und das weibliche Prinzip verschmelzen im Neocortex miteinander und erzeugen unsere Befähigung zu mütterlicher Liebe und unser Einfühlungsvermögen zusammen mit unserer Fähigkeit zu analysieren und Entscheidungen zu treffen.

Apollo ist der Teil des Gehirns, der den Menschen an die Spitze der Nahrungskette gehievt hat. Die Griechen schrieben Apollo prophetische Begabung zu; er vermochte die Zukunft zu lenken und die Welt nach seinem Willen umzugestalten. Er herrschte über die Zivilisation, zähmte das wilde Tier, sodass es dem Menschen diente, er regierte die Wissenschaften und beherrschte die Künste. Er war der Anführer der Musen und der Dirigent ihres Chors. Wenn Apollo den Chor unseres Gehirns dirigiert, wird das Gehirn zu einer Harmonie von Intellekt, Gefühl und Empfindung, wodurch ein voll integriertes und funktionierendes menschliches Wesen hervorgebracht wird.

Der Hof des Apollo – der Präfrontale Cortex

Das Land, das Apollo regiert, ist der Neocortex. Apollos Hof ist zum Teil in dem Bereich des Neocortex untergebracht, der der Präfrontale Cortex genannt wird. Er ist der einzige Bereich des Gehirns, in dem alle drei Götter der Dreieinheit zum Rat zusammensitzen. Es ist die Aufgabe Apollos, Frieden unter ihnen zu bewahren und sie in Einklang miteinander zu bringen. Mars, das emotionale Gehirn, kann es schwierig machen, den Frieden zu bewahren. Das ist auch der Grund, warum Mars unter den anderen Göttern der klassischen Mythologie unbeliebt war. Aber die Allianz von Apollo und Mars bringt auch viel Gutes hervor. Indem er sich mit Mars verbindet, verwandelt Apollo das ursprüngliche Gefühl der Furcht in Gefühle, die so tief, köstlich und vielfältig sind wie die Liebe.

Von seinem Thron im Präfrontalen Cortex aus managt Apollo eine Reihe leitender Funktionen, angefangen mit dem Setzen von Zielen über die Planung, wie die Ziele zu erreichen sind, bis zur Ausführung dieser Pläne. Er erzeugt den Arbeitsspeicher, der unsere Aufmerksamkeit auf das Hier und Jetzt fokussiert, und abstrahiert Modelle zur Voraussage und letztlich zur Gestaltung der Zukunft. Er ist in der Lage, gleichzeitig unterschiedlichen Zielen nachzugehen, Fehler zu entdecken und zu korrigieren, sich an veränderte Bedingungen anzupassen und das Bild des Großen und Ganzen im Blick zu behalten. Er ist der Geschäftsführer par excellence.

Außerdem ist der Hof von Apollo, also der Präfrontale Cortex, die Heimstatt dessen, was Abraham Lincoln die „besseren Engel unserer Natur" genannt hat. Er ist die Grundlage all dessen, was für uns eine voll integrierte und funktionstüchtige Person ausmacht. Er macht das aus, was wir einen guten Menschen nennen. In seinem Buch *Das achtsame Gehirn* beschreibt Dr. med. Daniel Siegel diese besseren Engel. Es sind insgesamt neun:

1. Die Körperregulation wird kontrolliert; der sympathische (Beschleunigung) und der parasympathische (Verlangsamung) Zweig des autonomen Nervensystems werden koordiniert und ausgeglichen. Das ermöglicht es, dass wir uns in einer bestimmten Situation entweder energisch engagieren oder uns ruhig von der Situation distanzieren.

2. Eingespielte Kommunikation wird erreicht, was es uns ermöglicht, uns auf die Geistesverfassung eines anderen Menschen einzustimmen und eine zwischenmenschliche Resonanz zu finden.

3. Emotionales Gleichgewicht wird aufrechterhalten; das erlaubt es uns, so entflammt zu sein, dass das Leben sich pulsierend und sinnvoll anfühlt, und doch nicht dermaßen erregt zu werden, dass wir manisch, chaotisch oder von Gefühlen überwältigt werden.

4. Reaktionsflexibilität wird erreicht, die das Gegenteil von Reflexreaktion ist. Dieses Vermögen ermöglicht es uns innezuhalten, bevor wir handeln, und Impulse zu unterdrücken, was uns genügend Zeit lässt, über verschiedene Optionen für unsere Reaktion nachzudenken.

5. Einfühlungsvermögen wird hervorgerufen; das erlaubt es uns, die mentale Perspektive einer anderen Person zu berücksichtigen: eine Situation aus der Perspektive eines anderen zu sehen, zu fühlen und zu verstehen.

6. Einsicht wird gewonnen vermittels Input- und Output-Nervenbahnen zu Teilen des Gehirns, die Repräsentationen autobiografischer Erinnerungen mit einer emotionalen Struktur erzeugen, welche Vergangenheit, Gegenwart und Zukunft zu einer Lebensgeschichte zusammenfügen.

7. Angstbestimmtes Verhalten wird gehemmt, und zwar durch die Stimulation inhibitorischer $GABA_A$-Rezeptoren, was vermuten lässt, dass das Wachstum dieser Fasern der Angstkonditionierung, die chronischen Stress verursacht, entgegenwirkt.

8. Intuition wird erzeugt, und zwar durch Information aus den neuronalen Netzwerken in der Umgebung unserer Innereien (Bauchgefühl) und unseres Herzens (Herzgefühle), was es uns gestattet, uns für die Weisheit unseres nichtbegrifflichen Ichs zu öffnen.

9. Moralität wird etabliert, was das Vermögen fördert, engstirniges Eigeninteresse zu transzendieren und an das Allgemeinwohl zu denken, sich vorzustellen, was für das Ganze am besten ist.

Jede dieser Funktionen bringt eine Eigenschaft des inneren Friedens zum Ausdruck. Die neuronale Integration[1] all dieser Funktion erschafft ein auf dynamische Weise friedliches Menschenwesen, das fähig ist, eine Verbindung zu anderen herzustellen und ein sinnvolles Leben zu führen. Die meisten von uns halten diese neun Funktionen nicht für angeborene neurologische Eigenschaften, sondern für Tugenden, die uns von Respektspersonen eingedrillt worden sind.

Als ich noch zur Schule ging, gab Schwester Bernadette der Beachtung dieser Tugenden mithilfe eines Lineals Nachdruck. Allerdings sind uns diese Eigenschaften inhärent; es sind Bereiche, die Teil des Betriebssystems sind, mit dem wir geboren werden – man muss sie uns nicht einbläuen. Man kann vielmehr darauf vertrauen, dass sie ganz natürlich zutage treten, wenn wir die angstbesetzten Umstände ausschalten, die ihren ungehinderten Ausdruck blockieren.

Dummerweise existiert neben dem Potenzial zu einem auf dynamische Weise friedlichen Menschenwesen, das neurologisch für ein höheres Bewusstsein vernetzt ist, auch das Potenzial zu einem innerlich ängstlichen Menschenwesen, dessen Gehirn für die Kampf- oder-Flucht-Reaktion vernetzt ist. Unser Gehirn besitzt die Schaltkreise für beides. Das Gehirn hat tiefe neurologische Schaltkreise der Furcht ebenso wie des Friedens entwickelt. Die Evolution hat auch Strukturen aufgebaut, durch die wir zwischen den beiden wählen können. Eine schwierige Kindheit oder eine missliche genetische Konstellation kann uns anfänglich auf Angst hin vernetzt haben, aber an einem bestimmten Punkt wenden die meisten von uns sich um, sehen sich ihr Leben an und fragen sich, ob dies das Leben ist, das sie führen wollen. Das Ganze läuft unweigerlich auf eine Entscheidung zwischen Angst und Frieden hinaus. Angesichts der Tatsache, dass vier der neun Funktionen des Präfrontalen Cortex die anderen fünf vorantreiben, indem sie Angst unterdrücken, sieht es so aus, als unterstütze die Evolution die Entscheidung für den Frieden. Wenn sie Anpassungen vornimmt, kommt für die Evolution das Überleben immer an erster Stelle, und offenbar hat die Evolution früher verstanden als wir, dass unser Überleben als Spezies letztlich davon anhängt, ob wir unsere friedvolle Natur voll zum Ausdruck bringen können. Unser persönlicher Erfolg und unser Glück sind ebenfalls davon abhängig, was nahe legt, dass die Evolution wollte, dass wir glücklich sind und Erfolg haben.

Die Entscheidung für den Frieden wird umgesetzt, indem wir die Angst loslassen, und das verlangt Achtsamkeit. Mit Achtsamkeit meine ich hier eine Offenheit für unsere unmittelbare Erfahrung und das Annehmen dieser Erfahrung. Je mehr wir uns von Moment zu Moment für unsere Erfahrung öffnen können, desto mehr werden wir uns der Angstkonditionierung bewusst, die die besseren Engel unserer Natur blockiert. Wenn wir für unsere Erfahrung offenbleiben, ermöglich uns das, die schmerzlichen Illusionen, die die Angst erzeugt, zu durchschauen und zu erfahren, wie leicht sie verschwinden, wenn wir nicht an sie glauben.

Wenn wir uns ändern, ändert sich unser Gehirn, indem es alle neun Funktionen des Präfrontalen Cortex integriert. Es hat sich gezeigt, dass die Kultivierung eines offenen und empfänglichen Bewusstseinszustands zu einem Anwachsen des Cortex führt und im Alterungsprozess Gehirngewebe erhält.[2] „Es sieht so aus", sagt Siegel, „als käme es mit einem empfänglichen Geist ganz natürlich zu dieser vertikalen Integration ... die eine unverbundene Lebensweise in eine ergiebigere, stärker integrierte Lebensweise verwandelt." Als Alexander der Große Diogenes aufsuchte und den großen Lehrmeister fragte, ob er etwas für ihn tun könne, antworte dieser nur: „Geht mir nur aus der Sonne." Wir dürfen unserem eigenen neuronalen Licht nicht im Weg stehen und müssen darum die Angst loslassen. Auf diese Weise reift die Intelligenz zur Weisheit.

Wie intelligent macht uns der Friede?

Wie intelligent macht uns der Friede? Die Antwort ist: Weit mehr, als uns klar ist. Friede, wie die Neurologie ihn zu verstehen beginnt, ist eine höhere Funktionsweise des Gehirns, welche zu einer emotionalen, sozialen und kreativen Intelligenz führt, die sich manchmal hin zur transzendentalen Erfahrung öffnet – dem, was Einstein „die Empfindung des Mystischen" nannte.

Die meisten von uns geben dem Frieden gar nicht erst die Gelegenheit, uns zu zeigen, was er bewirken kann. In unserem Drang nach Erfolg machen wir es dessen Verwirklichung oft schwerer, als nötig wäre. Die Macht einer auf dynamische Weise friedlichen Geisteshaltung, die Kraft des Neocortex zu verwirklichen, entspringt einer gelösten, fließenden Qualität der Präsenz, in der wir uns still der vorliegenden Aufgabe annehmen, im Augenblick voll präsent werden und alle äußeren Ablenkungen effektiv beiseite wischen. Dabei achten wir auf jeden Schritt, den wir tun, und stimmen unseren Geist ständig auf die sich verändernde Landschaft der Erfahrung ein. Wir sind nicht mehr von Vergangenheit und Zukunft eingenommen und sind uns der Zeit und des Raums nicht mehr bewusst. Indem der Geist sich beruhigt und allmählich Klarheit erreicht, bringt er einen Fluss der Erfahrung hervor, der die Arbeit mühelos macht. Der gewohnte innere Tumult von Selbstzweifeln und Selbstüberschätzung verschwindet und macht Platz für ein furchtloses Selbstvertrauen. Wir erreichen eine Art produktiver Harmonie, ein Zustand, in dem wir unsere Fähigkeiten voll ausschöpfen und positive Gefühle der Freiheit, Freude, Erfüllung und Kompetenz hervorrufen. Dies ist Intelligenz in ihrer allerbesten Form. Alles, was wir aus Büchern, aus Erfahrung und durch Assoziation gelernt haben, steht uns zur Verfügung. Alles Können, das wir durch Wiederholung entwickelt haben, kommt jetzt mühelos ins Spiel. Aus den verschiedenen Modellen, die wir entwickelt haben, während wir uns überlegt haben, ob dieses oder jenes funktionieren könnte, kristallisiert sich jenes heraus, das tatsächlich funktioniert.

Auch wenn wir ein Ergebnis anstreben, wird die Verwirklichung dieses Ergebnisses weniger wichtig als die aktuelle Erfahrung selbst. Haben wir eine Arbeit in dieser Geisteshaltung abgeschlossen, wird uns klar, dass die eigentliche Belohnung diese Erfahrung war. Das soll nicht heißen, dass das greifbare Endergebnis unwichtig wäre. Was wir in solchen Momenten verwirklichen, erstaunt uns oft ebenso sehr wie andere.

Diese Erfahrung ist das genaue Gegenteil von dem, was wir als „Sich-Abrackern" bezeichnen. Nach einem Tag unter der Führung von Apollo fühlen wir uns bestätigt und gestärkt. Am Ende des Tages ist unsere Energie intakt und unser Geist fühlt sich weit offen an. Auf dem Heimweg von der Arbeit bewundern wie die Schönheit der

Abendsonne im Dunst und der hereinbrechenden Nacht. Wenn wir unterwegs anhalten, um Einkäufe zu machen, bemerken wir, dass wir den anderen Einkaufenden gegenüber freundlicher eingestellt sind als sonst. Und wenn wir zuhause ankommen, haben wir das Gefühl, dass wir unsrer Familie emotional mehr zu geben haben als an anderen Abenden.

Das Geschenk namens Flow

Das oben Beschriebene ist die Erfahrung des im ersten Kapitel bereits angesprochenen „Flow". Flow ist der Apollo unseres Daseins, der vorangeht, um sich einer Herausforderung zu stellen, und der dabei Mars zur emotionalen Unterstützung und den Drachen als Lieferant der Eigenschaften des Herzens, der Energie und der intuitiven Einsicht mitbringt. So erzeugen wir die Freude, die Sammlung und die innere Ausrichtung, womit wir Außergewöhnliches verrichten können. Haben wir jedoch eine ganze Reihe stressgeladener Tage hinter uns, dann mag uns eine solche Erfahrung wie ein bloßes Hirngespinst vorkommen. Sie ist *kein* Hirngespinst. Wir sind fähig, einen optimalen Bewusstseinszustand zu erreichen, in dem Aufmerksamkeit, Motivation und eine Aufgabe, die uns herausfordert, unsere Einschränkungen zu überschreiten, zusammenkommen. Dies ist die „Zone", in der Sportler Spitzenleistungen erbringen, die Künstler suchen und in die Intellektuelle zufällig hineinstolpern. Andrew Coopers Buch *Playing In the Zone* gibt uns ein lebendiges Bild der Zone aus der Sicht eines Sportlers:

> *In seiner Autobiografie* My Life and the Beautiful Game *erinnert der Fußballstar Pelé sich an einen Tag, an dem eine seltsame Ruhe über ihn kam. „Es war eine Art von Euphorie", schrieb er. „Ich hatte das Gefühl, den ganzen Tag lang laufen zu können, ohne müde zu werden. Ich fühlte mich, als könnte ich jeden anderen Spieler umdribbeln oder durch die ganze gegnerische Mannschaft dribbeln. Es fühlte sich an, als könnte ich geradezu körperlich*

durch sie hindurch marschieren." Michael Jordan sagte: *„Der Korb kommt dir vor wie so ein riesiger alter Eimer."* Und John Starks von den Golden State Warriors: *„Es ist, als sähest du etwas bereits, bevor es passiert."* Der Baseball-Spieler John Olerud von den New York Mets sagt: *„Wenn es gut läuft, kommt es dir vor, als hättest du mehr Zeit, um auf einen Pitch zu reagieren. Und es ist ganz egal, was für eine Art von Pitch kommt."*[3]

Auch für Naturwissenschaftler ist die Zone nichts Fremdes. Der Chemiker Dimitri Mendelejew aus dem 19. Jahrhundert machte eine Pause, während er um die Lösung eines Problems rang. In einem angrenzenden Raum spielte Kammermusik und er fiel in eine Art Tagtraum. In diesem veränderten Bewusstseinszustand hatte er die Einsicht, dass die grundlegenden chemischen Elemente in einer Beziehung zueinander stehen, wie die Teile einer musikalischen Partitur. Diese plötzliche Vision ermöglichte es ihm, die gesamte Periodentafel der chemischen Elemente aufzustellen, die zur Grundlage der modernen Chemie geworden ist. Friedrich Kekulé, ein deutscher Chemiker derselben Epoche, verfiel in eine leichte Trance und verstand plötzlich die Natur der Bewegung der Atome. Er verbrachte den Rest der Nacht damit, aufzuzeichnen, was er in diesem Zustand geschaut hatte. Dies war der Ursprung der strukturellen Theorie der Moleküle. Von Einstein heißt es, er habe gesagt, es sei ihm beinahe leicht gefallen, die Spezielle Relativitätstheorie zu formulieren.

Auch in der Kunst finden wir viele Beispiele für ähnliche Erfahrungen. Paul McCartney von den Beatles schrieb die klassische Ballade *Yesterday* auf diese Weise nieder. „Ich wachte mit einer wunderschönen Melodie in meinem Kopf auf", erinnert er sich. Er ging dann ans Klavier und begann mit dieser Melodie zu arbeiten, von der Musikkenner heute, nach 35 Jahren, sagen, es sei wohl der beste Pop-Song des 20. Jahrhunderts. Flow kann entstehen, wenn wir genau auf unsere eigene Erfahrung hören. Melanesische Fischer kann man mit verbundenen Augen zu irgendeinem Punkt im Ozean in einem Umkreis von mehreren Hundert Kilometern um ihre Heimatinsel bringen. Wenn man sie dann für einige Minuten im Wasser treiben lässt, sind die Männer in der Lage, die Richtung zurück zu ihrer Insel anzugeben.[4] Die Zone ist ein Moment der Wahrheit, zu dem es kommt, wenn ein klarer Geist mit dem wilden Herzen, welches annimmt, dass es nichts gibt, was unser totaler Organismus nicht leisten könnte, verschmilzt. Die Synergie der beiden erzeugt eine luzide Vision, die uns zeigt, wie das zu verwirklichen ist, was wir suchen. Diese Vision treibt uns voran, um aus dem Bild eine Realität zu machen. In der Zone geht es nicht wirklich um ein Endergebnis, um Gewinnen oder Verlieren, Erfolg oder Versagen. Es geht vielmehr um die Freude, uns über unsere Grenzen hinaus auszuweiten. Jeder Mensch, der Großes geleistet hat, tat dies, indem er in die Freude im Kern der Zone eingedrungen ist.

Der Neocortex

Wir sind nie intelligenter als in jenen Momenten, da wir die Zone aufspüren. Ralph Waldo Emerson hat vielleicht davon gesprochen, als er behauptete: „Wir liegen im Schoß einer gewaltigen Intelligenz, die uns zu Empfängern ihrer Wahrheit und zu Organen ihres Wirkens macht."[5] Das Organ, das uns zu Empfängern seiner Wahrheit macht, ist der Neocortex. Während der Präfrontale Cortex uns mit Ganzheit ausstattet, begabt uns der Neocortex mit Genie. Über den Neocortex wurde gesagt, er sei komplexer als das Wetter und geheimnisvoller als eine Supernova. Diese poetischen Bilder weisen darauf hin, dass der Neocortex eine machtvolle Kraft der Natur ist, die wir nicht so einfach abtun können.

Der Neocortex beherrscht zurzeit unseren Planeten. Diese Kraft residiert in einem jeden von uns, und ihre immense Macht lässt sich zum Guten wie zum Schlechten verwenden. Fast alles, was wir als Intelligenz definieren – Wahrnehmung, Sprache, Imagination, Mathematik, Handel, Kunst, Musik, strategisches Denken –, findet im Neocortex statt.[6] Jeff Hawkins, der Autor von *On Intelligence* und der Erfinder des Palmpilot sagt, dass Computer Informationen zwar mit einer Geschwindigkeit verarbeiten, die fünf Millionen Mal schneller ist als die Verarbeitungsgeschwindigkeit des Neocortex, dass der Neocortex eine Aufgabe aber trotzdem viel schneller bewältigt als ein Computer. Der Grund dafür ist, dass der Neocortex nie mehr als hundert Schritte braucht, um eine Aufgabe zu beenden, während selbst eine ganze Gruppe von modernsten Computern Milliarden oder Billionen von Schritten dazu benötigt. Das heißt, mit anderen Worten gesagt, dass Computer zwar schneller sprinten als der Neocortex, dass sie aber einen unendlich längeren Weg bis zur Ziellinie haben. „Der größte vorstellbare Parallelcomputer vermag in hundert Schritten nichts Nützliches zu leisten", sagt Hawkins, „ganz gleich, wie schnell er sein mag."[7] Der Neocortex kann die Welt dagegen in weniger als hundert Schritten verändern – und er hat dies schon oft getan.

Zurzeit laufen zwei ehrgeizige Projekte, bei denen versucht wird, künstliche Intelligenz nach dem Modell des menschlichen Gehirns zu erzeugen. Man hofft, mit einem Cluster von fünfhundert Computern eine Simulation des menschlichen Gehirns und seiner peripheren Systeme mit zwanzig Milliarden Neuronen erzeugen zu können. Wenn das gelingt, wird dies der größte Computer der Geschichte sein. Dennoch werden auch dann die meisten Aufgaben, die der Neocortex bewältigt, noch die Kapazität dieses oder jedes anderen Computers übersteigen. Wenn Ingenieure an Modellen zur Erzeugung von künstlicher Intelligenz arbeiten, dann ist es zwar der Neocortex, der diese Arbeit leistet, aber selbst er vermag seine eigene Tiefe nicht auszuloten oder seine eigenen hochkomplexen Muster oder Algorithmen zu entschlüsseln. Das Seltsame daran ist, dass der Neocortex tatsächlich kleiner ist als der kleinste Laptop-Computer. Er ist etwa so lang und so breit wie das Buch, das Sie in Händen halten, aber sehr viel dünner. Er ist nicht dicker als zwei aufeinandergelegte Kreditkarten.

Trotz seiner Größe ist das Innere des Neocortex unermesslich und ans Unendliche grenzend. Auf diesem begrenzten Raum sind dreißig

Milliarden Nervenzellen zusammengepfercht, also dreimal die Zahl der Sterne in der Milchstraße. Die Zahl der Synapsen, welche die Verbindung zwischen diesen Nervenzellen herstellen, ist größer als die Wissenschaft zu zählen vermag. Sie dürfte zwischen dreißig und einhundertfünfzig Billionen liegen. Der Neocortex ist ein Dynamo, der niemals abschaltet; er arbeitet 24 Stunden am Tag und sieben Tage in der Woche, auch an religiösen Feiertagen. Seine Neuronen feuern ein bis einhundert Mal in der Sekunde, und die meisten seiner Synapsen blinken ständig, etwa einmal bis fünfzig Mal pro Sekunde. Er ist wie ein Raum voller Glühwürmchen.

Es ist interessant, dass dieses bemerkenswerte Geschenk der Biologie, das uns unsere fünf Sinne, unsere Gefühle, unsere motorischen Fähigkeiten und die enorme Intelligenz, die uns den Weg weist, zur Verfügung stellt, im totalen Dunkel arbeitet, keinerlei Geräusche macht und selbst nichts fühlen kann. Und doch gelang es ihm, uns den Weg zu weisen, der uns vom unteren Ende der Nahrungskette bis an ihre Spitze geführt hat. Der Neocortex besitzt ein unglaubliches Vermögen zu lernen und sich an Tausende von Situationen und Umgebungen anzupassen, selbst an solche, mit denen er zuvor keinerlei Erfahrung hatte und über die er kein Wissen besitzt.

In der Evolution bedeutet Anpassungsfähigkeit Überleben. Bis zum heutigen Zeitpunkt wurde unser Überleben als Spezies vom Neocortex sichergestellt. Er hat uns der Bedrohung entzogen, der wir uns im Dschungel ausgesetzt sahen. Ironischerweise wurden die meisten Bedrohungen für unser Überleben als Spezies, denen wir uns heute gegenübersehen, von den wissenschaftlichen und technologischen Fortschritten hervorgebracht, die wir durch die Anwendung des Neocortex erreicht haben. In der Mythologie bringt Apollo auch die Seuchen und Krankheiten. Sollte es uns gelingen, unserer eigenen Pistolenkugel auszuweichen, dann wird der Präfrontale Cortex unser Bewusstsein so weit ausdehnen, dass es auf globaler Ebene Beziehungen herstellen wird, und der Neocortex wird unseren Erfindungsreichtum so weit ausdehnen, dass wir in der Lage sind, den Schlamassel, den er angerichtet hat, wieder in Ordnung zu bringen.

Evolution ist ein Aufstieg zum Bewusstsein

Pierre Teilhard de Chardin

Aha!

Der Neocortex hat eine kennzeichnende Emotion, und die ist „Aha!".
In seiner Art und Weise, eine Lösung zu suchen, ist der Neocortex
holografisch Er braucht nicht das gesamte Bild, um die Ganzheit
zu sehen. Er fügt ständig die Teile hinzu, die fehlen – wie etwa
die Beine des Nachbarn, die hinter der Hecke nicht zu sehen sind,
oder mithilfe der Logik, die augenblicklich den Teil eines Satzes
hinzufügt, den wir nicht gehört haben. Auf diese Weise vermögen
unsere Fingerspitzen ein Objekt zu identifizieren, das wir nicht sehen
können. Wenn wir einen rasch fließenden Fluss überqueren wollen,
verarbeitet der Neocortex ununterbrochen das, was wir sehen, und
fügt durch Schlussfolgerung das hinzu, was wir nicht sehen – die
Breite des Flusses, die Tiefe des Wassers, die Geschwindigkeit der
Strömung. Zu diesen Daten fügt er hinzu, was er über Flüsse weiß,
sowie seine Einschätzung unserer Beweglichkeit, die Chancen, es bis
zur anderen Seite zu schaffen und die Konsequenzen eines Ausrut-
schers und des Sturzes in die Strömung.

Er erzeugt eine bildliche Vorstellung davon, wie wir den Fluss am
besten überqueren können, und vergleicht diese mit Erinnerungen
an vergangene Erfahrungen. Jede Überlegung ist ein Neuron, das
auf eine bestimmte Variable im Prozess der Entscheidungsfindung
reagiert. Wenn wir uns dazu entschließen, die Überquerung anzugehen, leitet der Neocortex den Körper in Annäherung an das von ihm
erzeugte Modell. Es würde uns äußerst schwer fallen, jede Variable
des Denkens, Fühlens und der Schlussfolgerung zu benennen, die wir
in Betracht gezogen haben, um zu unserer Entscheidung zu gelangen.
Der Algorithmus, den der Neocortex vollzogen hat, um zu einer so
geringfügigen Entscheidung zu gelangen wie dieser, ist einfach viel

zu komplex und zu schnell, als dass wir ihn nachvollziehen könnten.[8] Während wir den Fluss überqueren, dirigiert der Neocortex feinfühlig die Koordination der sensorischen und somatischen Prozesse, die unseren Körper durch die Furt führen.

Mit intellektuellen Prozessen ist das ganz ähnlich. Wir stellen uns ein grobes Bild oder Modell von dem vor, was wir zu erreichen hoffen, und gehen der Verwirklichung dann Schritt für Schritt nach. Auf Grundlage unserer Erinnerung machen wir Voraussagen. Wir verknüpfen die Vergangenheit mit der Gegenwart, um die Zukunft vorherzusagen. Es heißt, dass wir umso intelligenter sind, je besser wir die korrekte Antwort voraussagen können. Natürlich arbeiten wir niemals nur mit einem Modell. Wir haben eine ganze Liste von Modellen, die eine Vielzahl von Problemen repräsentieren, die wir lösen, und von Plänen, die wir verwirklichen möchten. Neuronen formieren sich, um jeden dieser Punkte zusammen mit den Daten, die wir bei der Betrachtung der Umstände gesammelt haben, aufzufassen. Wir arbeiten immer weiter an dem Problem, und eines Tages fallen dann alle Teile des Puzzles an ihren Platz – manchmal gerade dann, wenn wir gerade das Handtuch werfen wollen. Plötzlich passt alles auf wunderbare Weise zusammen – wir haben unsere Antwort. Wir neigen dazu, diese Aha-Momente für Lichtblitze der Einsicht oder gar für göttliche Eingebung zu halten. Solche Momente der Erleuchtung könnte man so erklären, dass die Neuronen, die Teile von Information enthalten, plötzlich zu einem Konsens gelangen. Es gibt auch Neuronen, die Teile relevanter Information enthalten, welche bereits vor langer Zeit in unserem Gehirn gespeichert wurden und die vergessen schienen, die jetzt aber wieder wach werden, um ein entscheidendes Puzzlesteinchen hinzuzufügen. „Jetzt hab ich es!", verkündet der Chor der beteiligten Neuronen und löst eine freudige Schwingung aus, die in uns widerhallt. Es mag sogar sein, dass ein Neuron, welches eine Information enthält, die mit der Sache scheinbar nichts zu tun hat, als eine Linse dient. Diese Linse bündelt das aufblitzende neuronale Licht und projiziert dann, wenn wir unsere Lösung sehen, das Hologramm. Manche der größten

Geheimnisse der Naturwissenschaft sind auf diese Weise gelüftet worden.

Die Weise, auf die jeder Neocortex vernetzt ist, ist ebenso individuell wie unsere Fingerabdrücke. Sie macht mich zu dem, was ich bin, und Sie zu dem, was Sie sind. Sie enthält auch eine unglaublich große Erinnerungsfähigkeit; sie ist groß genug, um alles zu speichern, was wir im Laufe eines Lebens lernen. In diesen Zellen sind unser Wissen, unsere Fertigkeiten, Fähigkeiten, Träume sowie die meisten unserer Erinnerungen gespeichert. Der Neocortex nimmt all diese Teile und konfiguriert daraus unsere Ichempfindung.

Unser Genie dämmerte uns ziemlich plötzlich

Auch wenn der Mensch den Neocortex schon seit mindestens einhundertdreißigtausend Jahren besitzt, weisen die paläoanthropologischen Funde darauf hin, dass wir sein volles Potenzial während der ersten achtzigtausend Jahre nicht angezapft haben.[9] Niemand weiß, warum. Dann plötzlich, vor etwa 50.000 Jahren, machte der Neocortex sich durch eine Welle des Erfindungsreichtums bemerkbar. Er hievte unsere Spezies an die Spitze der Nahrungskette und brachte ihr, nachdem sie sich durch Migration ausgebreitet hatte, die Herrschaft über die Erde ein. Der Neocortex machte die Migration möglich, indem er es uns erlaubte, uns an neue klimatische und Umweltbedingungen anzupassen. Er rüstete uns mit der angemessenen Bekleidung und mit Schuhen aus, er entwarf warme und ventilierte Hütten, und er machte mit ausgeklügelten Waffen und Werkzeugen Gebrauch von den Gaben der Natur. Vor etwa 11.000 Jahren begann er den Zyklus des Lebens zu verstehen und erfand den Ackerbau, den Pflug, und er brachte Tiere dazu, in eingezäunten Gehegen zu leben. Aus dem Kampf ums Überleben machte er durch Familien und Gemeinschaften Sicherheit, und vor 6.000 Jahren begann er, Städte zu gründen. Er lernte, Krankheiten mit Pflanzen zu heilen, Wunden zu nähen, gebrochene Knochen zu schienen und schließlich sogar chirurgische Eingriffe vorzunehmen. So verwandelte er Werkzeuge, die ursprünglich dazu bestimmt waren, Leben zu nehmen, in Werkzeuge, die Leben retten können. Kunst, Naturwissenschaft, Handel und Demokratie gediehen und Philosophien entstanden, die uns zu lehren versuchen, wer wir in Beziehung zu all dem sind.

Das Tal der Dordogne
und der Aufstieg des Menschen

Ich habe einmal eine Woche im Tal der Dordogne, einem der großen archäologischen Weltwunder, verbracht. Als ich dort herumfuhr, kam ich an einem Team von Paläontologen vorbei, die mit Ausgrabungen beschäftigt waren und nach Hinweisen auf den Ursprung des Menschen suchten. In diesem Tal hat man Relikte aus fast allen Stadien der menschlichen Entwicklung gefunden. Hier finden sich rußgeschwärzte Höhlen einer kleinen Horde von Neandertalern und auf der gegenüberliegenden Seite des Flusses ein Platz, an dem eine Gruppe von Homo sapiens gesiedelt hat. Vor 60.000 Jahren waren diese Spezies in Afrika aufgrund massiver, von einem Klimawandel verursachter Dürreperioden vom Aussterben bedroht; sie zogen deshalb auf getrennten Wegen an diesen Ort. Es ist kaum zu glauben, aber zu dieser Zeit schrumpfte die Zahl der Homo sapiens auf diesem Planeten auf weniger als 2.000 Menschen.[10] Die Hälfte dieser Menschen reiste nach Norden; sie zogen durch die afrikanischen Wüsten und Savannen in die bitterkalte Landschaft Europas. Eine kleine Splittergruppe ließ sich in der Dordogne nieder und kämpfte hier tapfer für die Existenz der menschlichen Rasse. Die Neandertaler verschwanden schließlich, aber unsere Vorfahren gediehen. Sie schufen die erste Kunst, die wir kennen, Gemälde von Bisons und Rotwild auf Höhlenwänden. Sie entdeckten die Prinzipien der Landwirtschaft, lernten mit Felsblöcken zu bauen und errichteten schließlich Schlösser auf den Höhenzügen entlang der Flussufer. Heute ist das idyllische Dorf, in dem ich zum Abendessen hervorragende französische Küche genoss, von einer Patchwork-Decke von Bauernhöfen umgeben. Am Rand des Dorfplatzes liegen ein Museum für impressionistische Kunst und eine romanische Kirche. Alle Häuser des Dorfes sind aus Steinen gebaut, die gekonnt zusammengefügt wurden und die Jahrhunderte überdauert haben, gebaut, um sowohl praktisch als auch schön zu sein. Hier gibt es auch ein luxuriöses Hotel für wohlhabende Gäste, die in ihren Luxuslimousinen hierher kommen, um ihre Ferien zu verbringen. Es ist schon Ehrfurcht gebietend, wenn man überdenkt, wie weit es unsere Spezies gebracht hat.

Die Dordogne ist ein großartiges Denkmal für den Aufstieg, den der Neocortex durch Versuch und Irrtum vollzogen hat. Auf diese Weise hat er eine Meisterschaft entwickelt, die schließlich den genetische Code entschlüsselt, das Atom gespalten, das Gehirn kartografiert und zum Mond und wieder zurück geführt hat. Gestalten von Mozart zu Beethoven, Kopernikus zu Einstein, Shakespeare zu Picasso, Lincoln zu Mandela, DiMaggio zu Ali und Mohammed zu Rumi haben im Laufe der Geschichte Zeugnis vom Potenzial des Neocortex zum Genie abgelegt. Die Errungenschaften all dieser Menschen waren keineswegs ganz oder auch nur weitgehend individueller Natur. Wir stehen alle auf den Schultern von Riesen, und so erreicht ein jeder von uns auf der Grundlage der Errungenschaften viele neue Höhen. Die Geschichte der Menschheit gleicht einer Kathedrale, die Stein für Stein erbaut wurde – mit Steinen, die von viel zu vielen Menschen herbeigeschafft und an ihren Platz gesetzt wurden, als dass die Geschichtsschreibung sie alle nennen könnte. In der Geschichte wird dafür jeder Stein durch den Namen einer Person repräsentiert, deren Kopf die Menge überragte. Doch in einem sehr realen Sinne gehören diese Errungenschaften der Menschheit als Ganzes, also auch Ihnen und mir, genauso wie Einstein und Shakespeare. Jedes unserer Leben trägt genau jetzt einen Stein bei, der unser einzigartiger Beitrag zu dem Seitenflügel ist, den jede Generation zu der von der gesamten Menschheit erbauten Kathedrale hinzufügt. Gene Scherer hat dem Geist dieses Erbes, das ein Bund der gesamten Menschheit ist, Ausdruck gegeben: „Jede Generation, von den großen Ebenen bis an die fernen Küsten, war fest entschlossen, mit ihren Gaben mehr zu hinterlassen."[11]

Die Schwierigkeiten

„Wenn all das stimmt, was du über das Menschenwesen sagst", fragte mich einst ein Freund, während wir die Promenade am Waikiki Beach entlang gingen, „warum gerät der Mensch dann immer wieder in so große Schwierigkeiten?" Das ist eine Frage, die sich wohl die meisten von uns schon einmal gestellt haben. Albert Camus, der große französische Schriftsteller, der im Zweiten Weltkrieg in der französischen Widerstandsbewegung aktiv war, bezieht sich auf die beängstigende Krise, die ebenfalls ein Erbe der Menschheitsgeschichte ist. In seiner Rede bei der Verleihung des Nobelpreises sagte er: „Zweifellos sieht jede Generation sich dazu aufgerufen, die Welt zu verändern. Meine Generation weiß, dass sie sie nicht verändern wird, aber ihre Aufgabe ist vielleicht eine noch größere. Sie besteht darin, die Welt daran zu hindern, sich selbst zu zerstören." Für die „Schwierigkeiten", die mein Freund und Camus meinten, finden sich Zeugnisse nicht weit entfernt vom Tal der Glane – in dem Dorf Oradour-sur-Glane. Das Dorf ist ein Paradebeispiel für die menschliche Brutalität; es liegt heute noch da, wie die Nazis es zurückgelassen haben, nachdem sie Männer, Frauen und Kinder massakriert und das Dorf niedergebrannt haben.

Was macht einen Adolf Hitler, Joseph Stalin, Radovan Karadzic oder Charles Manson? Was macht eine Mutter zu der sprichwörtlichen Rabenmutter? Was bringt eine Führungsschicht hervor, die eine Geschäftswelt aufbaut, in der Konkurrenzkampf solch extreme Formen annimmt, dass sie unmoralisch oder geradezu kriminell wird – wie die Finanzkrise im Jahr 2008 gezeigt hat. In Ihrem Buch *Evil Genes* vertritt Barbara Oakley die These, dass zum Teil eine fehlerhafte Vernetzung dafür verantwortlich sein könnte. Schlechte genetische Voraussetzungen können zu einer unglückseligen neurologischen Struktur führen, die durch psychische Traumata noch verschlimmert wird. Der Bereich des Gehirns, der damit zu tun zu haben scheint, ist die Amygdala, das Angstzentrum des Gehirns. Es ist der Kern von Mars, dem emotionalen Gehirn. Es ist möglich, dass die neuronalen Fasern, die vom Präfrontalen Cortex zum Angstzentrum verlaufen, bei diesen Menschen zu dünn geraten sind, um destruktive Emotionen auslöschen zu können. So könnte es sein, dass Einfühlungsvermögen, abgestimmte Kommunikation, emotionales Gleichgewicht und insbesondere die Moralität sich bei diesen Menschen nicht richtig entwickeln können, was zu einem Mangel an Gewissen führt. Das Ergebnis könnte eine auf bösartige Weise narzisstische und albtraumhafte Persönlichkeit sein. Bösartige Narzissten können überaus verführerisch sein. Sie besitzen oft einen charismatischen Charme, der ihren machiavellischen Kern verbirgt – sogar vor ihnen selbst. Sie halten sich selbst für echte Altruisten, und sie sind sehr überzeugend, was es ihnen ermöglicht, andere Menschen auf ihre Seite zu ziehen. Sie sind, wie Oakley sagt, „erfolgreich böse".

Dieser Persönlichkeitstyp ist selten, und er steigt gewöhnlich dann zu politischer Macht auf, wenn in einer Gesellschaft Angst vorherrscht, von der solch ein Mensch profitiert. Wie wir im nächsten Kapitel sehen werden, übernimmt Mars oder das emotionale Gehirn die Führung, wenn Angst vorherrscht. Wird das wahnhafte System der Angst verstärkt, dann leiden die Menschen; wir verlieren unsere Freiheit und unsere besten Seiten können sich nicht entfalten. Angst zwingt Apollo auf die Knie und bringt das neuronale Netzwerk, das einen schönen Geist hervorbringt, in seine Gewalt; so werden dann Vernunft, Einfühlung, Verbundenheit und unser Sinn für Moralität zurückgedrängt. Das berühmte Gehorsams-Experiment, das Stanley Milgram an der Yale-Universität durchgeführt hat, hat gezeigt, dass „ganz normale Menschen, die einfach nur ihre Arbeit machen und die nicht besonders feindselig veranlagt sind, zu Werkzeugen in einem furchtbaren, zerstörerischen Prozess werden können". Sie gehorchen, „selbst wenn die destruktiven Folgen ihres Tuns völlig offensichtlich sind".[12] In ihrem Buch *The Allure of Toxic Leaders: Why We Follow Destructive Bosses and Corrupt Politicians – And How We Can Survive Them* identifiziert Dr. Jean Lipman-Blumen die Angst als Kern des Problems. Uns allen wohnt ein Bedürfnis nach Sicherheit und Zugehörigkeit inne. Menschen folgen destruktiven Führern, weil sie glauben, dass diese ihre Bedürfnisse erfüllen. Und sie stellen eine destruktive Führerschaft deshalb nicht infrage, weil ihnen das Angst macht und sie den Tod oder soziale Ächtung fürchten. Destruktive Führer besitzen ein Talent, diese Bedürfnisse zu manipulieren und die Ängste der Menschen auszunutzen.

Doch Apollo kann sich wieder von den Knien erheben und aufrecht stehen. Milgram hat in einer Folgestudie festgestellt, dass die Anwesenheit eines mutigen und furchtlosen Menschen inmitten dieser Herdenmentalität die Situation entscheidend verändern kann. Wie er herausfand, kann die Anwesenheit einer Person, die sich standhaft weigert, einem destruktiven Führer in die Hölle zu folgen, neun von zehn ängstlichen Mitläufern zu Verstand bringen.

Keine Angst haben

In der Fernsehsendung *The Power of Myth* von Bill Moyers zitierte der herausragende Mythologieexperte Dr. Joseph Campbell die folgende berühmte Aussage von James Joyce: „Die Geschichte ist ein Albtraum, aus dem ich zu erwachen suche." – „Aber wie können wir aus dem Albtraum erwachen", fragte Bill Moyers mit großer Eindringlichkeit. „Haben Sie keine Angst", antwortete Campbell ohne weitere Schnörkel. Diese konzise Aussage ist bereits die ganze Antwort. Die machtvollste Veränderung, die sich im menschlichen Geist vollziehen kann, ist der Sprung von der Angst zum Frieden. Dieser Sprung bedeutet, dass ein Mensch neurologisch, psychologisch und moralisch zu seiner absolut besten Verfassung zurückfindet. Er bedeutet, dass in Beziehungen Resonanz erreicht wird.

Es bedeutet, kurz gesagt, dass unser Gehirn uns den Schlüssel zum Guten Leben in die Hand gibt, dem Leben, das ein gesundes Gehirn uns bescheren sollte. Um eine solche Veränderung der Geisteshaltung aufrechterhalten zu können, müssen wir zuerst die Natur des emotionalen Gehirns und die Art und Weise, wie es die Herrschaft übernimmt, verstehen.

4

Mars,
das emotionale Gehirn

Mein ganzes Leben lang war ich wie eine geballte Faust ...
Ich habe gehauen, geschlagen, zugestoßen!
Jetzt will ich diese zusammengeballten Hände öffnen
und die Dinge sanft damit berühren ...

Tennessee Williams

Mars, der römische Gott des Krieges, repräsentiert das emotionale Gehirn. Die Römer betrachteten Mars als einen mörderischen und blutbefleckten Gott, aber auch als einen Feigling. Dies beschreibt eine der Grundeigenschaften des emotionalen Gehirns, die Kampf-oder-Flucht-Reaktion.

Die Quintessenz des Mars ist pure reaktive Macht. Sie kann unseren Körper in einer Millisekunde aus dem Tiefschlaf in Alarmstufe Rot überführen. Als Sie das letzte Mal mitten in der Nacht wegen eines lauten Geräuschs „senkrecht im Bett standen", war das das Werk von Mars. Das Klopfen Ihres Herzens rief Mars hervor, der Sie darauf vorbereiten wollte, entweder um Ihr Leben zu kämpfen oder in ein sicheres Versteck zu fliehen. Und es war Apollo, der die Situation dann wieder entspannt hat, indem er sie informierte, dass es nur eine Katze war, die den Deckel von der Mülltonne gestoßen hat.

Die kalte, grausame Welt

Die berühmte Bronzestatue des Mars im Gaziantep-Museum illustriert genau diese aggressiven und defensiven Züge. Bewaffnet und behelmt steht er in einer kriegerischen Pose – gewappnet gegen eine feindliche Welt. Die um seinen linken Arm gewundene Schlange repräsentiert die primitive Macht des Reptiliengehirns, die Mars zu aktivieren vermag, wenn es nötig ist. Mars hat guten Grund, diese Positur einzunehmen. Er stellt sich dem ganzen Planeten Erde entgegen, und die Erde ist ein gefährlicher Ort. „Das ist eine kalte, grausame Welt da draußen", sagte mein zynischer schottischer Stiefvater oft, „und sie wird dich zerbrechen … wenn sie dich nicht schon vorher umbringt." In Tennessee Williams Stück *Plötzlich im letzten Sommer* beschreibt die entsetzte Mrs. Venable sehr lebhaft die unbarmherzige Seite der Natur:

> *Über den schmalen schwarzen Strand krabbelten die eben geschlüpften Seeschildkröten aus ihren Sandlöchern und begannen ihren Wettlauf zum Meer … um den fleischfressenden Vögeln zu entgehen, die den Himmel fast so schwarz erscheinen ließen wie den Strand! … Und der Sand wimmelte, wimmelte von geschlüpften Seeschildkröten, die losrannten zum Wasser, und die Vögel kreisten darüber, stießen zum Angriff hinab, kreisten und stießen hinab! Sie stürzten sich auf die geschlüpften Seeschildkröten, drehten sie auf den Rücken, um ihre weiche Unterseite bloßzulegen, hackten ihre Unterseite auf und rissen und schlangen ihr Fleisch … Nur ein Hundertstel von einem Prozent ihrer Zahl sollte ins Meer entkommen.*[1]

Auch das Land selbst in seiner Majestätik kann ebenso brutal sein, besonders zu menschlichen Wesen. Das erklärt das unablässige Streben der Menschen, die Wildnis zurückzudrängen. In *Wolf Willow* beschreibt Wallace Stegner die kalte, grausame Welt, um deren Zähmung der Mensch gerungen hat:

Während dieses Viehtriebs hatten sie vielleicht irgendwann einmal einen Tag mit anständigem Wetter gehabt, aber Rusty kam das Ganze wie eine einzige Prozession von harten Prüfungen vor: eisige Nächte, von einem bitterkalten Wind gepeitschte Tage, an denen ihnen der Schnee wie trockener Sand ins Gesicht stach, Vormittage, an denen ihnen von der Schneekruste ein so gleißendes Licht entgegenblitzte, dass sie mit fast geschlossenen Augen ritten und die Welt nur durch ihre Augenwimpern ansahen. An einem Nachmittag wurde die ganze Welt von einem weißen gefrierenden Nebel verschluckt; die Pferde, das Vieh, ihre Kleidung und die Wagen trugen ein Fell von Raureif und sie mussten die Herde, die sie zusammengetrieben hatten, in der gespenstisch weißen Dunkelheit vor allem nach dem Gehör zusammenhalten.

An den strahlenden Tagen waren sie alle fast blind, obwohl sie sich die Wangenknochen mit Holzkohle geschwärzt hatten und mit weit herabgezogenen Hüten ritten; wenn sie bei der Arbeit überhaupt sehen konnten, dann arbeiteten sie mit Tränen in den Augen, Tränen, die durch geschwollene und brennende Augenlider quollen. Ihre Gesichter wurden schwarz von der Sonne und dem Gleißen und die Haut wurde trocken und rissig wie die Haut von getrocknetem Fisch, und doch war ihnen eiskalt dabei.[2]

Mutter Natur scheint manchmal eine grausame, uns misshandelnde Mutter zu sein, die sich wenig um die missliche Lage ihrer Brut schert. Doch das stimmt nicht ganz. Sie hat auch dafür gesorgt, dass unsere Chance zu überleben größer geworden ist. Vor Millionen von Jahren, als das Leben auf dem Planeten so komplex und so gefährlich geworden war, dass Tiere sich nicht mehr allein nach dem Instinkt richten konnten, entwickelte die Natur jene Gehirnstruktur, die wir das emotionale Gehirn nennen. Das emotionale Gehirn gab der Tierwelt erste Formen von Intelligenz. Es war eine vor allem reaktive Intelligenz, die wir Angst nennen.

Urangst

Angst in ihrer ursprünglichen Form ist etwas ganz anderes als die Angst, die für die Menschen eine Quelle so vieler Probleme ist. (Über die psychische Angst werden wir in diesem Kapitel später noch sprechen.) Die Urangst ist reine emotionale Reaktivität, die eine machtvolle physiologische Reaktion für den Umgang mit einer realen und akuten Bedrohung erzeugt. Es ist diese vom emotionalen Gehirn hervorgebrachte Stressreaktion, die die meisten von uns als die Kampf-oder-Flucht-Reaktion kennen. Sie basiert auf einer komplexen Konstellation von neuronalen Notfallschaltkreisen, die blitzschnell die Wachheit erhöhen, Information verarbeiten, die Körperaktivität beschleunigen und den Treibstoff bereitstellen, der das gesamte System in reine körperliche Kraft umwandelt. Dies ist eines der neurologischen Wunder der Evolution. Die meisten von uns haben dieses Aufwallen von Urangst schon einmal erfahren, bei einem Autounfall oder bei der Konfrontation mit einem aggressiven Hund. Körper und Geist sind blitzschnell hellwach und alle Gefechtsstationen werden augenblicklich besetzt. Würde der Präsident der Vereinigten Staaten die besten Ingenieure und Strategen der Welt versammeln und ihnen den Auftrag geben, ein Notfallschutzsystem auf dem neuesten Stand der Technik zu entwickeln, so könnten diese nicht einmal einen kleinen Teil dessen realisieren, womit die Natur uns ausgestattet hat. Angesichts einer realen Gefahr erzeugt das Stressreaktionssystem für eine kurze Zeit wahre Herkuleskräfte. Es ist diese Kraft, die einer Katze eine Chance im Kampf gegen einen Hund gibt und einer Maus die Chance, einer Katze zu entkommen. Diese Reaktion gab einer Mutter einmal die Kraft, den vorderen Teil eines Personenwagens, unter dem ihr Sohn eingeklemmt war, hochzuheben. Dies ist der physiologische Schub, der es einem Krieger ermöglicht, einem Angriff standzuhalten, auch wenn er verwundet ist.

Die Amygdala

Die Amygdala ist nicht nur an der Angstreaktion beteiligt, sondern auch an der Erinnerung an Angst. Forscher haben bei einem Versuch mit Hilfe von Magnetresonanztomografie-Scans die Aktivität der Amygdala gemessen, während sie den Versuchspersonen eine Anzahl angsteinflößender und neutraler Bilder zeigten. Sie fanden heraus, dass Aktivität in der Amygdala eine Angstreaktion ankündigte und ebenso die Fähigkeit, sich einige Wochen später an ein angsteinflößendes Bild zu erinnern.[3] Erinnern ist im Wesentlichen das, was das emotionale Gehirn intelligent macht. Intelligenz ist zu einem großen Teil das Vermögen, Voraussagen zu machen, und diese Fähigkeit ist von der Erinnerung abhängig. Die Amygdala ermöglicht es Tieren, Information darüber zu behalten, wie etwas Bedrohliches ausgesehen, gerochen, sich angehört und angefühlt und wie es sich verhalten hat. Sie zeichnet auf, was geschehen ist, um dazu zu verhelfen vorauszusagen, was als Reaktion auf diese Bedrohung funktionieren könnte und was nicht. Sie gibt Tieren das Vermögen, verräterische Kennzeichen ihrer natürlichen Feinde zu erkennen, sich daran zu erinnern, welche Pflanzen giftig sind und sich an das Gefühl eines gefährlichen Terrains zu erinnern.

Wenn ein äußerer Reiz die Amygdala aktiviert, sucht sie augenblicklich die Erinnerung nach einem vergangenen Ereignis ab, das dem gegenwärtigen ähnelt. Findet sie eine grobe Übereinstimmung, dann löst sie die Kampf-oder-Flucht-Reaktion aus. War ein Ereignis besonders traumatisch, dann kennzeichnet die Amygdala es mit einem Stresshormon, was die Erinnerung besonders virulent und lebhaft macht. Stellen Sie sich zum Beispiel einen Höhlenmenschen vor, dem ein Löwe über den Weg läuft. Als Kind hat er miterlebt, wie seine jüngere Schwester auf einen Baum geklettert ist, um dem Raubtier zu entgehen. Das emotionale Gehirn wird in seinem Geist das schreckliche Bild aufblitzen lassen, wie der Löwe hinter seiner Schwester her geklettert ist, sie auf den Boden gezerrt und dort aufgefressen hat. Die Warnung für den Höhlenmenschen ist offensichtlich:

Klettere nicht auf einen Baum, um zu fliehen. Diese emotionale Prägung ist der Grund dafür, dass wir uns an die Details starker emotionaler Erfahrungen erinnern; sie reicht von etwas so Schönem wie den Details des ersten Rendezvous bis zu etwas so Schrecklichem wie dem Miterleben des Terrorangriffs auf das World Trade Center.

Das unten durch ein Diagramm dargestellte Modell zeigt auf vereinfachte Weise, wie das System der Stressreaktion funktioniert. Wenn Angst ein Alarmsignal auslöst, schütten die Nebennieren Stresshormone in den Blutkreislauf aus, um eine ganze Reihe von Systemen zu aktivieren. Die Herzschlagrate, der Blutdruck und die Atemfrequenz werden erhöht, um den Muskeln und Organen zusätzliches Blut und mehr Sauerstoff zuzuführen. Die Bronchien weiten sich, um mehr Sauerstoff aufzunehmen, der besonders nötig ist, um das Gehirn wachsam zu halten. Die Muskeln ziehen sich zusammen, was den Körper zuerst einmal erstarren lässt. In den Energiespeichern werden Fett, Glukose und Protein abgebaut und in den Blutkreislauf ausgeschüttet, um den großen Muskeln Treibstoff zuzuführen.

Das Gehirn, das jetzt gut mit sauerstoffreichem Blut versorgt ist, schärft unsere Sinne. Wir hören sehr deutlich. Unsere Pupillen weiten sich, um mehr Licht und ein breiteres Gesichtsfeld aufzunehmen. Erinnern Sie sich daran, wie überwach Sie wurden, als Sie das letzte Mal einen Horrorfilm gesehen haben? Wir können dann, wie bei einem Autounfall, einen veränderten Bewusstseinszustand erfahren, in dem die Einzelheiten wie in Zeitlupenbildern herausstehen, obwohl alles blitzschnell abläuft.

Vereinfachtes Modell einer Stressreaktion

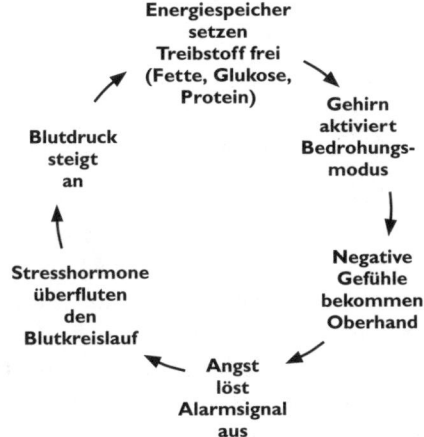

Der Bedrohungsmodus

Wenn die Amygdala das Gefühl hat, dass sich die Welt an uns an-
schleicht, lässt sie das Gehirn im Bedrohungsmodus einrasten. Es ist
dieser Modus, der Tiere nervös werden, sie ständig die Umgebung
beobachten und auf die kleinste Veränderung reagieren lässt. Bei
menschlichen Säuglingen ist die Amygdala bei der Geburt bereits gut
entwickelt, weit mehr als der Neocortex. Darum wird ein Kleinkind
so leicht aufgeschreckt. Es war das Ziel der Evolution, Kinder mit
einer direkten Möglichkeit auszustatten, ihre grundlegenden Bedürfnisse nach Überleben zu kommunizieren. Wenn ein Kleinkind
erschreckt, hungrig, unwohl oder krank ist, löst die Amygdala eine
emotionale Reaktion aus, die die Aufmerksamkeit der Eltern erregt.
Ist die Amygdala im Griff einer Stressreaktion, aktiviert sie eine
Aufmerksamkeitsneigung hin zur Bedrohung. Das bedeutet, dass
die Augen und Ohren die unmittelbare Umgebung nach anderen

potenziellen Bedrohungen absuchen. Ein Zebra oder Gnu, das von hinten gejagt wird, erinnert sich daran, dass Löwen in Rudeln jagen. Darum wird sein Gehirn die Umgebung auch nach Löwen absuchen, die sich aus einer anderen Richtung nähern.

Blitzschnell

Die Amygdala ist blitzschnell; ihre Reaktionszeit ist etwa zweimal schneller als die des Neocortex. Ist sie erst einmal voll aktiviert, dann steckt die Amygdala nicht so leicht zurück, auch wenn Apollo den Rat gibt, dass in der vorliegenden Situation Zurückhaltung die bessere Reaktion wäre. Für die Amygdala sieht Zuschlagen oder schneller Rückzug immer nach der besten Option aus. Wo es um die Sicherheit geht, kommt die Amygdala immer an erster Stelle, vor Apollo. Der Forscher Joseph LeDoux fand Bahnen im Gehirn, über die Informationen direkt zur Amygdala geleitet werden, ohne dass sie zuvor den Neocortex passieren. Die Natur hat das Gehirn so vernetzt, dass es zuerst feuert und erst danach Fragen stellt. LeDoux weist darauf hin, dass das Erstarren oft die erste Furchtreaktion von Menschen und Tieren beim Auftauchen einer plötzlichen Gefahr ist. „Raubtiere reagieren auf Bewegung", schreibt er, „darum ist das Erstarren zunächst einmal die beste Reaktion, oder wenigstens war sie das für unsere frühen Vorfahren. Hätten sie erst darüber nachdenken müssen, was sie tun sollten, dann wären sie wahrscheinlich so sehr mit dem Denkprozess beschäftigt gewesen, dass sie herumgezappelt hätten und deshalb gefressen worden wären."[4]

Ein Forscher versuchte herauszufinden, ob er den Neocortex, der für die willkürlichen Funktionen verantwortlich ist, dazu bringen könnte, sich über die Amygdala hinwegzusetzen. Er setzte eine Klapperschlange in einen Käfig mit dicken Glaswänden, wo sie niemandem etwas tun konnte. Dann ließ er einhundert Versuchspersonen mit dem Gesicht nah an die Glasscheibe herangehen und brachte die Schlange dazu, zuzuschlagen. Jedes Mal, wenn die Schlange gegen das Glas schnellte, zuckten die Versuchspersonen zurück, und zwar einhundert Prozent von den einhundert Personen. Sie konnten ihre Reaktion nicht kontrollieren oder verändern. Die ursprüngliche Stressreaktion ist darauf angelegt, unwillkürlich zu sein, um unsere Haut zu retten.

Das Schlimmste annehmen

Ein weiterer der mythologischen Sprösslinge von Mars ist das Grauen. Diese Charakteristik beschreibt die Neigung von Mars oder des emotionalen Gehirns, stets das Schlimmste anzunehmen, wenn ein Situation sich unsicher anfühlt. In der Wildnis oder im Krieg das Schlimmste anzunehmen, ist, vom Standpunkt der Evolution gesehen, die beste Lösung angesichts der Tatsache, dass Unentschlossenheit bei drohender Gefahr tödlich sein kann.

Negative Gefühle

Mars gibt der Amygdala auch die Erlaubnis, negative Gefühle anzustacheln. Mars besitzt die Lizenz zum Hassen. Vom Standpunkt der Evolution gesehen, trumpfen Hass und Brutalität Liebende Güte aus, wenn ein Raubtier seine Krallen und Zähne in dich schlagen will. In ihrem Meisterwerk *My Ántonia* beschreibt die Romanautorin Willa Cather die intensiven Gefühle, die die Amygdala bei der Begegnung mit einer Klapperschlange auslösen kann:

> *Sie war so dick wie mein Bein und sah aus, als könnten nicht einmal Mühlsteine die ekelhafte Vitalität aus ihr herausquetschen. Sie hob ihren abscheulichen kleinen Kopf und klapperte. Ich lief nicht davon, weil mir das gar nicht erst in den Sinn kam – hätte ich mit dem Rücken an einer massiven Steinmauer gestanden, hätte ich mich nicht mehr in die Enge getrieben fühlen können.*

Ich sah, wie ihre Windungen sich spannten – gleich würde sie vorschnellen, und ich erinnerte mich, wie weit sie vorschnellen können. Ich stürzte voran und drosch ihr mit meinem Spaten auf den Kopf; ich erwischte sie im Nacken und innerhalb einer Minute lag sie mir in welligen Windungen zu Füßen. Ich schlug nun aus purem Hass zu … Selbst nachdem ich ihren hässlichen Kopf zertrümmert hatte, drehte und wandte sich ihr Körper immer noch weiter. Ich ging davon und wandte ihr den Rücken zu. Mir war speiübel.[5]

Das Fünf-Minuten-Fenster

Die Übelkeit ist das Ergebnis der Wirkung einer ausgewachsenen Stressreaktion auf den Körper. Für etwa fünf Minuten macht sie alle Lebewesen stärker, schneller, gefährlicher und wacher, damit sie einer Bedrohung begegnen können. Aber der Körper kann die biochemische Überflutung und ihre Auswirkungen nur für fünf Minuten aushalten, bevor die Systeme abzubauen beginnen. Die Stressreaktion nimmt den Körper ganz schön mit, und Stresshormone sind Gift für das Gehirn. Das Stressreaktionssystem stoppt auch die Verdauung, das Immunsystem, das Fortpflanzungssystem und andere langfristig agierende Systeme, um deren Energie kurzfristig zur Verfügung zu haben. Vor einer Million Jahren, als der Homo sapiens erstmals in der Wildnis auftrat, entschied sich die Situation innerhalb dieses Fünf-Minuten-Fensters: Während dieser Zeit gewannen wir entweder die Oberhand, vermochten zu fliehen oder wurden getötet.

Mars und der moderne Mensch

Doch was ist die Natur der Stressreaktion für den modernen Menschen? Wir haben es selten mit wilden Tieren zu tun – eher mit emotionalen Bedrohungen unseres Gefühls der Sicherheit. Die wilden Tiere, die uns heute heimsuchen, sind Ängste um unseren

Lebensunterhalt, die Furcht vor Misserfolg, ständigem Wandel und vermeintlichen Verunglimpfungen unseres Ehrgefühls; es sind Konflikte mit anderen Menschen, ungehorsame Kinder, eine Vielfalt von Verpflichtungen, ellenlange Listen zu erledigender Dinge, Verkehrsstaus und abstürzende Computer – um nur einige wenige zu nennen.

Stress

Die Neurowissenschaft nennt diese modernen Heimsuchungen „Stress", eben weil sie eine Stressreaktion bei uns auslösen. In all diesen Problemen ist eine Form der Angst enthalten, und wie wir gesehen haben, gehen Angst und eine reagierende Amygdala Hand in Hand. Stress und Angst sind biologisch miteinander verbunden. Wenn der Stress chronisch wird, wie es bei 40 Prozent der Amerikaner der Fall ist, so zeigt dies, dass Mars mit einem Staatsstreich die Macht an sich gerissen hat.

Psychische Angst

Körper in Aufruhr

Wahrgenommene Bedrohung

Negative Gefühle

Angstvolle Gedanken

In unserer modernen Welt sind die von Angst angetriebenen Stressreaktionen vor allem psychischer Natur und keine Urängste. Psychische Angst ist das kipplige Wechselspiel von angstvollen Gedanken und Gefühlen, die unseren Geist heimsuchen, und einer Fehlwahrnehmung von Bedrohung und Risiko. Das heißt im Grunde, dass wir ein Seil für eine Schlange halten, wodurch dieselbe Kampf-oder-Flucht-Reaktion ausgelöst wird.

Robert Sapolsky von der Stanford-Universität sagt in *Why Zebras Don't Get Ulcers:* „Wir Menschen ... sind schlau genug, um alle möglichen stressgeladenen Ereignisse zu erzeugen, die nur in unserem Kopf stattfinden. ... Wir können die wildesten Emotionen erfahren (die dann den entsprechenden Aufruhr in unserem Körper erzeugen), die keine andere Grundlage haben als unsere Gedanken."[6]

In meiner Gemeinde gibt es einen Obdachlosen, der sich auf eine Art und Weise verhält, die die meisten Menschen als geistig gestört bezeichnen würden. Am Morgen läuft er die Straße vor dem lokalen Coffee Shop – in dem die geistig Gesunden sich eine doppelte Dosis von Feinschmecker-Koffein einverleiben, bevor sie zur Arbeit gehen – auf und ab. Vor dem Laden bildet sich meist eine lange Schlange von Kunden, die sich bis hinaus auf den Bürgersteig erstreckt, wo der Obdachlose entlangkommt. Er läuft die Straße auf und ab, meist mit einem wilden Ausdruck in den Augen, und führt die ganze Zeit Selbstgespräche über etwas, das sich total unsinnig anhört. Seine Stimme ist oft wütend, und er bleibt ab und zu stehen und schüttelt frustriert den Kopf über etwas, das er sich eingebildet hat. Diejenigen unter uns, die sich bereits an ihn gewöhnt haben, lächeln darüber und sehen sich sein Verhalten belustigt an. Jene aber, denen sein Gebaren neu ist, treten ängstlich beiseite und vermeiden jeden Kontakt mit ihm.

Doch die wenigsten von uns erkennen sich in diesem Schauspiel selbst wieder. Nur wenige sind bereit zuzugeben, dass in unserem Kopf ständig Ähnliches abläuft. Uns gelingt es nur, unsere Wahnvorstellungen besser zu verbergen als er. Würde die Neurowissenschaft ein Audio-System konstruieren, das unsere Gedanken auffangen und laut hinausposaunen würde, sodass jedermann sie hören kann, so würde wohl keiner von uns freiwillig damit in die Kirche, zu einer Cocktailparty oder in den Supermarkt an der Ecke gehen.

Nach ihrer Begegnung mit dem Obdachlosen setzen sich manche von uns in ihr Auto, trinken ihren Kaffee, der die unablässig klappernde Mühle ihrer Gedanken noch mehr in Fahrt bringt, und treten wieder in die private Welt ihrer eigenen Gedanken ein. Vielleicht führen wir sogar ein längeres Gespräch mit einem Gegenspieler – alles nur in unserem Kopf. Vielleicht denken wir uns ein ganzes Drama aus, legen der anderen Person bestimmte Aussagen in den Mund und konstruieren dann geschickte Erwiderungen, die die andere Person dumm aussehen lassen. Manchmal können solche Vorstellungen starke Stressreaktionen auslösen, die uns unsere Energie rauben. Wenn wir dann ins Büro kommen und der Person begegnen, mit der wir unseren imaginären Streit hatten, zeigen wir ihr vielleicht die kalte Schulter – so als hätte unsere vorgestellte Auseinandersetzung tatsächlich stattgefunden. Und für die Amygdala hat sie tatsächlich stattgefunden. Die Amygdala kann den Unterschied zwischen psychischer Angst und Urangst nicht erkennen. Sobald eine davon auftritt, löst sie eine Stressreaktion aus. Für uns moderne Menschen werden Stressreaktionen zum größten Teil von in unserer Psyche auftretenden Ängsten in Reaktion auf vorgestellte Gefahren ausgelöst, von denen die meisten pure Einbildung sind.

Ich habe in meinem Leben eine Reihe schrecklicher Dinge durchgemacht,
von denen einige sogar tatsächlich passiert sind.
Mark Twain

Wenn wir chronisch gestresst sind, wird alles, was in diesem Kapitel beschrieben wurde, zu unserer unmittelbaren Erfahrung: emotionsgeprägte Erinnerungen, welche die Vergangenheit auf die Gegenwart projizieren und eine noch schlimmere Zukunft vorhersagen; emotional geprägte Negativität, welche unsere Neigung, uns bedroht zu fühlen, anstachelt; starke körperliche Reaktionen, die unseren Körper mitnehmen und uns unsere Energie rauben.

Emotional geprägte Erinnerungen: Festsitzen in der Vergangenheit

Wie schon erwähnt, lernt die Amygdala, Gefahr zu erkennen und sich daran zu erinnern. Ist die Angst auslösende Erinnerung psychische Angst, dann wird die Wahrscheinlichkeit größer, dass wir unsere Situation falsch wahrnehmen. Sind wir chronisch gestresst, was bedeutet, dass die psychische Angst ständig vorhanden ist, dann kann es geschehen, dass wir in der Vergangenheit festsitzen. In Konditionierungsexperimenten, die Joseph LeDoux durchgeführt hat, erhielten Ratten wiederholt einen leichten elektrischen Schlag in Verbindung mit einem akustischen Signal.[7] Schließlich assoziierten die Ratten das Signal mit dem Schmerz und reagierten ängstlich, wenn sie nur den Ton hörten. Sie ließen alle Anzeichen der Kampf-oder-Flucht-Reaktion erkennen: Sie erstarrten auf der Stelle, ihr Blutdruck erhöhte sich und die Atmung ging schneller. Die Ratten hatten im Grunde Angst vor der Vergangenheit. Bei uns Menschen passiert dasselbe. Wenn wir ängstlich oder gestresst sind, können ein harmloses Geräusch, ein harmloser Anblick oder eine harmlose Person, wenn sie mit einem Trauma in der Vergangenheit assoziiert werden, eine negative Reaktion auslösen. Die Amygdala kommt zu einer voreiligen und negativen Einschätzung. Diese Einschätzung ist oft falsch und kann zu einem auf bedauernswerte Weise falschen Verhalten führen.

Vor einigen Jahren wollte eine Agentur, die ich leitete, einen hochrangigen Posten neu besetzen. Nach einem langwierigen Auswahlprozess schlug ein Team von Mitarbeitern zwei Kandidaten vor, mit denen ich ein Einstellungsgespräch führen sollte, einen Mann und eine Frau. Das Team riet mir dringend, den Mann einzustellen. Nachdem ich mit beiden gesprochen hatte, stellte ich die Frau ein. Ich mochte den Mann nicht besonders. Ich hatte, ehrlich gesagt, sogar eine intensive Abneigung gegen ihn. Er sah einem Typen, der mir in meiner Jungend meine Angebetete ausgespannt hat, sehr ähnlich und benahm sich auch wie dieser. Meine Amygdala aktivierte die schmerzlichen Erinnerungen an das vergangene Ereignis, und ich vermochte mich einfach nicht darüber hinwegzusetzen. Obwohl der Mann besser qualifiziert war als die Kandidatin, lehnte ich ihn ab. Ich wollte ihn nicht in meiner Nähe haben und wollte von ihm nicht an einen Schmerz erinnert werden, mit dem er ja eigentlich nicht das Geringste zu tun hatte. Zu einer ähnlichen Reaktion kam es, als meine Tochter mit einem Burschen ausging, der mich an eine andere schlechte Erfahrung in meiner Vergangenheit erinnerte. Solche Assoziationen laufen oft auf einer unterbewussten Ebene ab.

Allerdings haben Untersuchungen von Joe Zsien an der Princeton-Universität gezeigt, dass Ratten lernen können, sich nicht mehr vor Dingen zu fürchten, die zu fürchten man sie früher einmal konditioniert hat – und zwar relativ schnell.[8] Der Signalton wird wieder ein bloßer Ton. Auch Menschen können das lernen. Wir können die Assoziation durchbrechen, indem wir uns daran erinnern, dass die Angst in uns und keine Realität ist.

Die Aufmerksamkeitsneigung zur Bedrohung

Wenn wir unter Stress stehen, schaltet die Amygdala auf Aufmerksamkeitsneigung zur Bedrohung. Wie ein Zebra, das gejagt wird, suchen wir dann, wenn wir uns bedroht fühlen, die unmittelbare Umgebung nach weiteren Bedrohungen ab. Das kann dazu führen, dass wir Menschen und Ereignisse auf ungute Weise wahrnehmen. So hatte zum Beispiel eine Kollegin unlängst eine schwierige Besprechung mit der Geschäftsleitung ihres Unternehmens. Sie sollte dort einen Bericht über die Fortschritte in ihrer Abteilung vorlegen, und die Ergebnisse waren nicht so vielversprechend, wie sie gehofft hatte. Besonders wegen eines Mitglieds der Geschäftsführung, das sie als „gemein" beschrieb, machte sie sich große Sorgen. Während ihrer Präsentation machte ihr Gegenspieler eine kritische Bemerkung in einem Tonfall, den meine Freundin als beleidigend wahrnahm. Sofort stieg das Angstniveau bei meiner Freundin an und löste bei ihrer

Amygdala die höchste Alarmstufe aus. Stresshormone überfluteten ihren Blutkreislauf und ihr Herzschlag beschleunigte sich. Für ihre Amygdala war ihr Gegenspieler gleichbedeutend mit einem wilden Tier. Ein wenig später beugte sich der Mann zu seiner Nachbarin hinüber und flüsterte ihr etwas ins Ohr, was die Nachbarin mit einem missbilligenden Kopfschütteln quittierte. Daraufhin schaltete die Amygdala meiner Freundin auf Aufmerksamkeitsneigung zur Bedrohung und sie beobachtete jetzt auch diese zweite Person voller Misstrauen. Es dauerte zwei Tage, bevor meine Freundin erfuhr, dass das, was der Kollegin ins Ohr geflüstert worden war, nur der Kurs gewesen war, zu dem der Dow Jones an diesem Tag geschlossen hatte; erst dann strich sie diese zweite Person wieder von ihrer persönlichen Liste von Terroristen.

Keine Entsprechung im Stoffwechsel

Was noch hinzukommt, ist, dass wir dann, wenn wir in der Wildnis eine ausgewachsene Stressreaktion erleben, gewöhnlich angreifen, zuschlagen, treten oder um unser Leben rennen. Es gibt also im Stoffwechsel eine Entsprechung zu diesem Ereignis, durch das die Treibstoffe, Stresshormone und der andere Müll, der in den Blutkreislauf ausgeschüttet wurde, verbrannt werden. Aber bei uns modernen Menschen ereignen sich die Stressreaktionen meist an unserem Schreibtisch, wenn unser Computer abstürzt, am Konferenztisch in einer schwierigen Besprechung, in unserem Auto bei einem Verkehrsstau oder zuhause auf dem Sofa, wenn wir einen Streit mit unserem Ehepartner haben. Es gibt also keine körperliche Anstrengung, um die von der Stressreaktion freigesetzten Dinge zu verbrennen. Deshalb kann es Stunden dauern, bis die Menge der Stresshormone abgebaut wird. Während der ganzen Zeit bleibt das Gehirn in einem neurotoxischen Zustand.

Bei einem Zebra ist es so, dass es dann, wenn die Gefahr vorüber ist, zum Grasen zurückkehrt. Das Zebra liegt nicht einem Zebra-

Kameraden in den Ohren und zetert herum: „Warum hat Gott nur Löwen gemacht? Warum muss die Welt so gefährlich sein? Siehst du denn nicht, dass wir alle sterben werden?" Das Nervensystem des Zebras schaltet automatisch vom sympathischen Modus (Stressmodus) auf den parasympathischen Modus (Homöostase) um, und das Zebra kehrt ruhig zum Normalzustand zurück, ohne noch weiter über das Ereignis nachzudenken. Die Stresshormone wurden aus dem System entfernt, sie sind durch die körperliche Anstrengung der Flucht verbrannt. Alle wichtigen Systeme, wie das Immunsystem und die Verdauung, die während der Stressreaktion heruntergefahren wurden, um mehr Energie für die Kampf-oder-Flucht-Reaktion zur Verfügung zu haben, kehren zum Normalzustand zurück. Wir Menschen dagegen neigen dazu, uns nach einem stressgeladenen Ereignis weiter Gedanken darüber zu machen und damit die Stressreaktion zu verlängern. Das nimmt den Körper mit, belastet das Gehirn und macht uns auf die Dauer krank.

Psychische Angst entschärfen

Es gibt vier grundlegende Arten psychischer Angst, die wir näher betrachten sollten.

Generalisierte Angst

Generalisierte Angst wird als ein gereiztes, namenloses und oft formloses Unwohlsein erfahren. Es ist Angst um die eigene Sicherheit, das eigene Wohlergehen, den eigenen Lebenserhalt, eine untergründige Verunsicherung, in der die Welt nicht mehr als ein sicherer Ort erfahren wird. Angst umfasst viele Gefühle – Hilflosigkeit, Erregtheit, Ruhelosigkeit, Sorgen, totales Überwältigtsein –, die alle den Glauben nähren, dass das, was wir sind und was wir haben, nicht gut genug ist. Wir neigen dazu, die Angst als Reaktion auf eine äußere Bedrohung misszuverstehen, statt zu begreifen, dass sie einer ängstlichen Disposition in unserem Inneren entspringt, welche die Realität verzerrt. Was die Sache noch verschlimmert, ist, dass unsere Gesellschaft so viel Wert auf die Angst legt. Regierungen, Manager, die Filmindustrie, die Medien und selbst die Religionen impfen uns Angst ein. Albert Camus, der 1957 den Nobelpreis für Literatur verliehen bekam, sagte: „Unser Zwanzigstes Jahrhundert ist ein Jahrhundert der Angst."[9] Während wir weiter in das einundzwanzigste Jahrhundert hinein marschieren, wird deutlich, dass die Angst nicht gerade abnimmt.

Der Umkippauslöser

Der Umkippauslöser ist die am deutlichsten sichtbare und vielleicht die destruktivste Manifestation psychischer Angst. Er kommt ins Spiel, wenn eine Erinnerung aus der Vergangenheit, ein spontanes Urteil, eine Fehlwahrnehmung oder eine Eskalation negativer Gefühle zu einem Gefühlsausbruch führt. Die Amygdala, die stets auf der Hut ist, hält unsere verzerrte Wahrnehmung für etwas Reales und legt los. Es kommt zu einem plötzlichen aggressiven oder defensiven Gefühlsausbruch, der jegliches rationale Denken überrennt. Bevor wir uns versehen, haben wir auf eine Weise reagiert, die wir später bereuen und die sogar unser ganzes Leben ruinieren kann. Verbrechen aus Leidenschaft geschehen in solchen Momenten. Fast die Hälfte aller Morde geschieht, wenn ein Bekannter oder Verwandter des Opfers aus Wut den Verstand verliert.[10] Mehr als ein Viertel aller weiblichen Mordopfer werden von ihrem Freund oder Ehemann ermordet. Drogen und Alkohol können uns ebenfalls jähzornig machen; 60 Prozent aller Morde geschehen in einem Rauschzustand.[11]

Wenn das Stressniveau hoch ist, ist Wut im Allgemeinen das erste Gefühl, das ausgelöst wird – Wut entweder über einen selbst, über andere Menschen oder über die Situation.[12] Meist wird jedoch niemand körperlich angegriffen, wenn sich die Angst auf diese Weise Luft verschafft.

Wenn es zu einem Gefühlsausbruch kommt, kann dieser nur einen Moment dauern, er kann jedoch auch, wie bei einem Wutanfall, unerträglich lange andauern. Die Emotion kann durch die

Reaktion anderer neu ausgelöst oder gar noch verstärkt werden, auch wenn diese versuchen, die Situation zu beruhigen. Wenn die volle Macht der Amygdala erst einmal von der Leine gelassen wird, lässt sie sich nicht so leicht wieder einfangen. Die Schockwellen dieser destruktiven Emotionen rütteln den Körper bis ins Mark durch, schwächen ihn und können ihn sogar schädigen. Die Auswirkungen auf das Gesamtsystem können mehrere Tage anhalten und natürlich kann eine Beziehung dadurch für immer beendet werden.

Zu einem Umkippen kann es auch ohne offensichtliches Aufbrausen kommen, wie etwa bei einer vor sich hingemurmelten beißenden Bemerkung, bei einem Augenaufschlag oder einem abrupten Sich-Abwenden. So oder so ist die Reaktion auf eine Weise „aufgeladen", die für den Empfänger dieser Reaktion unverkennbar ist.

Launenhaftigkeit

Manchmal wachen wir morgens übel gelaunt auf, oft ohne die geringste Ahnung zu haben, warum. Wenn wir aufstehen, um uns eine Kaffee zu machen, folgt uns die schlechte Laune in die Küche. Sie grummelt weiter, während wir unsere Dusche nehmen. Sie lässt uns ärgerlich werden, wenn wir die Schuhe, die zu der für diesen Tag gewählten Kleidung passen würden, nicht finden. Auf der Fahrt zur Arbeit fluchen wir dann über jede Unannehmlichkeit, die die Welt uns bereitet, und schauen jeden, der es wagt, glücklich zu sein, mürrisch an. Uns liebe Menschen machen uns nervös, Kollegen erscheinen uns inkompetent, Kinder sind eine Plage, alte Leute sind Tollpatsche und das Leben im Allgemeinen scheint sich gegen uns verschworen zu haben. Die üble Laune überschattet uns wie die Staubwolke, die die Figur Pig Pen aus dem Comicstrip „Peanuts" ständig umgibt. An einem solchen Tag gibt es nicht viel, mit dem wir uns anfreunden können. Die besseren Engel unserer Natur haben sich in ein Versteck zurückgezogen, und es kann schwierig sein, sie zur Rückkehr zu bewegen. Gewöhnlich müssen wir dann darauf warten, dass sie von selbst zurückkehren, wenn die Atmosphäre wieder ein wenig mehr Frieden, Optimismus und gute Laune zulässt.

Wir können gewiss sein, dass Mars, das emotionale Gehirn, hinter der schlechten Laune steht. Mars fürchtet sich vor der Welt; die Welt hat viele Seiten, die er nicht mag oder denen er nicht traut. Immer wieder einmal wird Mars ohne ersichtlichen Grund finster. Dann drängt er Apollo voller Missmut von der Bühne, trampelt auf den guten Werken Apollos herum, gibt der Welt und all ihren Bewohnern die Schuld für seine schlechte Laune und spuckt aller Welt so gut er eben kann in die Suppe.

Selbstgerechtigkeit

Psychische Angst kann uns auch unvernünftig und arrogant machen. Mars stellt seine Wahrnehmungen nicht infrage. Wie wir gesehen haben, warten Mars und sein Henker, die Amygdala, nicht geduldig, bis die überzeugenden Vernunftgründe deutlich werden. Anders als der vernünftige und nachdenkliche Apollo, versucht Mars nicht zu verstehen, den Standpunkt eines anderen zu berücksichtigen, sich einzufühlen, dem anderen zuzugestehen, dass er recht haben könnte, andere einzubeziehen oder zu verhandeln. Die Natur seiner Kraft ist nicht bejahend, wie es die von Apollo ist. Seine Kraft ist aggressiv. Das Hauptziel von Mars ist, die Bedrohung auszulöschen. Wenn Mars die Kontrolle über unseren Geist an sich reißt, kann er uns zu Kontrollfreaks oder wichtigtuerisch machen. Er kann uns dazu bringen, eine rigide, unnachgiebige Haltung anzunehmen oder eine Angelegenheit endlos zu diskutieren. Wir glauben, dass wir selbst im Recht und andere im Unrecht sind; wir sind mehr und sie sind weniger. Manchmal kann unser Anspruch, Recht zu haben, so weit gehen, dass wir uns wünschen, diejenigen, die nicht mit uns übereinstimmen, würden ganz und gar ausgeschaltet. Machen Sie sich da keine Illusionen – in einem Streit nachgeben zu müssen, bedeutet für die militante Natur der Amygdala so viel wie einen Krieg zu verlieren, und keineswegs im übertragenen, sondern im buchstäblichen Sinne. Wir glauben, über eine bestimmte Meinungsverschiedenheit zu streiten, aber eine erregte Amygdala glaubt, dass wir um unser Leben kämpfen.

**Wenn ich sage, wir sollten unsere Gefühle beherrschen,
so meine ich damit nur die wirklich quälenden
und uns handlungsunfähig machenden Gefühle.**

Daniel Goleman

Der Preis, den wir zahlen

Wenn wir unser Leben in die Hände von Mars mit seiner Neigung, die Stressreaktion auszulösen, geben, so hat der Preis, den wir dafür zahlen, viele Aspekte. Chronischer Stress kann das Gehirn mit Stresshormonen vergiften. Stresshormone können eine Reihe von Gehirnfunktionen, die wir brauchen, um gute Leistungen zu erbringen, dämpfen oder ganz außer Gefecht setzen.[13] Studien über die menschliche Leistungsfähigkeit haben gezeigt, dass die Wahrscheinlichkeit, dass wir riskante oder vorschnelle Entscheidungen treffen, umso größer ist, je stärker wir unter Stress stehen. Erwägungen, bei denen es um das kurzfristige Überleben geht, bekommen dann die Oberhand über langfristige Planung. Wir werden dann mehr zu Aggressivität oder Fluchtverhalten neigen. Unsere Toleranz für Ungewissheit ist dann geringer, Kommunikationskanäle werden geschlossen und unser kreatives Denken wird keine Ergebnisse zeitigen, weil wir mit größerer Wahrscheinlichkeit früh aufgeben.[14] Sobald man den Stress transzendiert, werden alle diese Funktionen, die neuronale Schaltkreise darstellen, wieder aktiv.

Die stärkste Auswirkung, die chronischer Stress auf das Gehirn hat, zeigt sich wahrscheinlich im Hippocampus. Der Hippocampus hält unser tägliches Leben in der Spur. Er ist verantwortlich für die Bildung des deklarativen, episodischen und räumlichen Gedächtnisses. Das deklarative Gedächtnis speichert die trockenen Fakten. Es ist so trocken wie etwas aus einem Lehrbuch Gelerntes oder eine Einkaufsliste. Das episodische Gedächtnis ist schon ein wenig spannender. Es hilft uns, den Überblick über Menschen und

Ereignisse in unserem täglichen Leben zu behalten – was uns widerfahren ist, Menschen, die wir getroffen haben, Informationen, die wir gesammelt haben. Räumliches Gedächtnis ist das GPS des Gehirns. Es speichert die verschiedenen Straßenkarten, die wir im Kopf haben und die uns helfen, von hier nach dort zu gelangen, ohne viel nachdenken zu müssen. Das Gehirn von Taxifahrern in Großstädten entwickelt einen größeren Hippocampus, um all die räumlichen Erinnerungen zu speichern, die Taxifahrer brauchen, um ihre Fahrgäste an den richtigen Ort zu bringen. Das räumliche Gedächtnis behält auch den Überblick über die Schubladen und Winkel, in denen wir wichtige Gegenstände wie unseren Pass oder ein Diamantcollier verstaut haben.

Der Hippocampus scheint das erste System zu sein, das ins Stolpern gerät, wenn die Stresshormone zunehmen. Wenn wir eine dieser Zeiten erleben, zu denen wir häufig vergessen, wo wir unsere Schlüssel hingelegt haben, warum wir den Küchenschrank geöffnet haben, oder zu denen wir kurzfristig nicht mehr wissen, wo wir uns befinden, dann liegt das wahrscheinlich daran, dass unser Stress ein Niveau erreicht hat, auf dem er sich negativ auf den Hippocampus auswirkt. Der Hippocampus scheint auch Hand in Hand mit der Amygdala zu arbeiten, damit wir Dinge im Kontext sehen können; er fügt den trockenen Fakten das angemessene emotionale Ambiente hinzu, damit wir uns nicht unangemessen verhalten. Er erinnert einen unter dem Einfluss von Testosteron stehenden Mann daran, dass die ihm am Konferenztisch gegenübersitzende attraktive Frau seine Chefin ist. Wenn wir Stress transzendieren, hilft uns das Gehirn, uns angemessen zu verhalten.

Chronischer Stress verlangsamt auch die Neurogenese, also die Fähigkeit des Hippocampus, neue Gehirnzellen zu bilden. Der Hippocampus erzeugt zum Teil deshalb neue Gehirnzellen, um neue Erfahrungen aufnehmen zu können. Wenn wir uns an neue Erfahrungen erinnern, so ermöglicht uns das, das Leben auf frische und neue Weise zu sehen. Ohne die Fähigkeit, neue Erfahrungen zu speichern, kann das Leben monoton, langweilig und letztlich deprimierend werden. Heute nimmt man an, dass die Unfähigkeit, neue Erfahrungen vermittels Neurogenese aufzunehmen, ein Faktor bei der Entstehung von Depression ist. Wenn wir Stress transzendieren, dann werden wir theoretisch neue Gehirnzellen produzieren. Stress zu überwinden, wird an sich schon alle möglichen neuen Erfahrungen hervorbringen. In dieser stressfreien Umgebung wird der Hippocampus diese neuen Erfahrungen in neuen Gehirnzellen speichern, und diese Erinnerungen werden dann als ein Gegenmittel gegen Depression wirken. Das Leben wird uns wieder sinnvoll erscheinen.

Chronischer Stress behindert die Produktion von Serotonin, einem Neurotransmitter, der eine wichtige Rolle bei der Stabilisierung unserer Stimmung und der Umwandlung von Impulsen zu Zorn und Aggression spielt.[15] Es besteht auch ein Zusammenhang mit der Körpertemperatur, dem Schlaf, der Sexualität, dem Appetit und dem Stoffwechsel. Veränderungen des Serotoninpegels im Gehirn hängen zusammen mit Depression und der Tendenz, gewöhnliche Alltagsproblemchen dermaßen aufzublähen, dass sie zu hoffnungslosen Katastrophen werden, die unseren Geist auszehren. Dann wird das Leben grau und glanzlos, die Arbeit verliert ihren Sinn und in Beziehungen kommt es nicht zu Nähe.

Ein Mangel an Serotonin scheint auch unsere Fähigkeit, für alle Beteiligte befriedigende Lösungen zu finden, zu verringern. Wir sehen nicht, was es uns bringt, anderen zu vertrauen, fair zu spielen und zu kooperieren.[16] In einer an der Universität Oxford durchgeführten Studie ließen Forscher Versuchspersonen ein Spiel für zwei Personen spielen, das als das „Gefangenendilemma" bekannt ist.* Im Laufe der Entfaltung des Spiels müssen die Spieler schließlich einen Zug machen, mit dem entweder einer der Spieler auf Kosten

---

* Angesichts der hier beschriebenen Variante des Spiels, bei der es um Geld geht, wird nicht deutlich, warum das Spiel „Gefangenendilemma" heißt. Zur Geschichte dieses Begriffs, der ein Fachbegriff der Spieltheorie geworden ist, siehe: http:// de.wikipedia.org/wiki/Gefangenendilemma. (Anm. d. Übers.)

des anderen Spielers Geld gewinnt, oder durch den der Gewinn für beide Spieler maximiert wird. Am Ende ist die beste Strategie, Geld zu gewinnen, in diesem Spiel die Kooperation. Unter normalen Umständen wird dies beiden Spielern klar, und deshalb wählen die Spieler in 75 Prozent der Fälle die Win-Win-Strategie. Bei dieser Studie erhielt jedoch die Hälfte der Testpersonen ein Getränk, welches ihren Tryptophan-Spiegel senkte. Da Tryptophan eine Aminosäure ist, die für die Synthese von Serotonin benötigt wird, wurde damit also der Serotoninpegel im Gehirn verringert. Die Forscher fanden heraus, dass die Senkung der Serotonin-Aktivität den Grad der Kooperation und des Vertrauens zwischen den Spielern signifikant verringerte. „Die Ergebnisse lassen vermuten, dass ein Mangel an Serotonin die Aufrechterhaltung von Kooperation beeinträchtigt", sagte Dr. Robert Rogers, der Forschungsleiter bei dieser Studie.[17] Das hat dann nicht nur negative Auswirkungen auf die Teamarbeit an der Arbeitsstelle, sondern auch auf Paare, die eine langfristige Beziehung aufbauen wollen. Wenn wir Stress transzendieren, wird das Serotonin auf natürliche Weise den Wunsch verstärken, ein besserer Mensch zu werden.

Dopamin ist ein weiterer Neurotransmitter, auf den sich chronischer sozialer Stress auswirkt.[18] Während Serotonin der demütige und glückliche Weise unter den Neurotransmittern ist, der Anstand und Gleichmut fördert, ist Dopamin Sorbas der Grieche, der vom Leben begeistert ist, voller Freude, Selbstvertrauen und Motivation. Je höher bei Menschen ihr Dopaminpegel ist, desto positiver sind ihre Gefühle.[19] Dopamin wird gewöhnlich mit dem Lustsystem des Gehirns in Verbindung gebracht, welches Gefühle der Freude und der Bestätigung erzeugt, um uns dazu zu ermuntern, die Initiative in unserem Leben zu übernehmen. Es hängt auch mit dem Schlaf, der Aufmerksamkeit und dem Lernen zusammen. Ist der Pegel des Dopamins wegen chronischen Stresses aus dem Gleichgewicht, dann verlieren wir unsere Lust am Leben. Wenn wir Stress transzendieren, dann beginnt unser Gehirn das chemische Gleichgewicht wiederherzustellen, das uns das Leben interessant macht.

Die vielleicht deutlichste Auswirkung wiederholter Stressreaktionen ist ein Mangel an Energie. Chronischer Stress macht uns unruhig und erschöpft. Unter den Symptomen, die Amerikaner dem Stress zuschreiben, steht Erschöpfung an erster Stelle.[20] Schon gegen Mittag mögen wir uns physisch und emotional ausgelaugt fühlen. Eine Ansammlung von Stresshormonen in Kombination mit einem fallenden Serotoninpegel kann uns daran hindern, in tiefem Schlaf Erholung zu finden, und uns so in einen Teufelskreis der Erschöpfung führen. Wenn wir den Stress transzendieren, kehrt der Schwung in unser Leben zurück.

Ein anderes verräterisches Anzeichen von chronischem Stress ist emotionale Negativität. Biologisch gesehen katapultiert die Stressreaktion das Gehirn in negative Gefühle und lässt es im Bedrohungsmodus einrasten. Wenn das geschieht, wird es wahrscheinlicher, dass wir anderen Vorwürfe machen, uns verteidigen und sogar aggressiv werden. Bei einer landesweiten Befragung von fast zweitausend Personen berichtete ein Viertel der Befragten, dass ihre persönlichen Beziehungen während der vergangenen fünf Jahre unter Stress gelitten hätten. Die Entfremdung von Freunden stand ganz oben auf der Liste.[21] Zweiundvierzig Prozent von uns berichten zudem, dass Stress am Arbeitsplatz die Qualität ihres Familienlebens negativ beeinflusst, was wiederum das normale Miteinanderauskommen von Kindern und Erwachsenen beeinträchtigt.[22]

Ellen Galinski vom Family and Work Institute hat in den USA landesweit eine repräsentative Stichprobe von mehr als sechshundert Eltern und eintausend Kindern zwischen dem dritten und zwölften Schuljahr untersucht. Jeanna Bryner von der Agentur Associated Press berichtete darüber:

> *Die Interviewer fragten die Kinder, was ihr größter Wunsch wäre, wenn sie etwas an der Weise ändern könnte, auf die die Arbeit ihrer Eltern sich auf sie auswirkte. Mehr als die Hälfte der Eltern vermutete, ihre Kinder würden sich wünschen, die Eltern würden mehr Zeit mit ihnen verbringen. Weit gefehlt. Die meisten Kinder*

wünschten sich, die Eltern wären weniger von ihrer Arbeit ge-
stresst. „Ich glaube, wenn unsere Eltern weniger müde und gestresst
wären, dann wären auch wir Kinder weniger müde und gestresst",
sagte eines der befragten Kinder. … Subtile Hinweise wie etwa ein
müder Gesichtsausdruck oder schwere Schritte ließen die Kinder
leicht auf die Stimmung ihrer Eltern schließen. „Daran, dass sie
nicht lächelt, wenn sie mich von der Schule abholt, merke ich,
wenn meine Mutter einen schlechten Tag gehabt hat", sagte ein
junges Mädchen bei der Befragung. „Sie hat dann einen total
frustrierten Gesichtsausdruck." [23]

Wenn wir den Stress transzendieren, lächeln wir mehr und lieben mehr.

Wie die meisten von uns aus eigener Erfahrung wissen, kann Stress uns auch krankmachen. In den USA sind täglich eine Million Menschen aufgrund von stressbedingten Störungen krankgemeldet.[24] Wie schon erwähnt, unterdrückt die Stressreaktion langfristig wirkende Systeme, um deren Energiereservoir kurzfristig für die Kampf-oder-Flucht-Reaktion anzuzapfen. Wird die Stressreaktion chronisch, so summiert sich diese Überforderung und es kommt zu Schwierigkeiten. Wird das Immunsystem dauernd gehemmt, so wird man anfälliger für Erkältungen und Grippe. Es kommt häufiger zu Infektionen und diese sind tendenziell schwerer und kehren leichter zurück. Eine Anhäufung von Stresshormonen im Blut kann zu Hautausschlägen führen. Ein geschwächtes Sexualsystem kann zu sexueller Apathie und Fehlfunktion führen. Ein beeinträchtigtes Verdauungssystem kann zu Magen-Darm-Problemen führen, und natürlich führt Stress zu Muskelverspannungen, die dauernden Kopfschmerz, steifen Nacken und Rückenschmerzen verursachen können. Auch Haarausfall steht in Zusammenhang mit chronischem Stress. Stressreaktionen bremsen auch das Wachstumssystem und behindern die Produktion von Wachstumshormonen, die neues Haar erzeugen. Unser Haar wird dünner und es bilden sich haarlose Stellen. Das verloren gegangene Haar kann zwar schließlich wieder nachwachsen, aber oft ist es dann grau. Als ich noch ein Kind war, sagte meine Mutter oft vorwurfsvoll, ihre fünf unartigen Kinder würden ihr Haar grau werden lassen. Sie hatte vollkommen recht damit.

Kommt es über Jahre hinweg Woche für Woche, Monat für Monat zu Stressreaktionen, dann kann dies den Alterungsprozess beschleunigen. Stressreaktionen können das Herz zermürben und das Herz-Kreislauf-System schädigen. Unser Wohlergehen hängt in all seinen Aspekten von unserer emotionalen Reaktion auf bestimmte Ereignisse ab. Eine besonders überzeugende Bestätigung dieses Zusammenhangs war eine Studie von fast dreißigtausend Patienten aus zweiundfünfzig Ländern, bei der die Auswirkungen von neun konventionellen Risikofaktoren für einen Herzinfarkt eingeschätzt wurden, darunter erhöhter Blutdruck, Fettleibigkeit, Diabetes und einige andere Risikofaktoren.[25] Chronischer Stress machte, statistisch bereinigt, ein größeres relatives Risiko für einen akuten Herzinfarkt aus als alle anderen Risikofaktoren. Ein hoher Stresspegel vergrößert das relative Risiko für einen Herzinfarkt verglichen mit niedrigem Stress um das Zweieinhalbfache. Und die Liste der stressbedingten Erkrankungen beschränkt sich nicht auf den Herzinfarkt. Alle der oben genannten akuten kurzfristigen Gesundheitsprobleme können chronisch werden, wenn die gebremsten Systeme allmählich schwächer werden. Die Liste der Krankheiten, die sich daraus entwickeln können, ist lang. Dazu gehört Immunschwäche, Diabetes Typ 2, Potenzstörungen, Fettleibigkeit, Osteoporose und Magengeschwüre. Vor hundert Jahren waren Bakterien, Viren und Entbindungen die Hauptursachen für Todesfälle in Amerika. Heute hauen uns eher die stressbedingten Erkrankungen um. Wenn wir den Stress transzendieren, werden wir länger leben.

Stress macht auch die Diät-Päpstin Jenny Craig reich. Stress bringt den Körper nämlich dazu, schneller zuzunehmen. Während einer Stressreaktion erzwingt das Adrenalin eine Freisetzung von Brennstoff aus den Energiereserven des Körpers, damit uns mehr Energie für die Kampf-oder-Flucht-Reaktion zur Verfügung steht. Wenn die Stressreaktion nachlässt, sorgt ein anderes Stresshormon, das Cortisol, dafür, dass diese Reserven wieder aufgefüllt werden. Unglücklicherweise lagert sich das Cortisol in unseren Fettpolstern ab. Wenn der Pegel dieses Hormons andauernd hoch ist, beginnt sich Fett um den Bauch herum und in den Wänden der Blutgefäße, die durch die Wucht der wiederholten Stressreaktionen brüchig geworden sind, anzusammeln. Was die Situation noch verschlimmert, ist die Neigung vieler Menschen, sich in Zeiten starken Stresses mit an Fett und Kohlehydraten reichen Nahrungsmitteln „etwas Gutes zu tun". Wenn wir den Stress transzendieren, können wir ein paar Pfunde verlieren, ohne uns besonders dafür anstrengen zu müssen.

Wie groß ist das Problem?

Wir hören also nichts als schlechte Nachrichten, denn das Problem des Stresses ist allgegenwärtig. Würden die Gesundheitsbehörden den Stress als eine Krankheit klassifizieren, dann müssten sie wohl von einer Epidemie sprechen. Die vom Gallup Institut jährlich durchgeführte Befragung zum Lebensstil hat gezeigt, dass vierzig Prozent der Bevölkerung häufig eine hohe Stressbelastung erfahren.[26] Weitere vierzig Prozent haben mit Stress zu kämpfen, allerdings weniger häufig. Bezieht man dies auf die Situation in einem durchschnittlichen Unternehmen, so bedeutet dies, dass von einem Team von zehn Arbeitskräften, die mit der Leitung eines wichtigen Projekts betraut sind, zeitweilig acht wahrscheinlich emotional negativ, aggressiv oder verschlossen sind, dass sie zu riskanten Entscheidungen neigen und mit Gedächtnisverlust und Aufmerksamkeitsschwäche zu kämpfen haben oder ihr Vermögen, Fehler zu erkennen, herabgesetzt ist. Ein Mitglied des Teams ist wahrscheinlich gerade krankgemeldet zu Hause. Innerhalb der nächsten sechs Monate wird wahrscheinlich ein Mitglied des Teams kündigen, mit einer fünfzigprozentigen Wahrscheinlichkeit, dass Stress der Grund für die Kündigung ist. Die Hälfte der Mitglieder des Teams wird ihren Stress mit nach Hause nehmen und deshalb Streit in der Familie erleben, weshalb sie dann am nächsten Morgen noch angegriffener als zuvor zur Arbeit erscheinen werden. Dies ist wohl kaum das Profil eine Teams, das Höchstleistungen erbringen kann. Von dem Guten Leben, von dem Aristoteles sprach, ist diese Situation weit entfernt. Kein Wunder also, dass nur 47 Prozent der Amerikaner mit ihrem Job zufrieden sind; das ist eine beträchtlichen Abnahme im Vergleich zu den 61 Prozent, die noch vor zwanzig Jahren mit ihrer Arbeit zufrieden waren.[27]

Ehepartner und Eltern

Fast die Hälfte aller Eltern sagen, dass sie in ihrem täglichen Leben häufig Stress erfahren und dass dies, wie schon gesagt, die Qualität ihrer elterlichen Fürsorge für ihre Kinder beeinträchtigt.[28] Die Menschen berichten außerdem, dass der Stress ihre Ehe belastet und zu Streit in der Ehe führt.

Junge Erwachsene

Eine Studie in England hat kürzlich gezeigt, dass Stress die Menschen heute bereits früher in ihrem Leben beeinträchtigt. Die Studie begleitete eine Gruppe von eintausend Kindern, die in den Jahren 1972–1973 geboren wurden, durch ihr Leben. Im Alter von 32 Jahren wurden die Testpersonen über ihre Arbeit befragt. Diejenigen, die es mit „hoher psychischer Belastung" am Arbeitsplatz zu tun hatten, litten mit um 75 Prozent größerer Wahrscheinlichkeit an Depression oder Angst. Außerdem wurden im Alter von 32 Jahren bei einer von acht Personen erstmals eine klinische Depression, Angstattacken oder beides zusammen diagnostiziert. [29]

Führungskräfte

Fast 90 Prozent aller Führungskräfte in Unternehmen berichten, dass ihre Arbeit die Hauptquelle von Stress in ihrem Leben darstellt. Zwei Drittel sagen, dass sie heute stärker unter Stress stehen als vor fünf Jahren. Doch 60 Prozent sagen aus, dass ihre Organisationen ihnen keinerlei Hilfsmittel zum effektiven Umgang mit dem Stress bereitstellen. Ironischerweise rührt der größte Teil des Stresses, den diese Führungskräfte erfahren, nicht aus äußeren Quellen her wie etwa dem Mangel an Ressourcen oder einer nicht zu bewältigenden Liste der gestellten Aufgaben. 83 Prozent nennen als Hauptursachen ihres Stresses Ausdrucksformen psychischer Angst. Dazu gehören Streitigkeiten, Vertrauensprobleme, Politik, Konfrontationen, Beziehungsprobleme, persönliche Unsicherheit, Unterschiede im Stil und ein Ungleichgewicht von Arbeitsleben und Familienleben.[30]

Ärzte und Pflegepersonal

Fast die Hälfte aller Krankenschwestern, Ärzte und Labortechniker berichten, dass die meisten Tage an ihrem Arbeitsplatz sehr oder extrem stressbelastet sind. Oberschwestern sind unter denjenigen, die die höchste arbeitsbedingte Stressbelastung vermelden. Zwei Drittel der Oberschwestern berichten von starkem Arbeitsstress.[31] Die größte Quelle von Stress für Ärzte ist nach einer Studie mit mehr als dreitausend Ärzten die Angst, einen Kunstfehler begangen zu haben, zusammen mit der Angst davor, weitere Fehler zu machen.[32]

Schüler, Studenten und Lehrkräfte

Eine kürzlich durchgeführte Studie hat gezeigt, dass einer von drei befragten Lehrern seinen Job als extrem stressbelastet bezeichnet, und dass der Stress der Lehrkräfte die Bildung der Kinder beeinträchtigen kann.[33] Seit 1997 hat es auch landesweit einen deutlichen Zuwachs des Stresslevels bei College-Studenten gegeben. Eine Studie mit mehr als dreizehntausend Studenten an der Kansas State University, die über 13 Jahre lief, hat herausgefunden, dass sich die Zahl der Studenten mit Depression und Selbstmordgedanken zwischen den akademischen Jahren 1988 und 2000 verdoppelt hat, zusammen mit der Zahl von Studenten, die es mit Gesundheitsproblemen im Zusammenhang mit Stress zu tun haben.[34]

Das geht uns alle an

Stress ist ein ernsthaftes Problem, das uns alle betrifft. Stress macht uns krank, bremst unsere Intelligenz und raubt unserem Leben die

Freude. Er führt uns weg von dem Guten Leben. Stress ist zu einem solch selbstverständlichen Teil unseres Vokabulars und unseres täglichen Lebens geworden, dass man kaum glauben möchte, dass wir diesen Begriff erst seit wenig mehr als fünfzig Jahren verwenden, nämlich seit der Veröffentlichung des Buches *The Stress of Life* von Hans Selye im Jahre 1956. Selye ist der Vater der Stressforschung. Damals wurde der Begriff Stress vor allem von Ingenieuren und nicht von Ärzten verwendet. Als Selye einmal in Frankreich ein Referat halten sollte, fand er, dass es im Französischen kein Wort für das englische Wort *stress* gab, und so prägte er den Begriff *le stress*. In Deutschland war es ebenso, und dort verwendete er das Wort *der Stress*.

Stress hat es bei uns schon immer gegeben, auch wenn wir ihn anders genannt haben. Der Zustand des chronischen Stresses ist für das moderne Leben das, was das Konzept des Leidens für den Buddhismus ist – oder der Fall aus dem Zustand der Gnade für Muslime, Juden und Christen. Er steht für ein Vorwiegen von Angst, welche dem Leben Friede, Freude und Wohlbefinden raubt. Neurologisch gesehen ist chronischer Stress ein von der Amygdala beherrschtes Gehirn, das auf Überleben hin vernetzt ist.

Ist die Situation hoffnungslos?

Nein, die Situation ist nicht hoffnungslos – alles andere als das. Wir können diesem Problem entrinnen. Wie wir im nächsten Kapitel sehen werden, vermögen wir unser Gehirn neu zu vernetzen, sodass wir uns über Mars hinwegsetzen und Apollo stärken können. Ein Sinneswandel kann tatsächlich das Gehirn verwandeln. Das nennt man Neuroplastizität, und es kann schneller zu der Verwandlung kommen, als Sie glauben mögen – mit Übung innerhalb einiger Wochen. Wir können lernen, den Stress zu transzendieren, und, indem wir das tun, die Gehirnstruktur für eine optimale Erfahrung des Lebens und der Arbeit zu erzeugen. Wir können lernen, die

Macht von Mars zu benutzen, um unser Leben zu bereichern, statt es der reaktiven Seite von Mars zu gestatten, uns unser Glück zu rauben. Apollo kann in die Mars zugehörige Quelle der Gefühle eintauchen, kann wundervolle Gefühle wie Leidenschaft und Inspiration entwickeln und all die Formen der Liebe aus dem Sumpf der Urangst retten. Es ist diese Partnerschaft, die uns inspiriert oder uns zum Handeln motiviert. Sie ist das Gefühl der Vorfreude, das an der Schwelle zu einer neuen Vision steht. Sie ist die Begeisterung für ein Ziel. Sie ist die tiefe Zuneigung in einer verbindlichen Beziehung und die bedingungslose Hingabe einer Mutter an ihr Kind. Sie signalisiert uns, was sich richtig anfühlt und wem oder was wir vertrauen können. Wenn Apollo und Mars miteinander harmonieren, dann beginnen wir unseren Weg zu Antworten zu erspüren, die zuvor von zu viel Intellekt kompliziert und von zu vielen Gefühlen verschleiert waren.

5
Das mystische Gehirn

Das schönste Erlebnis ist die Begegnung mit dem Geheimnisvollen.
Sie ist der Ursprung jeder wahren Kunst und Wissenschaft.
Wer nie diese Erfahrung gemacht hat, wer keiner Begeisterung fähig
ist und nicht starr vor Staunen dastehen kann, ist so gut wie tot. Seine
Augen sind geschlossen.

Albert Einstein

Im Jahre 1978 tat sich Seine Heiligkeit der Dalai Lama, der Empfänger des Friedensnobelpreises und spirituelle Führer der Tibeter, mit führenden Wissenschaftlern zusammen, um das Mind and Life Institute zu gründen.[1] Das Ziel des Instituts ist es, den Dialog und die Forschung zwischen der modernen Wissenschaft und den großen lebendigen kontemplativen Traditionen zu fördern. Im Verlauf der Konferenzen an diesem Institut hat der Dalai Lama den Neurowissenschaftlern immer wieder die Frage gestellt: Kann der Geist das Gehirn verändern? Das ist eine entscheidende Frage. Wenn die Antwort nein ist, dann bedeutet dies, dass das Gehirn der ultimative Mechanismus ist, der unsere Erfahrung im Leben bestimmt. Es bedeutet, dass unser Gehirn unser Leben entsprechend der Art und Weise seiner Vernetzung bestimmt und dass es die Grenzen setzt für unser Glück, unser Wachstum und unseren Erfolg. Wenn Sie glauben, dass das Gehirn den Geist erzeugt und dass die Gehirnstruktur festgelegt ist, dann würden Sie dem Dalai Lama mit einem „Nein" antworten – nichts kann das Gehirn verändern, sobald seine Struktur einmal etabliert ist. Genau dies glaubten die Wissenschaftler zu jener Zeit, und genau so sah deshalb ihre Antwort aus.

Beziehen wir diese Auffassung des unveränderlichen Gehirns auf das Individuum, zu dem wir werden, so spricht man vom *mood set point* (in etwa „Stimmungsfixpunkt" A. d. Ü.). Nach dieser Theorie besitzt ein jeder von uns eine Grundeinstellung oder eine kennzeichnende Geisteshaltung, durch die wir das Leben sehen, angehen und erfahren, und diese Grund-Gemütsverfassung ist durch eine rigide Gehirnstruktur fixiert. Deshalb ist nach dieser Theorie keine signifikante und nachhaltige Veränderung unserer Persönlichkeit oder Grundeinstellung zum Leben möglich. Wenn die Natur, die soziale Konditionierung sowie schlechte Ernährung in der Kindheit das Gehirn einer Person auf Angst hin vernetzt haben, dann werden die Kampf-oder-Flucht-Reaktion und der Stress, den diese erzeugt, das ganze Leben dieser Person bestimmen. Die Art und Weise, auf die das Gehirn dieser Person vernetzt ist, wird es ihr schließlich unmöglich machen, sich für die Befreiung ihres Lebens von einer schmerzlichen Vergangenheit zu entscheiden, die Richtung zu ändern und ihre Geisteshaltung zu transformieren. Selbstbehinderung wird zur Gehirnbehinderung. Ängstliche, kritische und unglückliche Eltern, die uns ohne Absicht auf eine pessimistische Geistesverfassung hin vernetzen, verdammen uns dazu, das ganze Leben lang zu jammern. Wenn die obsessiven, zwanghaften oder depressiven Züge einer Person von einer fehlerhaften Vernetzung des Gehirns erzeugt sind, so gibt es dafür kein Heilmittel. Das ist für die Notleidenden unter uns – wozu, wie im vorangegangenen Kapitel gezeigt wurde, die meisten von uns gehören – ein ziemlich düsteres Bild.

Der Glaube, dass das Gehirn sich nicht verändert, hat in der Neurowissenschaft zu einer zunehmenden Missachtung von Psychologie und Spiritualität geführt. Wenn man daran glaubt, dass das Gehirn den Geist hervorbringt und dass das Gehirn fixiert ist und sich in einem Zustand des allmählichen Abbaus befindet, dann folgt daraus natürlich, dass es für Psychologie und Spiritualität, welche nach Persönlichkeitsveränderung, Selbstverbesserung und Wachstum streben, keine neurologische Basis gibt. Selbst ein so angesehener Kognitionswissenschaftler und populärer Autor wie Michel S. Gazzaniga hat noch 1988 behauptet, dass „die Psychologie tot ist".[2]

Während der vergangenen hundert Jahre glaubte die Wissenschaft an das unveränderliche Gehirn. Aufgrund ihrer Forschungsergebnisse nahmen die Wissenschaftler an, dass unsere Gehirnstruktur nun einmal das Blatt ist, das uns im Kartenspiel dieses Lebens gegeben wurde und mit dem wir das Spiel zu spielen haben, ob uns das nun gefällt oder nicht. Und schlimmer noch: Nach der alten Vorstellung, nach der das Gehirn keine neuen Zellen erzeugt, ist es auch so, dass unsere Intelligenz allmählich nachlässt, weil immer mehr Zellen absterben. Die Doktrin des unveränderlichen Gehirns wurde im neunzehnten Jahrhundert von dem Nobelpreisträger Santiago Ramon y Cajal aufgestellt. Während des Zwanzigsten Jahrhunderts war diese Doktrin der unverbrüchliche Glaubenssatz der Wissenschaft. Ramon y Cajal schrieb:

Sobald die Entwicklung beendet war, versiegten die Quellen des Wachstums und der Regeneration der Axone und Dendriten unwiderruflich. In den erwachsenen Zentren sind die Nervenpfade etwas Fixiertes, Beendetes und Unveränderliches. Alles kann sterben, nichts kann regeneriert werden. Es wird Aufgabe der Wissenschaft der Zukunft sein, dieses strenge Urteil, so es denn möglich ist, abzuändern.[3]

Es gab zu jener Zeit noch einen anderen Standpunkt, den der richtungweisende französische Alfred Binet, der Erfinder des ersten Tests des Intelligenzquotienten (IQ), formuliert hat. Binet schrieb:

Einige moderne Philosophen und Wissenschaftler behaupten, dass die Intelligenz eines Individuums eine festgelegte Eigenschaft ist, eine Größe, die nicht zunehmen kann. Ich protestiere gegen diesen brutalen Pessimismus und reagiere darauf. ... Mit Übung,

Training und vor allem mit Methode bringen wir es fertig, unsere Aufmerksamkeit, unser Gedächtnis und unser Urteilsvermögen zu verbessern und tatsächlich intelligenter zu werden, als wir es zuvor waren.[4]

Binet kam bei den Wissenschaftlern seiner Zeit mit dieser Behauptung nicht weiter als der Dalai Lama mit den modernen Wissenschaftlern. Die moderne Wissenschaft hielt hartnäckig an dem alten Dogma fest, und die meisten Wissenschaftler antworteten dem Dalai Lama, der Geist könne das Gehirn nicht verändern. Nichts sei dazu fähig, sagten sie.

Die gute Nachricht ist, dass es in der Neurowissenschaft zu einem totalen Umdenken gekommen ist. Heute geht sie davon aus, dass Wissenschaftler wie Binet recht gehabt haben und Ramon y Cajal & Co. im Unrecht waren. In den 1980er Jahren war es so weit, dass „die Neurowissenschaftler eine überzeugende Menge an Beweisen dafür zusammengetragen hatten, dass das Gehirn dynamisch ist und sich ständig in Reaktion auf die Erfahrung umformt".[5] Charles Sherrington hatte im Jahre 1912, Ivory Franz im Jahre 1915, Karl Lasky im Jahre 1923, Donald Hebb im Jahre 1949 und Michael Merzenich im Jahre 1985 sowie eine Reihe anderer Wissenschaftler hatten deutlich demonstriert, dass Hans durchaus noch lernen kann, was Hänschen nicht gelernt hat, und dass das Gehirn in der Lage ist, zur Stärkung neuer Fähigkeiten Bereiche des Cortex neu zu strukturieren, neu zu vernetzen, sie umzubauen und neu aufzuteilen. Und 1996 stürzte Elizabeth Gould von der Princeton-Universität ein weiteres Dogma der Neurowissenschaft, als sie bewies, dass das Primatengehirn ständig neue Neuronen produziert.[6] 1998 folgte darauf die Entdeckung von Peter Eriksson von der Universität von Göteborg, dass „der menschliche Hippocampus sein Vermögen, Neuronen zu erzeugen, das ganze Leben lang behält".[7] Man nennt dies Neurogenese, was bedeutet, dass das Gehirn das Rohmaterial zur Veränderung oder Stärkung des Gehirns erzeugen kann.

Mentale Übung

Mitte der 1990er Jahre hatte die Forschung bereits demonstriert, dass das Gehirn auf den Geist reagiert, wenn er ihm die Richtung vorgibt. Wird es entsprechend angeleitet, kann das Gehirn ein kleines Dorf von Neuronen nehmen und eine pulsierende Metropole daraus machen. Die Bezeichnung für diese wundervolle neurologische Eigenschaft ist „Neuroplastizität". Dies ist der Mechanismus, der einem Affen die Geschicklichkeit verleiht, sich ein Stück Banane aus einem engen Zwischenraum herauszuangeln. Neuroplastizität wirkt zudem mit der Imagination beim Lernen, Aufbauen und bei der Verstärkung eines Komplexes schwieriger Fertigkeiten wie etwa des Klavierspielens zusammen. Der Neurowissenschaftler Alvaro Pascual-Leone von der Harvard Universität hat dies im Jahre 1995 demonstriert. Er wies die Versuchspersonen an, fünf Tage lang täglich für zwei Stunden eine Fünf-Finger-Klavierübung zu spielen. Am Ende jeder Übungssitzung maß Pascual-Leone den motorischen Cortex des Gehirns, der präzise Fingerbewegungen kontrolliert. Die Daten zeigten, dass der Bereich des motorischen Cortex, der mit den Fingerbewegungen korreliert, sich ausgeweitet und in angrenzende Gehirnbereiche ausgedehnt hatte. Zur gleichen Zeit ließ Pascual-Leone eine andere Gruppe von Versuchspersonen die Fünf-Finger-Klavierübung einfach nur in Gedanken ausführen. Diese Personen spielten das einfache Stück einfach immer wieder im Geist; sie hielten die Finger dabei still und stellten sich einfach nur vor, wie ihre Finger sich bewegen würden, wenn sie Klavier spielen würden. Das Ergebnis war erstaunlich. Der motorische Cortex hatte sich bei diesen Versuchspersonen genauso ausgeweitet wie bei denjenigen, die tatsächlich Klavier gespielt hatten. „Mentale Übung", so resümierte Pascual-Leone, „führte zu einer ähnlichen Neuorganisation des Gehirns".[8]

Es hat sich auch gezeigt, dass Neuroplastizität bei Menschen, die unter einer Geisteskrankheit leiden, den Seelenfrieden wieder herstellen kann. Die Forschung hat erwiesen, dass eine grundlegende Veränderung der Geisteshaltung das Gehirn tatsächlich dazu bringt, seine Schaltkreise auf eine Weise zu verändern, welche die tägliche Erfahrung von Menschen, die unter einer Zwangsstörung und chronischer Depression leiden, transformiert. Im Jahre 1987 hat Dr. Jeffrey Schwartz von der University of California in Los Angeles nicht mehr als einen Sinneswandel benutzt, um die fehlerhafte Vernetzung des Gehirns, welche eine Zwangsstörung verursachte, zu verändern. Kennzeichnend für eine Zwangsstörung ist eine Überaktivität im Orbitalfrontalen Cortex, welcher der Teil des Gehirns ist, der mit Bestrafung und dem Entdecken von Fehlern zu tun hat. Ist diese Region bei einer Person hyperaktiv, so fühlt sich die Person von dem Gefühl überwältigt, dass irgendetwas nicht stimmt. Das löst dann wiederum eine Hyperaktivität in einem anderen Teil des Gehirns, dem Striatum, aus. Bei einer Zwangsstörung empfängt das Striatum einerseits eine Fehlermeldung aus dem Orbitalfrontalen Cortex sowie einen Angstschub aus einer erregten Amygdala. Das lässt es so aussehen, als liefe in der vorliegenden Situation etwas erschreckend schief, was einen dringlichen Handlungsbedarf signalisiert.

Werden diese drei neuronalen Schaltkreise zusammengeschaltet, so bilden sie das, was man den Befürchtungs-Schaltkreis nennt. Er ist unglaublich hinderlich. Menschen waschen sich unablässig die Hände, gehen in ritualisierten Mustern über die Fliesenspalten auf einem Bürgersteig, oder kehren nach einem Stück Weg in ihrem Auto nach Hause um, um zu sehen, ob sie den Herd auch nicht angelassen haben, selbst wenn ihr Gedächtnis ihnen sagt, sie hätten ihn ausgestellt. Patienten mit einer Zwangsstörung haben oft das Gefühl, als entsprängen diese Gedanken und Zwänge nicht ihrem wahren Ich. Es fühlt sich für sie an, als sei ihr Geist von einer fremden Macht besessen.

In seiner wegweisenden Studie ließ Dr. Schwartz Patienten ihren Geist benutzen, um ihr Gehirn zu heilen. Niemand nahm während dieser Versuche irgendwelche Medikamente. Schwartz zeigte den Patienten einfach mithilfe der Positronenemissionstomografie gemachte Scans der hyperaktiven Teile des Gehirns, um ihnen zu beweisen, dass die Zwangsstörung auf einer fehlerhaften neuronalen Vernetzung beruhte. Dann bildete er eine Therapiegruppe, welche den Patienten half zu üben, ihre zwanghaften Gedanken und seltsamem Kompulsionen als eine Fehlfunktion des Gehirns neu zu benennen. Sie beobachteten ihre verhängnisvollen Gedanken und Gefühle so gelassen wie möglich und wiesen sie dann zurück, indem sie sich sagten: „Das bin nicht ich. Das ist mein Gehirn, das einen weiteren zwanghaften Gedanken hervorbringt. Ich weiß, dass das nicht stimmt; das ist bloß der Müll, der von einem fehlerhaften Schaltkreis ausgespuckt wird." Nachdem die Patienten ihre Symptome eine Woche lang als Störimpulse benannt hatten, berichteten sie bemerkenswerterweise, dass sie nicht mehr von der Störung kontrolliert wurden. Sie hatten jetzt das Gefühl, etwas an der Hand zu haben, womit sie wirkungsvoll einzugreifen vermochten. Schwartz machte dann erneut Scans mit der Positronenemissionstomografie, um zu sehen, ob diese erstaunliche Veränderungen von Veränderungen in der Gehirnaktivität begleitet waren. Die Scans von zwölf der achtzehn Versuchspersonen zeigten, dass die Aktivität des Orbitalfrontalen Cortex im Vergleich zu den am Anfang der Studie gemachten Scans signifikant abgenommen hatte.[9]

Wie sich gezeigt hat, funktioniert ein ähnlicher Ansatz auch bei Depression.[10] Ein großes Problem bei der Depression ist die Neigung zu einem Rückfall nach einer Behandlung. Es braucht nicht viel, um einen solchen Rückfall herbeizuführen. Ein kleiner Rückschlag kann eine ganze Flut von pessimistischen Gedanken und Selbstvorwürfen auslösen, indem ein Gedanke zum nächsten führt und die Gedanken sich überstürzen, bis die Person sich in einen hoffnungslosen Zusammenbruch des Selbstvertrauens verliert. Etwas so Läppisches wie eine kurz angebundene Bemerkung des eigenen Chefs kann eskalieren zu dem Gedanken „Ich bin wertlos" gefolgt von „Mein ganzes Leben ist ein einziges Versagen". Diese Art des negativen Denkens kann sich dermaßen breitmachen, dass es einer Person ihre ganze Lebensenergie aussaugt. Alles, was sie sieht, denkt oder fühlt, wird ihr dann zur Bestätigung ihrer düsteren Realität. Doch ist dies eine vom Denken geschaffene Realität – und es sieht so aus, als folge das Gehirn dem Geist geradewegs in die Hölle, indem es sich auf Stress, Angst und Negativität hin vernetzt.

Im Jahre 1992 begann Zindel Segal von der Universität von Toronto zu untersuchen, wie man Kognitive Verhaltenstherapie zur Verhinderung von Rückfällen einsetzen kann. Kognitive Verhaltenstherapie ist eine sehr direkte, kurzfristige Serie von Lektionen, welche helfen, sich negativer und ängstlicher Denkmuster bewusst zu werden, sodass man diesen mit vernünftigen und realistischen Fakten begegnen kann. Bei einer Depression werden Gefühle zur Realität und stressgeladene ängstliche Gedanken werden zu Fakten. Segal brachte seinen Patienten bei, ihre Depressionen einfach als Ereignisse in ihrem Geist zu betrachten. Sie erlernten Strategien zum Durchbrechen der Neigung, über ein Problem zu grübeln, kleine Rückschläge als großes Unglück zu interpretieren oder aus möglichen Konsequenzen eine Katastrophe zu machen. Sie übten, mehr Verantwortung für ihre Stimmungen zu übernehmen und sich dessen bewusst zu werden, dass ihre Verunsicherungen oft nicht von anderen Menschen und äußeren Ereignissen verursacht wurden, sondern von ihren eigenen Gedanken und Gefühlen und Einstellungen zu diesen Menschen und Ereignissen. Die Patienten praktizierten auch eine Form der Achtsamkeitsmeditation, doch der Schlüssel zur Besserung war das Zurückweisen von negativen Gedanken. Ein achtwöchiger Kurs in Kognitiver Verhaltenstherapie brachte signifikante klinische Besserung bei den Patienten, die den Versuch beendeten. Nach dem achtwöchigen Programm beobachteten die Forscher die Patienten noch für ein Jahr. Zwei von drei Patienten erfuhren keinen Rückfall in die Depression. Das war ein sehr signifikantes Ergebnis.

Im Jahre 2002 arbeitete Segal mit Helen Mayberg zusammen, um diese Studie noch auszuweiten. Diesmal machten sie auch Scans mit der Positronenemissionstomografie, um zu sehen, ob der Sinneswandel auch eine Veränderung des Stoffwechsels im Gehirn mit sich brachte. Das war tatsächlich der Fall. Wie in der Studie über die Zwangsstörung ging das Ansprechen auf die Behandlung mit signifikanten Veränderungen des Gehirnmetabolismus einher. „Im

Wesentlichen", schrieb Mayberg, „entspringt Depression einer Fehlfunktion nicht einer einzelnen Stelle im Gehirn, sondern in einem Netzwerk oder einem Schaltkreis von Verbindungen im Gehirn."[11] Indem die Patienten sich darin übten, anders zu denken, kam es zu einer Neujustierung des Systems, indem neuronale Bereiche, die mit Grübelei und Sorgen verbunden sind, heruntergefahren wurden.

Die Antwort auf die Frage, ob der Geist das Gehirn verändern kann, ist also ein Ja. Der Dalai Lama hatte Recht. Als er immer wieder diese Frage stellte, stützte der Dalai Lama sich auf die Aussage eines hoch angesehenen tibetischen Meister, der einmal gesagt hat: „Eine der wunderbarsten Eigenschaften des Geistes ist, dass man ihn transformieren kann."[12] Ich glaube ohne Bedenken sagen zu können, dass die meisten von uns mit dieser Aussage übereinstimmen würden. Die meisten von uns haben Dinge erfahren, die ihr Leben verändert und ihr Verständnis und ihre Wahrnehmung ihres Ichs verändert haben. Wir wissen, dass eine bewusstseinsverändernde Erfahrung zuvor gedämpfte Gehirnschaltkreise auffrischen, geschwächte oder fehlerhafte neuronale Verbindungen heilen und neue Gehirnpfade aufbauen kann, sodass wir größeres Glück und mehr Kompetenz zu stabilisieren vermögen. Eine grundlegende Veränderung der Geisteshaltung führt zu neuronalen Veränderungen, die uns das Gute Leben bringen. Wenn unser Gehirn auf Stress, Angst oder Pessimismus hin vernetzt ist und wir uns ändern wollen, dann können wir es neu vernetzen, indem wir ein besseres Denken einüben, das ein glücklicheres Fühlen und eine positive Geisteshaltung mit sich bringt. Wenn wir das tun, scheint sich unsere graue Gehirnmasse in ein wahrhaftes Feld der Träume zu verwandeln. Erzeugen Sie ein solches Feld, indem Sie eine Erfahrung einüben, von der Sie wollen, dass sie sich weiter entwickelt, und die entsprechenden Neuronen werden kommen.

EINE DER WUNDERBAREN EIGENSCHAFTEN DES GEISTES IST, DASS MAN IHN TRANSFORMIEREN KANN.

Der Mystiker und der Wissenschaftler

Als der Dalai Lama die Neurowissenschaftler herausforderte, aus ihrem Dogma auszubrechen und die Geist-Gehirn-Verbindung neu zu betrachten, bewirkte er noch etwas anderes. Er brachte Psychologie, Spiritualität und Neurologie im selben Laboratorium zusammen, sodass sie gemeinsam untersuchen konnten, auf welche Weise ein gesunder Geist ein gesundes Gehirn erzeugt und was die Grundlage einer emotionalen, intellektuellen und spirituellen Intelligenz für ein besseres Leben ist. Zu diesem Zweck taten sich der Dalai Lama und Richard Davidson, ein wegbereitender Forscher auf dem Gebiet der affektiven Neurologie, zusammen und öffneten ein Fenster zum mystischen Gehirn. Der Dalai Lama stellte die Mystiker zur Verfügung, Davidson das Laboratorium.

Davidson ist Professor an der Universität von Wisconsin und ein Fellow der American Academy of Arts and Sciences. Er leistete Pionierarbeit zur Messung des Stimmungsfixpunktes eines Individuums durch Messung der Gehirnaktivität im Präfrontalen Cortex. Davidson fand heraus, dass Menschen dann berichten, sich zufrieden, energiegeladen, engagiert und freudig zu fühlen, wenn der linke Präfrontale Cortex eine deutlich höhere Aktivität aufrechterhielt als der rechte. Sie besaßen dann eine positive Geisteshaltung, hatten das Gefühl, die Kontrolle über ihr Leben zu haben und sahen guten Mutes in die Zukunft. Sie arbeiteten an ihrem inneren Wachstum und besaßen einen Lebenszweck. Wenn das Leben sie auf die Bretter schickte, standen sie sehr schnell wieder auf. Sie hatten, kurz gesagt, das verwirklicht, was Aristoteles das Gute Leben nannte.

Wenn dagegen die Gehirnaktivität auf der rechten Seite dominierte, berichteten die Menschen, dass sie sich ängstlich, gestresst, deprimiert und bekümmert fühlten. Ihre Geisteshaltung war negativ. Menschen, bei denen die Aktivität auf der rechten Seite besonders stark war, waren wahrscheinliche Kandidaten für eine klinische Depression. Es gelang Davidson, einen Index für die grundlegende Aktivitätsverteilung zwischen dem linken und dem rechten Präfrontalen Cortex zu erstellen, mit dem sich sehr genau die allgemeine Geisteshaltung im täglichen Leben voraussagen ließ. David war interessiert zu untersuchen, welche Auswirkung das intensive Geistestraining der tibetischen Mönche auf die Links-rechts-Verteilung hat. Verschob das Geistestraining die emotionale Marke von rechts nach links, und wenn ja, wie weit?

Im Jahr 2001 untersuchte Davidson eine Reihe von tibetischen Mönchen, die einen beträchtlichen Teil ihres Lebens der Achtsamkeitsmeditation gewidmet hatten. Es zeigte sich, dass die linksseitige Aktivität bei diesen Mönchen extrem höher lag als bei allen anderen bisher getesteten Personen. Die Aktivität im linken Präfrontalen Cortex (positive Gefühle) überschwemmte die Aktivität im rechten Präfrontalen Cortex (negative Gefühle) völlig, etwas, was man noch nie zuvor als Ergebnis rein mentaler Aktivitäten festgestellt hatte.

Die Mönche besaßen eine wesentlich größere Aktivierung in der Inselrinde (auch Inselcortex oder Insula genannt) und im Nucleus Caudate, einem Netzwerk, das der Einfühlung und der mütterlichen Liebe zugrunde liegt. Um die Tiefe des Einfühlungsvermögens bei den Mönchen zu messen, testeten die Forscher ihr Vermögen, flüchtige Gesichtsausdrücke zu erkennen, die auf Angst, Zorn oder Verachtung hinweisen. Den Mönchen gelang dies wesentlich besser als allen fünftausend Personen, die zuvor getestet worden waren. „Sie schneiden besser ab als Polizisten, Rechtsanwälte, Psychiater, Zollbeamte und Richter", sagte Dr. Paul Elkman von der University of California in San Francisco. Die Mönche machten es sogar besser als Agenten des Secret Service, die zuvor die besten Ergebnisse erzielt hatten.[13] Bei ihnen waren auch die Verbindungen von den Frontalregionen zu den emotionalen Regionen stärker; dies sind die Pfade, über die das höhere Denken die Gefühle zu kontrollieren vermag.[14]

Außerdem fand man bei den Mönchen ein dramatisch höheres Level an Gammawellenaktivität, welche mit den höheren mentalen Aktivitäten in Zusammenhang steht. Durch ihr Geistestraining hatten diese Mönche eine neuronale Vernetzung erzeugt, welche eine zutiefst friedvolle, fürsorgliche und gewinnende Intelligenz förderte, die eine vollkommen positive Geisteshaltung erkennen ließ. Selbst wenn die Mönche nicht meditierten, erhielten sie diese optimalen Gehirnzustände aufrecht.

Während er die Studie mit den Mönchen durchführte, lehrte Davidson eine Reihe von Freiwilligen zu meditieren und testete sie dann. Was die Meditation anging, waren sie alle Neulinge. „Schon nach einer ziemlich geringfügigen Praxis der Meditation", schrieb Davidson, „ließen sie einen geringfügigen, jedoch signifikanten Anstieg des Gammasignals erkennen."

Wir können es alle

Als Daniel Goleman den Dalai Lama fragte, welchen Nutzen er sich von dieser Art von Forschungsarbeit erhoffe, antwortete er:

Durch geistige Schulung können die Menschen gelassener werden – insbesondere diejenigen, die unter zu vielen Höhen und Tiefen leiden. Das ist die Schlussfolgerung aus diesen Untersuchungen des buddhistischen Geistestrainings. Und das ist mein Hauptziel: Es geht mir nicht etwa darum, den Buddhismus zu propagieren, sondern herauszufinden, wie die buddhistische Überlieferung einen Beitrag zum Wohle unserer Gesellschaft leisten kann. Natürlich beten wir als Buddhisten ständig für alle fühlenden Wesen. Aber wir sind ja nur Menschen – das Beste, was man tun kann, ist den eigenen Geist zu schulen.[15]

Um zu testen, ob sich diese Schulung auf jedermann übertragen lässt, tat Davidson sich mit Jon Kabat-Zinn von der University of Massachusetts zusammen; sie führten eine weitere Studie durch und testeten diesmal Stress am Arbeitsplatz. Kabat-Zinn ist ein Pionier auf dem neu entstehenden Gebiet der Geist-Körper-Medizin. Die Studie konzentrierte sich auf gestresste Arbeitskräfte in einem

Höchstleistungen verlangenden Biotechnologie-Unternehmen.[16] Als Teil der Studie wurden die Angestellten zwei Monate lang für drei Stunden pro Woche in Achtsamkeitsmeditation geschult, um zu sehen, ob die Meditation ihre Geisteshaltung verändern, ihre Stimmung verbessern und das hohe Ausmaß an Stress verringern konnte, das die Angestellten empfanden. Davidson machte bei jedem der Angestellten Messungen des Präfrontalen Cortex, und zwar vor und nach dem Geistestraining. Vor der Achtsamkeitsschulung tendierten die Werte im Präfrontalen Cortex der Versuchspersonen im Durchschnitt zur rechten Seite (negative Gefühle). Nach dem achtwöchigen Schulungsprogramm hatte sich die durchschnittliche Aktivierung jedoch nach links, hin zu positiven Gefühlen, verschoben. „Gleichzeitig verbesserte sich ihre Stimmung; sie berichteten, dass sie sich wieder für ihre Arbeit engagierter, energiegeladener und weniger ängstlich fühlten."[17]

Die Ergebnisse beweisen, dass sich der Stimmungsfixpunkt im Rahmen einer wohldefinierten Praxis verschieben kann, und zwar innerhalb einer relativ kurzen Zeit. Davidson berichtete auch, dass mit der Veränderung der Geisteshaltung eine Stärkung des Immunsystems einherging. Im Rahmen eines von dem Unternehmen finanzierten Programms der Grippeschutzimpfung sammelte Davidson Blutproben. Im Blut derjenigen, die an dem Programm zur Schulung in Achtsamkeitsmeditation teilgenommen hatten, fanden sich im Vergleich zu den anderen Angestellten größere Mengen an Grippe-Antikörpern. Dies besagte, dass das Immunsystem der Angestellten, die an dem Programm teilnahmen, nicht mehr durch Stress gedämpft war.

Was haben die Mönche getan?

Natürlich stellt sich als Nächstes die Frage: Was haben die Mönche geübt, das zu solch positiven Veränderungen der Gehirnfunktion führte?

Die von der Studie untersuchten Mönche riefen durch eine Form der Achtsamkeitsmeditation eine Reihe von Bewusstseinszuständen oder Eigenschaften hervor. Eine der Methoden, die die Mönche im Verlauf der Studie praktizierten, nennt man Einspitzigkeit oder Einsgerichtetheit. Dies ist die voll konzentrierte Ausrichtung auf ein einziges Objekt der Aufmerksamkeit. Es ist die Qualität einer stillen Offenheit des Geistes, die es einem ermöglicht, für das, womit man gerade beschäftigt ist, ganz und gar präsent zu sein. Wir sitzen nicht in der Vergangenheit fest oder machen uns Sorgen über die Zukunft, was beides stressbelastete Zustände sind. Wir besitzen „ein stilles Gefühl unserer eigenen Präsenz", wie es Eckhart Tolle nannte, „unserer eigenen Lebendigkeit, die in alles, was wir tun, einfließt."[18]

Hier haben wir eine interessante Behauptung: Wir können nicht gestresst sein, wenn wir vollkommen präsent sind. Und Sie, lieber Leser, können sich der Essenz dieser stillen, losgelösten Seinsweise annähern. Damit gönnen Sie sich eine erfrischende Pause vom Leben auf der Überholspur. Wo immer Sie sich gerade befinden, werden sie einfach innerlich still, bis Sie den Punkt erreichen, an dem Sie Ihren eigenen Atem spüren können. Gestatten Sie es sich, vollkommen präsent zu sein. Sehen Sie sich um. Bemerken Sie die Objekte, Menschen und Farben, die vorhanden sind. Sehen Sie, ob Sie die Energie im Raum fühlen können. Bedenken Sie, dass jetzt die einzige Zeit ist, die es gibt, und freuen Sie sich daran. Lassen Sie Ihre Aufmerksamkeit bei einem Objekt in Ihrer Umgebung verweilen und widmen Sie diesem Objekt ihre *volle* Aufmerksamkeit. Entspannen Sie sich in die Schwingung und Lebendigkeit der Aufmerksamkeit. Natürlich werden sich gewohnheitsmäßige Gedanken, Bezeichnungen, Urteile und Gefühle erheben, sich miteinander verbinden und Sie in eine bestimmte Richtung ziehen. Lassen Sie diese Ablenkungen einfach kommen und gehen, und kehren Sie zu diesem stillen, lebendigen Fokus der Aufmerksamkeit zurück. Wenn wir den gegenwärtigen Augenblick verpassen, dann verpassen wir buchstäblich unser Leben. Das Leben erneuert und erfrischt uns immer dann, wenn wir zum gegenwärtigen Moment zurückkehren. Oft können wir den Stress an einem anstrengenden Tag einfach dadurch abwenden, dass wir für einen Moment Pause machen und aus dem Fenster schauen, um einen Blick auf die Welt dort draußen zu erhaschen. Es kann sehr beruhigend sein, einfach nur das Wetter oder den Tanz von Licht und Schatten zu einer bestimmten Tageszeit zu beobachten oder zu betrachten, wie der Regen fällt oder der Wind in den Blättern der Bäume rauscht.

Als Nächstes riefen die Mönche „eine furchtlose Gewissheit, ein tiefes Zutrauen" hervor, „das durch nichts zu erschüttern war".[19] Dies ist eine Geisteshaltung der Stille. Es bedeutet, dass wir uns vor dem, was da draußen geschieht, nicht fürchten oder davon bedroht fühlen. Das Ergebnis ist, dass wir uns unseren Herausforderungen stellen können, so wie sie kommen. Während der Studie wurde ein Mönch für drei Stunden in einen Funktionellen Magnetresonanztomografen gelegt. Für manche Menschen fühlen sich zwanzig Minuten in einer solchen Röhre schon wie eine Ewigkeit an. Doch der Mönch überstand die anstrengende Prozedur freudig und voller Energie und sagte danach: „Das ist wie eine Mini-Klausur."

Probieren Sie einmal die folgende Übung: Denken Sie an eine Situation in der jüngeren Vergangenheit, mit der Sie nicht besonders gut zurechtgekommen sind. Sehen Sie diese Situation ganz lebhaft vor Ihrem inneren Auge, aber stellen Sie sich vor, dass Sie ihr diesmal mit einer friedvollen statt mit einer angespannten Geisteshaltung begegnen. Wie würden Sie sich dann anders verhalten? Wären Sie dann empfänglicher und toleranter gewesen? Hätten Sie weniger Urteile gefällt? Hätte dies die Wahrscheinlichkeit, dass Sie etwas falsch machen, reduziert? Wie hätten Sie sich beim Abschluss des Ereignisses gefühlt?

Ein anderer Zustand, den die Mönche einübten, war, eine Geisteshaltung der Liebenden Güte und des Mitgefühls aufrechtzuerhalten. Dies ist das Prinzip der Beziehung. Es ist gekennzeichnet durch eine Empfindung der Verbundenheit in allem, was wir tun – zuerst, indem wir uns mit unserer eigenen Mitte verbinden, dann, indem wir uns mit anderen verbinden, und in Momenten der Einsamkeit, indem wir uns mit dem verbinden, was größer ist als wir. Es ist eine bedingungslose, positive Hochachtung anderer, in der wir deren Stärken sehen und nicht ihre Fehler, in der wir vergeben und nicht verdammen, in der uns Einfühlung wichtiger ist als Verurteilung.

Denken Sie an einen Menschen, mit dem Sie zuhause oder an Ihrem Arbeitsplatz Probleme haben. Denken Sie an zwei oder drei eklatante Fehler dieser Person. Achten Sie darauf, wie sich das anfühlt. Denken Sie nun an zwei oder drei positive Eigenschaften, die Sie in dieser Person sehen können. Achten Sie darauf, wie sich dies anfühlt. Was gibt Ihnen mehr das Gefühl, verbunden zu sein, nicht nur mit der Person, sondern auch mit Ihrem Herzen? Was ruft eine friedlichere Geisteshaltung in Ihnen hervor? Die Antwort ist offenkundig.

Die Mönche visualisierten auch die Details eines Thangka, eines tibetischen Rollbildes, das eine Gottheit darstellt. Sie bauten das Bild mental von oben nach unten auf, bis sie ein klares und vollständiges Bild vor dem inneren Auge stehen hatten. Dies ist das Prinzip der Beziehung zum gesamten Leben, nicht nur zu Teilen davon. Das Leben wird dabei als Prozess gesehen, nicht als Ziel, und der Prozess ist der des Werdens, nicht der des Ankommens. Es ist ein Zustand des Wachstums und kein fixierter Zustand, ein Zustand, in dem wir uns selbst als etwas Wachsendes sehen und nicht als etwas Erwachsenes. Der Prozess umfasst Versagen und Erfolg, unsere Freuden und Kümmernisse, unsere positiven Eigenschaften sowie jene, die nicht so positiv sind. Die Vollkommenheit liegt in unserer Unvollkommenheit. Unser Leben als Ganzes zu sehen, beinhaltet eine Haltung des Vertrauens. Es ist das Vertrauen auf die Reise, die wir unternehmen. Dabei sehen wir einen Fehler als etwas Wertvolles, weil wir daraus lernen können. Wenn wir ernsthaft krank sind, geht es darum, unsere Ganzheit, das Heil-Sein, zu finden, indem wir ganz und gar in der Zeit leben, die wir haben. Ganz gleich, in was für einer Situation wir uns befinden, wenn wir in der Lage sind, uns selbst im gegenwärtigen Augenblick zu treffen und uns ganz für unsere Erfahrung zu öffnen, dann entsteht allmählich die Empfindung von Ganzheit und bildet eine klare und vollständige Erfahrung.

Mystisches Coolsein

Die Bewusstseinszustände, die die Mönche im Laufe der Studie hervorriefen, lassen sich in vier grundlegende Eigenschaften übersetzen, die jedermann üben und verstärken kann:

1. Die erste Eigenschaft ist *Aufmerksamkeit*. Dies ist eine Seinsweise, die auf ruhige Weise engagiert und völlig präsent ist.

2. Die zweite Eigenschaft ist *innere Haltung*. Dies ist die Stärke, innerlich ruhig und klar zu bleiben, ganz gleich, was außen geschieht.

3. Die dritte Eigenschaft ist *Ausweitung*. Dies ist die Eigenschaft unserer Präsenz in all unseren Beziehungen, die eine Empfindung der Verbundenheit aufrechterhält.

4. Die vierte Eigenschaft ist *Perspektive*. Dies ist ein bleibender Sinn für das Ganze, das die Fragmente transzendiert.

Wenn diese Elemente zu einer Geisteshaltung verschmelzen, begründet ihre Einheit ein furchtloses Selbstvertrauen, welches eine Person in die Lage versetzt, sich der Welt zu stellen. Dieses Buch gibt diesem furchtlosen Selbstvertrauen einen Namen: Mystisches Coolsein. Mystisches Coolsein stellt eine Form der Achtsamkeit dar, welche Elemente der humanistischen und der positiven Psychologie mit dem psychospirituellen Ansatz der Heilung durch Geisteshaltung verbindet.[20] Diese Elemente werden kombiniert, um eine achtsame Veränderung der Geisteshaltung herbeizuführen und beizubehalten, ohne sich dabei ausschließlich auf die Meditation zu verlassen. Mystisches Coolsein ist ein Ansatz, den wir alle ohne fremde Hilfe benutzen können, um gewohnheitsmäßige angstvolle oder stressgeladene Reaktionen sofort bei ihrem Einsetzen abzuwenden. Der Ansatz funktioniert ganz ähnlich wie der von Jeffrey Schwartz bei Zwangsstörungen und Zindel Segals im Umgang mit der Depression verwendete Ansatz. Mystisches Coolsein definiert *Frieden* als Kraft und *Befähigung* als das Loslassen von Angst. Angst ist das Haupthindernis, und Mystisches Coolsein hilft uns, den Geist über emotionale Bedrängnis und Negativität hinwegzuheben, sodass wir eine bewusste Wahl treffen können. Durch bewusste Wahl können wir unser Handeln in Richtung auf das gewünschte Ergebnis lenken. Dies bedeutet, dass wir unseren Geist benutzen, statt von unserem Geist benutzt zu werden. Mystisches Coolsein bündelt die Aufmerksamkeit, begründet innere Standfestigkeit und unsere Geisteshaltung und unterstützt innere Klarheit und zwischenmenschliche Resonanz, sodass wir die optimale Erfahrung von Flow erreichen können. Einer meiner größten Lehrmeister, was die Macht des Friedens angeht, war Mount Shasta. Mount Shasta ist der zweithöchste Berg der Vereinigten Staaten. Man besteigt ihn über einen Gletscher, und der Aufstieg ist als *„technical climb"* klassifiziert, was bedeutet, dass man Steigeisen, eine Eisaxt, einen Sturzhelm, spezielle Kleidung und Stiefel, einen Schlafsack für Minustemperaturen und eine lange Liste anderer wesentlicher Ausrüstungsgegenstände braucht, wenn man den Aufstieg unternehmen will. Man muss zudem in bester körperlicher Verfassung sein. Wie im täglichen Leben, sind Äußerlichkeiten nicht unwichtig. Der Berg vergibt keine Fehler, die man bei der Vorbereitung des Aufstiegs macht. Das mag sich sehr kompliziert und beängstigend anhören, aber wenn man den Mount Shasta besteigen will, genügt es nicht allein, taktisch gut vorbereitet zu sein. Man braucht eine Geisteshaltung totaler Einfachheit und Demut. Jemandem, der einfach nur mit der Absicht zu diesem Berg kommt, ihn zu „bezwingen", mag es an dieser Geisteshaltung mangeln. Hybris kann beim Bergsteigen tödlich sein. Doch für ein demütiges Herz, das sich *Mis Misa,* wie die Eingeborenen den Berg genannt haben, hingibt, wird der Berg zu einer hilfreichen Hand.

Zu Beginn des Aufstiegs dachte ich vor allem daran, mein Ziel zu erreichen, und das war der Gipfel. Nach einigen Stunden wurden diese Gedanken überdeckt von Müdigkeit, und mein Fokus verschob sich hin zu Plätzen, die mir näher lagen. Ich hielt vor allem

Ausschau nach kleinen Vorsprüngen oder Spalten, wo ich hätte ausruhen können. Doch die vermeintlichen Rastplätze erwiesen sich fast immer als Trugbilder von Licht und Schatten, was mich immer mehr entmutigte.

Je höher ich stieg, desto schwieriger wurde es, und während der ersten Stunden beklagte sich mein Geist unablässig über die Härte des Aufstiegs und unterminierte so die positive Geisteshaltung, die man braucht, um den Gipfel zu erreichen. Er piesackte mich mit Gedanken wie: *Worauf habe ich mich da nur eingelassen? Was habe ich mir dabei bloß gedacht? Es ist verrückt, weiterzugehen. Ich schaffe es einfach nicht. Dieser Berg wird mich umbringen.* Schließlich wurde mir klar, dass mein Geist mich sabotierte und mir meine emotionale und physische Kraft raubte. Ich begriff, dass ich jede Vorstellung vom Erreichen eines Ziels fahren lassen musste. Ich musste aufhören zu denken und musste die Disziplin aufbringen, mich nur auf den nächsten Schritt zu konzentrieren und so ganz im Augenblick präsent und in meiner Erfahrung lebendig zu sein. Es ist, wie Eckhart Tolle in seinem Buch „Jetzt! Die Kraft der Gegenwart" sagt: „In dem Augenblick, in dem Sie Ihre Friedlosigkeit vollkommen annehmen, wird Ihre Friedlosigkeit in Frieden verwandelt."[21]

Es brauchte eine Weile, bis ich diese Ausrichtung beherrschte, aber allmählich wurde ich ruhiger, und es gelang mir die Erfahrung zu akzeptieren, die der jeweilige Moment mit sich brachte – von entmutigender Erschöpfung bis zu jauchzender Freude, von totalem Überwältigtsein bis zu völliger Hingabe. Dann geschah plötzlich etwas ganz Unerwartetes. Mein Geist wurde immer ruhiger, und indem er sich beruhigte, erwachte ich plötzlich zu der Erfahrung, die ich machte. Während ich beobachtete, wie die Schatten bauschiger Wolken über die welligen Konturen des Berges wanderten und seine Flanke abdunkelten und sie dann, als sie vorüberzogen, in noch hellerem Weiß erstrahlen ließen, gab die Schönheit des Berges meinem Herzen Auftrieb und erweiterte mein Bewusstsein. Mir wurde bewusst, dass ich buchstäblich in die Fußstapfen anderer Menschen trat, die in das Eis eingeschnitten waren und die es mir leichter machten, meinen Weg zu finden, und der Mut der Menschen, die mir vorausgestiegen waren, gab mir neue Kraft. Mein Herz öffnete sich weit für die Menschen, mit denen zusammen ich den Aufstieg unternahm. Sie wurden Brüder und Schwestern für mich. Es berührte mich, wie wir aufeinander achteten, den Schritt manchmal verlangsamten, um jemanden aufholen zu lassen, und wie wir gegenseitig in aller Stille den Mut der anderen feierten, uns weiter in die Höhe zu wagen.

Allmählich verwandelte sich die Anstrengung in Flow, und in diesem Gefühl des Fließens wurde ich mitgerissen von der Kraft und Präsenz von etwas, das größer war als ich selbst. Was geschah, war einfach ein Wunder. Ich hatte jegliches Zeitgefühl verloren und ebenso die Empfindung eines Ichs. Der Berg und ich waren in Frieden und eins miteinander, ohne ein Fitzelchen von Ego oder Konflikt, das uns hätte trennen können. In jenem Jahr schaffte ich es auf den Gipfel, arbeitete ich mich gegen Sturmböen durch die Schneise, die zum Gipfel führt, vor. Als ich auf dem Gipfel stand, fühlte ich mich wie auf dem Gipfelpunkt der Welt. Und ich wusste, dass das, was ich besiegt hatte, um zum Gipfel zu gelangen, nicht das Eis war und nicht die Höhe, es waren nicht die steilen Schneefelder oder die Windböen von fast 100 Stundenkilometer. Was ich besiegt hatte, war meine Angst. Als ich mich still, aufmerksam und mit allen Sinnen dem gegenwärtigen Augenblick hingab, wurde die in mir schlummernde Kraft geweckt. Als ich angesichts aller Schwierigkeiten innerlich ruhig blieb, tauchte diese Klarheit auf und wies mir den Weg. Als ich mich mit meinem eigenen Herzen und mit den anderen Menschen verband, ließ diese Wertschätzung eine Kraft zutage treten, die größer war als ich selbst und die mich trug. Als ich für meine Erfahrung offenblieb, ohne sie zu beurteilen, begann ich mich ganz von selbst als Ganzheit zu erfahren.

WAS ICH BESIEGT HATTE, UM ZUM GIPFEL ZU GELANGEN,
WAR NICHT DAS EIS UND NICHT DIE HÖHE,

ES WAREN NICHT DIE STEILEN SCHNEEFELDER ODER DIE
STURMBÖEN VON FAST 100 STUNDENKILOMETER.
WAS ICH BESIEGT HATTE, WAR MEINE ANGST.

Der höchste Wert des Lebens ist Friede

Der höchste Wert des Lebens ist Friede und die Freude, die dieser erzeugt. Friede ermöglicht den vollen Gebrauch unseres Potenzials, damit wir Außerordentliches erreichen können. Dies ist die Definition des Mystischen Coolseins. Die vier Eigenschaften des Mystischen Coolseins sind den meisten von uns nicht fremd. Wir haben sie im Laufe eines Lebens von Versuch und Irrtum erfahren und haben gelernt, ihren Wert zu schätzen. Das Problem ist einfach, dass wir diese Eigenschaften nicht durchgängig oder vollständig genug zur Anwendung bringen, um die Erfahrung unseres Alltagslebens zu verwandeln. Der folgende Teil des Buches soll Ihnen helfen, sich diese Werte wieder zu eigen zu machen.

Der Gipfel, den wir erreichen wollen, ist Friede sowie die Freude des Unterwegsseins. Die ist die Belohnung der Erfahrung des Flow, in der wir Vortrefflichkeit realisieren. Friede bringt eine tiefere Wertschätzung dessen mit sich, was wir wirklich sind, und bringt diese Wertschätzung auch anderen entgegen. Er beschert uns ein enthusiastisches Zutrauen zu dem, was wir durch eine Veränderung unserer Geisteshaltung erreichen können. Friede ist die Schwelle, über die wir zu all dem fortschreiten, was man als Intelligenz bezeichnet. Er befähigt uns dazu, unsere Einstellung zu formulieren, unsere Aufmerksamkeit zu fokussieren, zu planen und Probleme zu lösen, zu lieben, kreativ zu sein und Herz, Kopf und Gefühl zu einer noetischen Kraft zusammenzufassen. Dies ist das Mysterium der inkarnierten Göttlichkeit, der zwei geflügelten Drachen, die den Wagen des Mars ziehen, in dem Apollo reist.

> Im tiefsten Winter wurde mir endlich klar,
> dass ein unbesiegbarer Sommer in mir wohnt.
>
> **Albert Camus**

Damit wir diesen wundervollen Geist verwirklichen können, brauchen wir eine nach innen gewandte beruhigende Präsenz, die Mars befriedet. Die Veränderung, die wir vornehmen müssen, ist der psychische Sprung von der Angst zum Frieden – von uns lähmenden Gefühlen und Stress zu einem dynamischen Zustand der Gelassenheit. Je mehr wir in Achtsamkeit vorgehen, je mehr wir beginnen, die Kontrolle über unser Gehirn und unseren Geist zu übernehmen, desto mehr Möglichkeiten eröffnen sich uns. Es gibt praktisch keine Grenzen für das, was wir erreichen können, wenn wir unseren Geist nur auf die rechte Weise darauf ausrichten. „Der Unterschied zwischen dem, was wir tun, und dem, was zu tun wir fähig sind", sagte Mahatma Gandhi, „würde ausreichen, um die meisten Probleme der Welt zu lösen."

Vier Eigenschaften, drei Schritte

Jede der vier Eigenschaften des Mystischen Coolseins stellt einen wesentlichen Sprung von der Angst zum Frieden dar. Es gibt drei Schritte, die wir tun können, um diese vier Eigenschaften zu meistern.

1. Der erste Schritt ist Aufmerksamkeit. *Aufmerksamkeit* entspannt stressbedingte Verhaltensmuster und öffnet die Tür zu bewusster Wahl.

2. Der zweite Schritt ist Übung. Durch *Übung* werden spezifische Wahlmöglichkeiten, die den vier Eigenschaften des Mystischen Coolseins innewohnen, definiert. Wenn wir konsequent diese Wahl treffen, stärken wir die neuronalen Verbin-

dungen, welche die höheren Gehirnfunktionen unterstützen, die zu optimaler Erfahrung führen. Auf längere Sicht wird konsequente Praxis unser Gehirn auf die freudige Gelassenheit hin vernetzen, die die Basis des Guten Lebens darstellt.

3. Der dritte Schritt ist *Ausweitung*. Wenn wir die innere Wandlung, die wir gemeistert haben, zu anderen hin ausweiten, so zeitigt das positive, konstruktive und sinnvolle Beziehungen.

Es ist zum Greifen nahe

Es gibt Wissenschaftler, die glauben, dass die Natur in der Entwicklung des menschlichen Gehirns noch einen weiteren Schritt tun muss. Sie glauben, dass wir eine neuronale Brücke zu einem zukunftsfähigeren, höheren menschlichen Bewusstsein brauchen. Robert Jastrow von der Columbia Universität denkt, dass wir „auf der nächsten Stufe der Evolution nach dem Menschen erwarten können, dass ein noch neueres und größeres Gehirn sich dem ‚alten' hinzugesellen wird, um in Zusammenarbeit mit dem Neocortex das Verhalten einer Lebensform zu dirigieren, die dem Menschen so weit überlegen sein wird, wie dieser dem uralten Säugetier aus dem Wald überlegen ist".[22] Was für ein wundervoller Sprung würde das wohl sein! Doch selbst ein kleiner evolutionärer Wandel braucht gut und gerne fünfundzwanzigtausend Jahre, um sich zu vollziehen. Es sieht so aus, als habe die Menschheit nicht mehr so viel Zeit. Wir können nicht auf die Natur warten, da es so aussieht, als könne die Natur nicht auf uns warten. Unsere Probleme, die persönlichen wie die globalen, schreien danach, jetzt gelöst zu werden.

Die Frage, die unsere Herausforderung definiert, ist die folgende: Kann unser Bewusstseinszustand sich so weit entwickeln, dass wir innerhalb der nächsten einhundert Tage damit beginnen, unser Gehirn zu verändern? Angesichts der vorhandenen Forschungsergebnisse kann man wohl mit einem Ja antworten. Mit Achtsamkeit ist uns das möglich. Die tibetischen Mönche haben bewiesen, dass die uns innewohnende neuronale Architektur so geformt werden kann, dass sie eine unendlich menschliche Intelligenz hervorbringen kann – doch nur dann, wenn wir das wirklich wollen. Selbst mit nur wenig Übung können wir bereits sehr weit kommen, wie sich in den Versuchsreihen gezeigt hat, die mit Depressiven und mit Menschen, die an einer Zwangsstörung litten, gearbeitet haben. Im Weiteren werden wir uns nun mit Ansätzen beschäftigen, welche den inneren Konflikt beenden können, der das Leben stressig und unerfüllt macht und die Menschen manchmal dazu bringt, destruktiv zu werden. Wir werden mit Ansätzen arbeiten, die unsere Geisteshaltung verwandeln, unser Bewusstsein erweitern und unser Gehirn neu vernetzen können, was es leichter und leichter macht, den Bewusstseinswandel aufrechtzuerhalten. Das Gute Leben ist zum Greifen nahe – und es zu ergreifen ist leichter, als Sie denken.

6
Aufmerksamkeit, der Sturm

Zum Zuschauer des eigenen Lebens zu werden ...
heißt dem Leiden des Lebens zu entfliehen.

Oscar Wilde

Aufmerksamkeit ist der erste Schritt zur Herstellung einer Geisteshaltung, die unser Gehirn auf das Gute Leben hin neu vernetzen kann. In der Aufmerksamkeit liegt eine erstaunliche Macht. Wir können viel von dem Stress, der uns plagt, transzendieren, indem wir die Muster unserer Bedrängnis einfach ans Tageslicht holen. Aufmerksamkeit ermöglicht es uns, die Illusionen zu durchschauen, die die Angst produziert. Anfangs wollen die meisten meiner Klienten einfach nicht glauben, dass es zur Lösung vieler unserer Probleme einfach schon ausreichend sein kann, die Gedanken, Gefühle und Empfindungen ohne Beurteilung zu beobachten. Dann probieren Sie es aus und sind überrascht, was sich in zwei Wochen verändern kann. Eine Klientin, die gerade einmal seit zehn Tagen übte, erzählte mir, sie sei an ihrem Arbeitsplatz durch einen Flur gegangen und hätte plötzlich gemerkt, dass sie sich „auf stille Weise innerlich freudvoll" gefühlt habe, und dazu „total entspannt". „Und das", so fügte sie hinzu, „ohne ersichtlichen Grund." Sie konnte keinerlei Ursache für diesen Bewusstseinszustand ausmachen. Die Aufmerksamkeit hatte einfach immer wieder ihre negativen und Stress erzeugenden Gedanken entschärft, die sich zuvor zusammengeballt und zu emotionalem

Aufruhr geführt hatten, was wiederum zu einer Wahrnehmung von Bedrohungen geführt hatte, wo gar keine Bedrohung existierte.

Wenn Sie einfach nur beobachten können, was Sie sind, und damit einhergehen, dann werden Sie finden, dass es möglich ist, unendlich weit zu gehen.

Jiddu Krishnamurti

Solche Muster ans Licht zu bringen, ist der allerwichtigste Schritt, den wir tun können. Erinnern Sie sich an die Studien über den Umgang mit Zwangsstörungen und Depression, die im fünften Kapitel besprochen wurden. Indem man negative Neigungen bewusst machte, konnte man Patienten mit Zwangsverhalten dazu bringen, obsessive Gedanken und Kompulsionen zurückzuweisen. Patienten mit Depression konnten so die Neigung durchbrechen, zu grübeln, Situationen falsch wahrzunehmen und harmlose Situationen als Katastrophen anzusehen.

Wir können einen Zustand, den wir nicht verstehen, nicht verändern. Aufmerksamkeit fördert das Verständnis, ermöglicht es uns, eine Wahl zu treffen, und das Wählen kann uns in eine neue Richtung führen. Die Symptome, die für Zwangsstörungen, Angststörungen und klinische Depression kennzeichnend sind, sind einfach nur extreme Versionen der Symptome, die auch Lehrer, Eltern oder Führungskräfte erfahren, wenn sie unter chronischem Stress stehen. Oft sind sich Menschen gar nicht des Ausmaßes bewusst, zu dem sie gestresst sind. Wir regen uns auf über einen Verkehrsstau, aufgrund dessen die Gefahr besteht, dass wir zu spät zu einer Verabredung kommen. Zwei Stunden später raufen wir uns die Haare, weil unser Computer einfriert. Am Nachmittag blaffen wir einen Kollegen an, weil er das Verbrechen begangen hat, uns zu unterbrechen. Auf der Heimfahrt kreisen uns ständig Gedanken an kleine Details, die einfach nicht in Ordnung erscheinen, im Kopf herum. Mitten in der Nacht wachen wir voller Sorgen auf und laufen in unserer Wohnung auf und ab. Wir neigen dazu, solche Reaktionen als ,wieder einmal einer dieser Tage' in unserem modernen Leben abzutun und sie nicht als Manifestationen eines nicht-gesunden Hirns zu verstehen, das von einem nicht-gesunden Geist angetrieben wird.

In einem Artikel mit dem Titel *„Building Up to a Meltdown"* („Eskalation bis zum Zusammenbruch") berichtete die *Los Angeles Times* über eine zweiundfünfzigjährige hochrangige Führungskraft bei einem großen Computerhersteller, die sich selbst als Workaholic bezeichnete. Dieser Mann glaubte, effektiv mit den täglichen Anforderungen und Belastungen umzugehen, bis er einmal mitten in der Nacht mit einem Druck auf der Brust aufwachte, der ihn kaum noch atmen ließ. Sein Arzt diagnostizierte eine Angstattacke, die von Stress verursacht war, und riet ihm, es langsamer angehen zu lassen. „Ich wusste gar nicht, was Stress ist", berichtete der Mann. „Ich glaubte nicht, unter Stress zu stehen."[1] So etwas ist gar nicht selten. Es kann sein, dass unser Radar Stressreaktionen gar nicht erfasst. Wir können desensibilisiert werden für die Verwüstung, die Stress in unserem Geist anrichtet, sowie für die Symptome, die er in unserem Körper verursacht. Wie wir gesehen haben, zahlen wir kognitiv, emotional und körperlich einen hohen Preis, wenn unbewusste Reaktionen zu chronischen Zügen unseres Lebens werden.

Der Schritt aus dem Sturm ins Auge des Sturms

In diesem Kapitel werden wir den Sturm, der Stress genannt wird, analysieren, und uns seine vielen Facetten bewusst machen. Wir werden uns den Stress genauer und ganz persönlich ansehen, was uns helfen soll, unsere individuellen Stressmuster zu identifizieren – sozusagen unseren Stress-Fingerabdruck. Im folgenden Kapitel werden wir dann ins Auge des Sturms vordringen. Das Auge ist der dynamische Ort von Frieden und Freude, auf den die alten Griechen hinwiesen. Es ist der Ort, an dem wir zu unserer Höchstform auflaufen. Es ist das Gute Leben. Ein Geist unter Stress glaubt, dass das Auge ein Ort an einem weit entfernten Gestade jenseits des stürmischen Ozeans ist. Er kann so weit entfernt scheinen, dass wir daran zweifeln, ob er überhaupt existiert. Aber das Auge ist näher, als wir glauben, und es ist noch gar nicht so lange her, dass wir an jenem wundervollen Gestade anlegten und einen Tag in seiner wunderbaren Stille verbrachten. Die Frage ist also nicht: Existiert dieses Gestade überhaupt? Die wirkliche Frage ist: Wie können wir jeden Tag zu diesem Gestade gelangen und den ganzen Tag dort verweilen? Aufmerksamkeit ist ein großer Teil der Antwort.

Die erste Tatsache, über die wir uns klar werden müssen, ist, dass Stress etwas Innerliches ist. Oft glauben wir irrtümlich, die Quelle von Stress sei etwas Objektives und nicht etwas Subjektives. Ein unter Stress stehender Geist nimmt den Stress als etwas wahr, das von äußeren Ereignissen herrührt. Doch Stress geschieht weit mehr in uns, als dass er uns geschieht. Unser Geist ist sehr wohl in der Lage, alle möglichen stressigen Ereignisse allein in unserem Kopf zu erzeugen. Wenn wir uns in einer Stressreaktion befinden, sind wir geneigt, negative Gefühle als Tatsachen wahrzunehmen und jemand anderen oder etwas anderes für den Ärger verantwortlich zu machen. Ein Geist unter Stress neigt dazu, zu glauben, dass andere Leute oder bestimmte Ereignisse unsere Bedrängnis verursachen, nicht unsere eigenen Gedanken, Gefühle und Einstellungen. Darum neigt ein Geist unter Stress auch dazu, sich als Opfer zu fühlen, mit dem Finger auf andere zu zeigen und äußere Mächte für das, was wir in unserem Inneren fühlen, verantwortlich zu machen.

In den Seminaren, die ich durchführe, sträuben sich die Teilnehmer manchmal gegen den Gedanken, dass Stress etwas Innerliches sei. Sie fordern mich dann oft auf, nur mal einen Tag mit ihnen zu tauschen. Angestellte klagen über den Stress, mit einem impulsiven Chef umgehen zu müssen, Manager weisen darauf hin, was es für eine Belastung ist, mit unzuverlässigen Angestellten arbeiten zu müssen, und Eltern klagen über den Ärger mit ungezogenen Kindern. Manche Leute fühlen sich durch den Gedanken auf die Anklagebank gesetzt, so als seien sie „selber schuld" an ihrem gestressten Leben.

In einem Workshop mache ich mit den Teilnehmern eine Übung, in der ich sie auffordere, die Elemente aufzuzählen, die vorhanden sind, wenn sie sich besonders gestresst fühlen. Ich stehe an der Tafel und notiere die Stichwörter, mit denen die Teilnehmer ihre Erfahrung von Stress beschreiben. Unweigerlich machen innere Faktoren etwa 80 Prozent der Faktoren aus, die die Leute bei einem Workshop nennen. Hier ist die Liste aus meinem letzten Workshop:

Angst	Schlaflosigkeit	mein Team
Verwirrung	Teenager	Entmutigung
Konflikt	Veränderungen	Niederlagen
Ärger	ausgeflippt	Konferenzen
Abwehr	Erwartungen	Anforderungen der Familie
Verlust der Ausrichtung	Depression	Furcht vor Versagen
zurückgezogen	Verkehrsstaus	Aufgabenliste
Kontrollverlust	stecken geblieben	Erinnerungslücken
überwältigt	mein Chef	zerstreut

Wenn es darum geht, dass die Teilnehmer sich Gedanken über den Ursprung des Stresses machen oder darüber, wo sie es langsamer angehen lassen sollten, dann sind unter dem Strich immer die inneren Faktoren das Wichtigste. Auch von scheinbar äußeren Faktoren, wie Verkehrsstaus, Vorgesetzten oder Anforderungen der Familie, sagen die Teilnehmer, dass sie von inneren Reaktionen verschlimmert werden. Zum Abschluss der Übung präsentiere ich den Teilnehmern die von Richard Lazarus, dem bekannten Stressforscher von der University of California in San Francisco, formulierte Definition von Stress. Lazarus unterscheidet klar zwischen Stress und Stressoren. Er definiert einen Stressor als eine Art von Herausforderung und sagt, eine solche Herausforderung sei relativ. Ein bestimmter Stressor mag für eine Person belastend und für eine andere ein Antrieb sein. Stress ist andererseits die Bestätigung, dass man etwas unternehmen muss, weil es für uns so aussieht, als würde die Anforderung unsere Kräfte überfordern. Das heißt mit anderen Worten: Wie wir auf das antworten, was das Leben von uns verlangt, und ob wir konstruktiv damit umgehen können, hängt letztlich von unserer inneren Reaktion ab.

Je besser wir in der Lage sind, die Muster zu erfahren, die uns überwältigen oder einschränken, desto offensichtlicher werden sie und desto leichter können wir sie verändern.

Eine wissenschaftliche Definition von Stress
Stressor
Jede Art von Anforderung oder jeder Wandel.
Stress
Die Bestätigung, dass man in Hinsicht auf den Stressor etwas unternehmen muss, weil es für uns so aussieht, als würde die Antwort unsere Kräfte überfordern.

Einige Richtlinien für den Wandel

Im Folgenden bekommen wir die Gelegenheit, unser Bewusstsein für den Stress in unserem täglichen Leben zu vergrößern. Der Schlüssel dazu ist die Bereitwilligkeit, es den Gedanken, Gefühlen, Empfindungen und Einstellungen, die unsere Stressreaktionen antreiben, zu erlauben, zum Vorschein zu kommen. Dazu gehört, dass wir darauf achten, unsere Reaktion oder uns selbst nicht zu beurteilen oder zu verurteilen. Dazu gehört auch, die folgenden Übungen auszuführen und dabei bei dem Unwohlsein, das diese hervorrufen können, zu bleiben und es mit einer Geisteshaltung der Neugier zu betrachten. Und so seltsam sich das anhören mag, dazu gehört auch, von dem Bedürfnis, irgendetwas verändern oder anders haben zu wollen, abzulassen und das, was auftritt, genau so anzunehmen, wie es ist – auch Negativität und Irrationalität. Das bedeutet, dass wir Mitgefühl haben mit der Art und Weise, auf die Angst unser Gehirn auf Stress hin vernetzt hat, und dass wir Geduld haben mit dem Prozess, der es auf Frieden hin neu vernetzt. Es gibt eine alte Theorie in der

Psychologie, die besagt, dass die Art und Weise, auf die eine Person *eine* Sache bewältigt, die Art und Weise ist, auf die sie *alle* Dinge bewältigt. Wenn wir eine Stressepisode auseinandernehmen und genau untersuchen, kann das grundlegende Muster zutage treten, das stets aktiviert wird, wenn wir unter Stress stehen. Es ist wie bei dem Burschen, der erklärt: „Es gibt nur eine Angst im Leben", und der dann, als er gefragt wird, was diese Angst denn sei, antwortet: „Ich weiß nicht, ich habe zu viel Angst, genau hinzusehen."

Geführtes Bilderleben

Wir werden das geführte Bilderleben benutzen, um einen Blick auf den Stress zu werfen. Mit *geführtem Bilderleben* meine ich eine Technik, bei der Menschen ihre Imagination benutzen, um sich ein Ereignis oder ein Ergebnis bildlich vorzustellen. Geführtes Bilderleben ist eine wirksame Technik zur Identifizierung innerer Muster, die unserer bewussten Wahrnehmung oft entgehen. Sie kann zur Minderung von Stress, der Förderung einer friedvollen Geisteshaltung und zur Umgestaltung uns selbst im Weg stehender geistiger Muster sehr wirkungsvoll sein. Die Forschung über geführtes Bilderleben hat gezeigt, dass die Methode deutlich zur Verkürzung des Krankenhausaufenthalts, zur Linderung von Schmerzen und zur Auflösung von posttraumatischem Stress beitragen kann.[2] Die Studien haben sogar gezeigt, dass geführtes Bilderleben den Ausgang einer Krankheit beeinflussen kann; es wird deshalb an einer Reihe onkologischer Zentren eingesetzt.

Manche Menschen haben anfänglich Widerstände, sich geführten Prozessen zu überlassen, aber wenn man sich Hals über Kopf in diese machtvolle Technik hineinstürzt, lässt sich viel daraus gewinnen. Der Golfspieler Jack Nicklaus führte viel von seinen außerordentlichen Leistungen auf diesen Prozess der Visualisierung zurück. „Ich schlage niemals einen Ball", sagte Nicklaus, „nicht einmal im Training, ohne ein ganz scharfes, wohl definiertes Bild davon im Kopf zu haben.

Zuerst sehe ich den Ball dort, wo ich ihn hin haben will, wie er dort prall und weiß auf dem hellen grünen Gras liegt. Dann ändert sich die Szene rasch, und ich sehe, wie der Ball dorthin gelangt, ich sehe seine Flugbahn und deren Form und sogar das Verhalten des Balls bei der Landung. Dieses Bild verblasst dann, und ich sehe mich, wie ich den Swing ausführe, der das vorangegangene Bild Wirklichkeit werden lässt."[3]

Mihaly Csikszentmihalyi beschreibt einen Kriegsgefangenen, der in Vietnam in Einzelhaft gesteckt wurde.[4] Um bei Verstand zu bleiben, spielte er jeden Tag im Geist ein Spiel Golf auf seinem Heimatplatz. Er visualisierte jeden Aspekt des Spiels, sogar die einzelnen Schritte, die er auf dem Weg zwischen den einzelnen Schlägen machte. Als er freigelassen wurde und wieder nach Hause zurückgekehrt war, war er zwar wegen der Leiden seiner Gefangenschaft körperlich geschwächt, aber als er das erste Mal wieder auf seinen Golfplatz ging, spielte er das beste Spiel seines Lebens.

Was stresst mich?

Der erste Schritt zum Aufbau von Aufmerksamkeit besteht darin, die drei gegenwärtigen Situationen oder Lebensbereiche zu identifizieren, die besonders stressig gewesen sind. Zweck dieser Übung ist, die Unterströmungen und Muster von Stress zu identifizieren, die gewöhnlich unterschwellig sind. Nehmen Sie ein Blatt Papier und folgen Sie den unten stehenden Anleitungen.

1. Denken Sie an drei Situationen aus jüngster Zeit, in denen Sie sich gestresst gefühlt haben. Halten Sie das einigermaßen aktuell und nehmen Sie nur die letzte Woche oder den letzten Monat her.

2. Beschreiben Sie auf Ihrem Blatt Papier jede dieser Situationen für sich. Skizzieren Sie die grundlegenden Elemente jeder dieser Situationen.

3. Wenn Sie damit fertig sind, wählen Sie die Situation aus, die emotional am stärksten aufgeladen ist. Machen Sie ein Häkchen neben dieser Beschreibung.

Tiefer eindringen

Jetzt konzentrieren Sie sich auf die Situation, die für Sie am stärksten aufgeladen ist. Machen Sie die folgenden Schritte, um sie zu visualisieren. Lesen Sie die folgenden Punkte zuerst einmal komplett durch und gehen Sie dann geistig die einzelnen Schritte durch.

1. Schließen Sie die Augen für einen Moment und erinnern Sie sich an das stressige Ereignis.

2. Lassen Sie die Situation realer werden, indem Sie sich genau an die Umstände erinnern, unter denen sie sich ereignet hat. Lassen Sie das Bild ganz lebendig werden. Stellen Sie sich die Situation so vor, als geschehe sie jetzt.

3. Sehen Sie Ihre Umgebung. Wo befinden Sie sich? Ist es Vormittag, Nachmittag oder Abend?

4. War eine andere Person an der Situation beteiligt? Wenn ja, dann sehen Sie deren Gesicht.

5. Nehmen Sie zur Kenntnis, was Sie denken, wenn Sie sich diese Situation in Erinnerung rufen.

6. Achten Sie auf Ihre Gefühle. Sind Sie ärgerlich? Haben Sie Angst? Fühlen Sie sich überwältigt oder deprimiert?

7. Achten Sie darauf, was in Ihrem Körper geschieht. Schlägt Ihr Herz schneller? Beginnen Sie zu schwitzen? Fühlen Sie sich zittrig? Spüren Sie eine Anspannung im Rücken oder im Nacken?

8. Verweilen Sie für einige Momente in diesem gestressten Zustand, bis Sie das Gefühl ganz lebhaft erfahren.

9. Wie sieht Ihre Geisteshaltung am Ende dieser Begegnung aus? Ist sie positiv oder negativ? Sind Sie optimistisch oder pessimistisch?

10. Wenn Sie das Gefühl haben, dass Sie fertig sind, öffnen Sie die Augen und nehmen Sie zwei oder drei langsame Atemzüge.

Die Anwendung des Stressometers

Der zweite Schritt in Richtung auf den Aufbau von Aufmerksamkeit besteht darin, unsere Stressmuster in Hinsicht auf ihre mentale, emotionale, körperliche und unsere Geisteshaltung betreffende Wirkung aufzugliedern. Sie können das unten stehende Stressometer dazu benutzen, Ihre Reaktionen in diesen Bereichen auf einer Skala von 0 bis 100 grafisch darzustellen. 0 bedeutet keinerlei Reaktion, 100 bedeutet eine starke Reaktion.

0 = keine Reaktion   **50 = mittelstarke Reaktion**   **100 = starke Reaktion**

MENTAL
Gedanken, Urteile, Wahrnehmungen

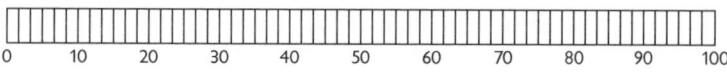

Gedanken, die angreifen oder verteidigen, beurteilen oder verurteilen, Gebrauch von Wörtern wie *kann nicht, unmöglich, wenn doch nur, hoffnungslos* usw.

EMOTIONALE REAKTION

ängstlich, frustriert, überwältigt, angespannt, zornig, deprimiert, entmutigt

KÖRPERLICHE REAKTION

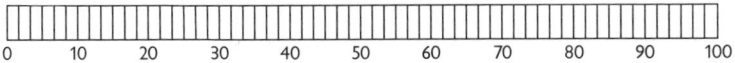

Herzklopfen oder schnelle Atmung, Schwitzen, Muskelverspannungen, Kopfschmerzen, Kreuz-schmerzen, Magenverstimmung

GEISTESHALTUNG

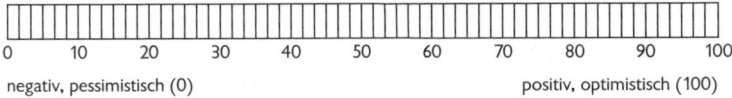

negativ, pessimistisch (0)   positiv, optimistisch (100)

Wenn es Ihnen schwerfällt, einen Zahlenwert festzulegen, dann gebrauchen Sie als alternativen Ansatz einfach Ihre Imagination. Welche Zahl zwischen 0 und 100 kommt Ihnen in den Sinn, wenn Sie sich die einzelnen Skalen des Stressometers ansehen? Argumentieren Sie nicht. Analysieren Sie nicht. Nehmen Sie einfach Notiz von der Zahl und machen Sie dann in der Skala entsprechend einen Strich.

Das Muster erkennen

Wenn Sie fertig sind, sehen Sie sich die Grafik an.

Welcher Bereich hat die stärkste Ausprägung? Welcher kommt als Nächster, und so weiter?

Ist dies ein für Sie typisches Muster, wenn Sie unter Stress stehen?

Nun gehen Sie zurück zu dem Abschnitt „Was stresst mich?" (S. 152).

Gilt dasselbe Muster für die anderen beiden stressigen Situationen, die Sie aufgelistet haben?

Die Zeichen von Stress identifizieren

Der dritte Schritt zum Aufbau von Aufmerksamkeit besteht darin, Ihre spezifischen Stresssymptome zu identifizieren. Die folgenden beiden Checklisten helfen Ihnen dabei.

Zeichen von Stress: Teil 1 ist eine Checkliste körperlicher, emotionaler und kognitiver Symptome.

Zeichen von Stress: Teil 2 ist eine Checkliste spiritueller, Beziehungen und Verhalten betreffender Symptome.

Kreuzen Sie alle Symptome an, die Sie erfahren, in welchem Ausmaß auch immer. Machen Sie sich keine Gedanken darüber, ob Sie meinen, das Symptom habe etwas mit Stress zu tun oder nicht. Erfahren Sie das Symptom, kreuzen Sie es an.

Wenn Sie fertig sind, sehen Sie sich die angekreuzten Punkte nochmals an.

ZEICHEN VON STRESS, TEIL 1

körperlich	emotional	kognitiv
☐ Herzrasen	☐ unglücklich	☐ Unaufmerksamkeit
☐ trockener Mund	☐ zornig	☐ Erinnerungslücken
☐ Magenverstimmung	☐ frustriert	☐ unablässiges Denken
☐ Durchfall	☐ unruhiger Schlaf	☐ pessimistisch
☐ Blähungen, Rülpsen	☐ Schlaflosigkeit	☐ unorganisiert
☐ Hautausschlag	☐ Depression	☐ blockiert
☐ Muskelverspannung	☐ Lustlosigkeit	☐ zersplittert
☐ Kopfschmerzen	☐ Nervosität	☐ unentschlossen
☐ Hyperventilation	☐ Ängstlichkeit	☐ abgelenkt
☐ häufiges Seufzen	☐ Überreaktionen	
☐ Schwitzen	☐ Hoffnungslosigkeit	
☐ Appetitschwankungen	☐ Stimmungsschwankungen	
☐ häufige Erkältungen, Grippe	☐ paranoid	
☐ Erschöpfung		

ZEICHEN VON STRESS, TEIL 2

Spiritualität	Beziehung	Verhalten
☐ Leere	☐ Gefühl der Einsamkeit	☐ Rauchen
☐ Selbstzweifel	☐ Feindseligkeit	☐ Alkohol / Drogen
☐ Sinnverlust	☐ Angriff/Verteidigung	☐ zu viel essen
☐ Apathie	☐ misstrauisch	☐ zu wenig essen
☐ nachtragend	☐ überkritisch	☐ Wahl ungesunder
☐ abgetrennt	☐ ständiges Hinweisen	Ernährung
☐ Muskelspannung	auf Fehler	☐ körperliches Training
☐ zynisch	☐ unmotiviert	auslassen
☐ friedlos	☐ allein	☐ wütende Reaktionen
☐ keine Ferien	☐ ängstlich	im Straßenverkehr
☐ Übergehen von	☐ keine Zeit für Freunde	
Feiertagen	☐ Auslassen von familiären Ereignissen	

---

1. Identifizieren Sie die Punkte, die tendenziell stärker sind als die anderen, und machen Sie ein Sternchen daneben.

2. Identifizieren Sie die Punkte, die Sie erfolglos zu ändern versucht haben, und machen Sie ein Häkchen daneben.

3. Gab es Überraschungen, als Sie die Zeichen von Stress durchgegangen sind? Gab es Zeichen, die Sie vor dieser Übung nicht mit Stress in Verbindung gebracht haben? Wenn ja, machen Sie einen Kreis darum.

4. Haben Sie in der Liste Zeichen von Stress gefunden, an die Sie sich nicht erinnert oder die Sie nicht erfahren haben, als Sie die Visualisierung bei der „Was stresst mich?"-Übung gemacht haben? War dieses Zeichen bei dem stressigen Ereignis vorhanden?

5. Untersuchen Sie die Ergebnisse der „Was stresst mich?"-Übung, des Stressometers und der Zeichen von Stress sorgfältig und sehen Sie, ob ein Muster erkennbar ist.

Der Tell

Die Information, die sie nun aus diesen drei einfachen Übungen gewonnen haben, ist Ihr Tell. Im Poker ist der sogenannte Tell eine unbewusste Änderung im Verhalten oder der Stimmung eines Spielers, die den anderen Spielern seine Reaktion auf die Karten, die er auf der Hand hat, verrät. Die Person mag sich vorbeugen, herumrutschen, das Gesicht verziehen, zu Schwitzen beginnen oder seufzen. Im Grunde legt die Person, die einen Tell erkennen lässt, unbewusst Zeichen von Stress an den Tag. Einer der Faktoren, die einen hervorragenden Pokerspieler ausmachen, ist, dass er die Zeichen, Symptome und Gesten einer Stressreaktion bei den anderen Spielern sehr wach und bewusst wahrnimmt. Sie können dies lernen, indem Sie Ihren eigenen Tell analysieren. Im Verlauf des Spiels verfolgt ein solcher Meisterspieler aufmerksam den Tell der anderen Spieler und benutzt ihn zu seinem eigenen Vorteil.

Sie haben Ihren eigenen gewohnheitsmäßigen Stressreaktionen etwas voraus, wenn Sie sich Ihren eigenen Tell bewusst machen. Ein guter Anfang wäre, sich die Information, die Sie durch die Übungen gewonnen haben, genau anzusehen. Wenn Sie anwenden, was Sie in realen Situationen gelernt haben, wird das Ihr Verständnis des Musters vertiefen. Wenn Sie sich Ihres Stressmusters allmählich immer bewusster werden, schenkt Ihnen das die Freiheit, auf Widrigkeiten mit Frieden statt mit Angst zu reagieren, mit Gelassenheit statt mit Konflikt.

Hier nun ein klassisches Beispiel dafür, wie ein Stress-Tell zusammen mit einer bewussten Entscheidung Ihnen helfen kann, eine Stressreaktion aufzulösen. Stellen Sie sich vor, Sie haben einige Tage hart gearbeitet, um ein Projekt fertigzustellen, und haben das Ergebnis gerade Ihrem Chef vorgelegt. Sie haben ein gutes Gefühl, was Ihre Arbeit angeht, und hoffen, dass Ihr Chef zufrieden sein wird. Am nächsten Morgen begegnen Sie auf dem Weg in Ihr Büro Ihrem Chef, der Ihnen auf dem Gang entgegenkommt. Sein Gesichtsausdruck ist starr, seine Lippen sind geschürzt und sein Verhalten hat etwas Strenges. Als Sie an ihm vorbeigehen, lächeln Sie freundlich und grüßen ihn fröhlich. Doch Ihr Chef geht an Ihnen vorüber, ohne den Gruß zu erwidern oder Augenkontakt aufzunehmen.

Ihr Herz beginnt zu klopfen und Sie schlagen die Augen nieder. Ihr Verstand sucht nach Erklärungen für das Verhalten Ihres Chefs, und schon bald beginnen besorgte, ängstliche Gedanken aufzusteigen, die das Schlimmste vermuten. Auf dem Weg zu Ihrem Büro wischen Sie sich mit einer zerstreuten Geste den Schweiß von der Stirn. Bis Sie an Ihrem Schreibtisch angekommen sind, haben Sie sich in Wut hineingesteigert und denken: *All die vielen Überstunden, die ich in das Projekt gesteckt habe. All die Zeit, die ich mit meiner Familie hätte verbringen können und die ich geopfert habe, um rechtzeitig fertig zu werden.* Eine halbe Stunde später kommt ein Kollege, um etwas mit Ihnen zu besprechen, aber Sie sind unaufmerksam und können kaum auf das eingehen, was er sagt. Am Ende Ihres Gesprächs geht Ihr Kollege davon und hat dieselben Gedanken über Sie, wie Sie über Ihren Chef.

Dies sind die lähmenden Zeichen und Symptome einer Stressreaktion. Wenn Sie jedoch daran gearbeitet haben, Ihr Stressmuster zu analysieren, um Ihren Tell zu identifizieren, dann werden Sie sich dieses Herzklopfens bewusst sein. Sie wissen jetzt, was das ist. Vielleicht identifizieren Sie dieses Herzklopfen als einen Adrenalinstoß, der in Ihren Blutkreislauf freigesetzt wird und der das erste Zeichen einer Kampf-oder-Flucht-Reaktion ist. Wenn Sie dies wahrnehmen, sind Sie in der Lage, das Aufsteigen der ersten ängstlichen Gedanken zu bemerken, die eine Stressreaktion in Ihnen auslösen können. Dann ist Ihnen auch bewusst, dass Sie eine Wahl haben. Sie können für einen Moment innehalten und sich sagen, dass Sie nicht wissen, was das Verhalten Ihres Chefs zu bedeuten hat und dass es keine Stressreaktion wert ist. So nehmen Sie dann einen tiefen Atemzug und beschäftigen sich nicht länger mit diesem Zwischenfall.

Dabei verweilen, um zu heilen

Der vierte Schritt zur Entwicklung von Aufmerksamkeit kann überraschend therapeutischer Natur sein. Er kann Spannungen mildern. Der Zweck dieser Übung ist, zu zeigen, wie wir das Bewusstsein körperlicher Symptome von Stress nutzen können, um uns dem Stress zu entziehen. Man kann diese Übung täglich anwenden, um die von Stress verursachte Spannung im Körper abzubauen. Man braucht nur vier Minuten, um die Übung auszuführen. Sie können sie am Arbeitsplatz ausführen, an Ihrem Schreibtisch, oder zuhause im Bett, wenn Sie nicht einschlafen können. Die Wirkung ist verblüffend. Ich nenne die Übung „Dabei verweilen, um zu heilen". Lesen Sie zuerst die ganze Liste durch und führen Sie die einzelnen Schritte dann mental aus.

1. Schließen Sie die Augen.

2. Gestatten Sie sich, Ihren Körper zu spüren.

3. Bemerken Sie Stress in einem Bereich, der sich besonders unangenehm anfühlt.

4. Fühlen Sie das Unbehagen, die Verkrampfung oder Anspannung.

5. Scannen Sie Ihren Körper nach Spannung oder Unbehagen in anderen Bereichen durch. Fühlen Sie die Spannung oder das Unbehagen.

6. Scannen Sie andere Bereiche nach Unbehagen. Fühlen Sie es.

7. Scannen Sie den Körper immer weiter nach Bereichen ab, in denen Sie Unbehagen verspüren, und fühlen Sie das Unbehagen.

8. Sehen Sie jetzt, ob Sie den Körper als Ganzes fühlen können. Wie fühlt sich Ihr ganzer Körper an?

9. Stellen Sie sich für einen Moment vor, dass Ihr Körper neutral ist und dass es einen Emotionskörper gibt, den Sie vermittels des physischen Körpers fühlen oder erahnen können.

10. Wie ist Ihre emotionale Verfassung in diesem Augenblick? Fühlen Sie sie, ohne irgendeine Beurteilung draufzusetzen. Lassen Sie die Neigung, Ihre Verfassung verändern zu wollen, los. Fühlen Sie einfach voller Neugierde, wie sie sich anfühlt.

11. Erlauben Sie sich, sich allmählich in das Gefühl hinein zu entspannen. Lassen Sie die Empfindung an die Oberfläche kommen. Verweilen Sie einfach bei dem, was Sie fühlen.

12. Nehmen Sie zwei leichte Atemzüge und lassen Sie das Gefühl los.

13. Spüren Sie beim nächsten Atemzug, wie die Luft durch die Nasenlöcher in Sie einströmt. Legen Sie Ihre Fingerspitzen ganz leicht zusammen und spüren Sie, wie sich das anfühlt. Nehmen Sie die Finger wieder auseinander und fühlen Sie andere Teile Ihres Körpers von Kopf bis Fuß. Fühlen Sie die prickelnde Energie, die in jedem Körperteil lebendig und aktiv ist.

14. Fühlen Sie, wie der innere Energiekörper nach außen ausstrahlt.

15. Wenn Sie bereit sind, öffnen Sie die Augen wieder und schauen sich im Raum um. Nehmen Sie die Farben und Formen dessen, was Sie sehen, auf.

16. Seien Sie auf frische und wache Weise aufmerksam.

17. Nehmen Sie diesen Moment als etwas Neues an und entspannen Sie sich. Fühlen Sie die Lebendigkeit, die der simplen Aufmerksamkeit innewohnt.

Das Gefühl bemerken

Nehmen Sie ein Blatt Papier und formatieren Sie es, indem Sie in 5 Zentimeter Entfernung vom rechten Rand eine vertikale Linie über die ganze Länge des Papiers ziehen. Über die rechte Spalte schreiben Sie *Bewertung,* über die linke Spalte *Körperbereiche.* Dann schreiben Sie auf, welche Körperbereiche sich gestresst und verspannt anfühlen. Bewerten Sie jeden Bereich auf einer Skala des Unwohlseins von 1 bis 5. Geringe Verspannung ist 1, starke Verspannung ist 5.

Hat sich das Unbehagen verändert, während Sie es gefühlt haben? Welches war das vorherrschende Gefühl in Ihrem Emotionskörper? Hat sich Ihr Gefühlszustand gegen Ende der Übung, als Sie stärker präsent waren, verändert?

BEFINDEN WIR UNS IN EINER STRESSREAKTION,
DANN ERFAHREN WIR *PER DEFINITIONEM*
EINE FORM VON ANGST.

Dieser geführte Prozess bringt Ihnen Information über den Stress, den Sie in Ihrem Körper tragen. Manche Menschen fürchten, dass die körperliche Verspannung und der Schmerz schlimmer werden, wenn sie sie zutage treten lassen. Doch die meisten Menschen, die diese Übung ausführen, erfahren genau das Gegenteil; sie verringert die Spannung und das Unwohlsein. Die Übung kann Ihnen auch die verdrängten Gefühle hinter der Spannung zu Bewusstsein bringen, was es möglich macht, die Gefühle zuzulassen und sie dann loszulassen. Indem wir uns für unsere Erfahrung öffnen, gewinnen wir immer mehr Zutrauen zu unserem gesamten Organismus. Wir gewinnen Vertrauen darauf, dass er von selbst zu einer friedlicheren und deshalb befriedigenderen Lebenserfahrung hin tendiert, auch wenn uns sein gegenwärtiger Zustand Unwohlsein bereitet. Das ist der Unterschied zwischen Verspanntsein und dem Beginn einer Entspannung, zwischen Sich-Verschließen und Offenheit, das heißt einer Neugierde auf das, was von Moment zu Moment geschieht. Unserem Organismus zu vertrauen heißt, in unserer Erfahrung lebendig zu sein, statt sie zurückzuweisen oder von ihr niedergemacht oder ausgelaugt zu werden.

Zur Quelle gelangen

Der letzte und vielleicht wichtigste Prozess beim Erzeugen von Aufmerksamkeit führt uns zur Quelle der Stressreaktion – dem angstvollen Denkprozess, der diese Reaktion antreibt. Wir haben bereits festgestellt, dass Stress und Angst biologisch miteinander verbunden sind. Angst ist der Impuls, der die Stressreaktion auslöst. Deshalb können wir eine Stressreaktion auflösen, indem wir uns dann, wenn wir unter Stress stehen, eine einfache Frage stellen: Wovor habe ich Angst? Wir werden jetzt eine Übung machen, die uns hilft, die Angst hinter der am stärksten stressgeladenen Situation, die Sie in der „Was mich stresst"-Übung gefunden haben, aufzuspüren.

Ich habe diese Übung einmal mit einem prominenten Rechtsanwalt eines großen Rechtsanwaltsbüros, der an einem meiner Workshops teilnahm, ausgeführt; ich werde ihn Andrew nennen. Andrew befand sich im Rechtsstreit mit dem Anwalt einer anderen großen Firma. Nach Andrews Wahrnehmung wandte sein Gegner unlautere Mittel an, und Andrew benutzte Wörter wie *Gauner* oder *Rechtsverdreher,* um ihn zu beschreiben. Der gegnerische Anwalt machte ihn wütend und Andrew nahm diese Wut mit nach Hause Er musste ständig an ihn denken, hatte seinetwegen schlaflose Nächte und langweilte seine Frau beim Essen mit den schmutzigen Details ihres Streits. Seine Frau hatte langsam die Nase davon voll, sich seine Geschichten anhören zu müssen. Andrew begann, seinen Biss zu verlieren und falsche Entscheidungen zu treffen. Er kam zu unserem Training, weil er verzweifelt nach Techniken suchte, die etwas an dieser Situation ändern und ihm helfen könnten, wieder zu seiner Kraft zu finden und den Gegner in die Pfanne zu hauen.

„Wovor haben Sie in dieser Situation Angst?", fragte ich ihn. – „Zu verlieren", antwortete er.

„Und was macht Ihnen Angst an dem Gedanken, den Fall verlieren zu können?", fragte ich. – „Wie ein Narr dazustehen."

„Wieso haben Sie Angst davor, wie ein Narr dazustehen?" – „Weil mich das meinen guten Ruf kosten könnte."

„Warum haben Sie Angst davor, Ihren guten Ruf zu verlieren?" – „Weil ich dann meine Klienten verlieren könnte."

„Warum haben Sie Angst, Ihre Klienten zu verlieren?" – „Weil meine Firma mich dann entlassen könnte."

„Warum haben Sie Angst davor, entlassen zu werden?" – „Weil ich dann als Penner enden könnte."

Als wir uns dann näher mit jeder einzelnen seiner Ängste befassten, stellte sich, wie Sie gleich sehen werden, heraus, dass jede davon bloße Einbildung war. Keine war Angst vor einer echten Bedrohung. Es waren alles Lügen, die seine Angst ihm erzählte – und er glaubte daran. Und weil er daran glaubte, schienen ihm diese Ängste wohl begründet zu sein, als basierten sie auf Fakten statt auf emotional aufgeladenen Gedanken.

Erster Teil:
Wovor habe ich Angst? Die Frage, die den Stress umkehrt

1. Rufen Sie sich die stressgeladene Situation in Erinnerung, an die Sie sich während der „Was stresst mich?"-Übung erinnert hatten.

2. Stimmen Sie sich noch mal auf diese Situation ein und erfahren Sie sie noch einmal.

3. Sehen Sie sich die unten stehende Tabelle („Wovor habe ich Angst?" usw.) an und machen Sie auf einem Stück Papier eine ähnliche Tabelle.

4. Fragen Sie sich dann: Wovor habe ich in dieser stressgeladenen Situation Angst?

5. Wenn Sie die Antwort haben, schreiben Sie sie in einem Satz in der linken Spalte auf.

6. Nehmen Sie die auf die Frage unter 4. gegebene Antwort und fragen Sie sich: Wovor habe ich Angst, wenn das geschehen sollte? Zum Beispiel: Ihre erste Angst ist: *Ich habe Angst, dass die Leute mich unfair beurteilen.* In diesem Fall wäre die nächste Frage: *Wovor habe ich Angst für den Fall, dass die Leute mich unfair beurteilen?* Schreiben Sie die Antwort wieder in einem Satz in die linke Spalte.

7. Wiederholen Sie diesen Prozess, bis Sie fünf Ängste identifiziert haben oder bis Sie das Gefühl haben, fertig zu sein.

Zweiter Teil:
Die Angst mit Bezug auf die Realität widerlegen

Der nächste Schritt besteht darin, sich zu fragen, ob es eine reale Grundlage für diese Angst gibt.

1. Gehen Sie zur ersten Angst in der linken Spalte Ihrer Liste. Hinterfragen Sie die Antworten auf die Frage „Wovor habe ich Angst?" eine nach der anderen.

2. Fragen Sie sich selbst: Bin ich zu 100 Prozent sicher, dass dieser Gedanke wahr ist? Nicht nur teilweise, sondern zu 100 Prozent.

3. Ist das nicht der Fall, dann widerlegen Sie die Angst mit einer realistischeren Aussage. Nehmen wir das Beispiel des Rechtsanwalts. Sein Arbeitsblatt würde dann folgendermaßen aussehen:

WOVOR HABE ICH ANGST?	WIDERLEGUNG DER ANGST
Den Fall zu verlieren.	Der Fall ist noch nicht verloren; ich habe noch immer die Chance zu gewinnen.
Wie ein Narr auszusehen.	Ich bin kein Narr.
Meinen guten Ruf zu verlieren.	Ich bin ein in diesem Land hoch geachteter Anwalt.
Entlassen zu werden.	Die Chefs wollen mich zu ihrem Partner machen.
Dass ich als Penner ende.	Ich habe immer viel Geld verdient.

Wenn Sie die Ängste auf der Liste widerlegt haben, fragen Sie sich: Wer wäre ich ohne diese angstvollen Gedanken? Schreiben Sie Ihre Antwort auf ein anderes Stück Papier. Hängen Sie das, was Sie gerade aufgeschrieben haben, an einem Platz auf, wo Sie es während der kommenden Wochen gut sehen können.

An diesem Punkt der Übung lese ich meinem Klienten oder dem Teilnehmer an einem Workshop üblicherweise die beide Spalten nochmals vor und mache dabei aus den Antworten eine Geschichte. Im Falle des Rechtsanwalts würde sich die angstvolle Geschichte etwa folgendermaßen anhören: *Ich verliere den Fall und sehe aus wie ein Narr. Deshalb verliere ich meinen guten Ruf, meinen Job und meinen Lebensunterhalt. Wenn Sie mich das nächste Mal sehen, bin ich ein Penner, der in der Innenstadt seine wenigen Habseligkeiten in einem Einkaufswagen vor sich herschiebt.*

Wenn ich den Leuten die Geschichte ihrer Befürchtungen vorlese, müssen sie oft lachen. Einige der Antworten sind einfach urkomisch. Was allerdings nicht so komisch ist, ist die brutale Art und Weise, auf die die Elemente der Geschichte sich unbewusst hinter den Kulissen auswirken. Die auftauchenden angstbesetzten Bilder und die negativen Selbstgespräche unterminieren unser gesamtes Selbstvertrauen und unseren Optimismus. Machen wir uns die Geschichte jedoch bewusst und fragen uns, ob sie wahr ist, dann ist die Antwort immer ein Nein. Sie ist eine Illusion, ein Nebenprodukt unserer Angst. Gehe ich mit meinen Klienten bis an das Ende ihrer Liste angstbesetzter Ergebnisse, dann ist das Bild, das die meisten sehen, Tod, Entehrung und Ungeliebtsein. Dies ist es, was Mars, das emotionale Gehirn, sieht und wogegen er sich wehrt – eine bedrohliche Welt, die darauf aus ist, uns zu vernichten. Und der springende Punkt ist, dass der größte Teil dieser Bedrohung bloße Einbildung ist.

Als Nächstes lese ich dann die Geschichte der „Widerlegung der Angst"-Spalte, die der wirklichen Situation näher kommt. Im Falle des Rechtsanwalts würde sich die realistischere Geschichte folgendermaßen anhören: *Ich habe noch nichts verloren. Ich habe sogar eine gute Chance, zu gewinnen – besonders wenn ich meine Geisteshaltung ändere. Ich habe die Achtung vieler Menschen gewonnen, meine Chefs wollen mich befördern und ich mache gutes Geld.* Wenn ich die Teilnehmer frage, ob die Widerlegungsgeschichte näher an die Wahrheit ihrer gegenwärtigen Situation herankommt, ist die Antwort immer ein Ja. Zuletzt frage ich dann, für welche dieser Geschichten sie sich im Allgemeinen entscheiden, wenn sie Angst haben und unter Stress stehen. Es kann ein ziemliches Aha-Erlebnis sein, wenn jemand erkennt, dass er eine grundlegende Wahl getroffen hat. Die Entscheidung für die angstvolle Geschichte wurde durch eine unglückselige Vernetzung des Gehirns getroffen. Und wenn ich frage: Wer würden Sie ohne die angstvollen Gedanken sein, dann ist die Antwort: Ich würde mit einer optimistischeren Sichtweise in Frieden leben.

Den Hintergrund der Negativität transzendieren

Die „Wovor habe ich Angst?"-Übung soll uns das Muster der negativen Gedanken, Gefühle und Wahrnehmungen, die automatisch im Hintergrund ablaufen, unsere Erfahrung bestimmen und unser Potenzial einschränken, bewusst machen. Dieses Muster erzeugt in der Tat unsere Wirklichkeit. Wie wir gesehen haben, erzählen diese Gedanken und Reaktionen Lügen, an die wir nur allzu leicht glauben und auf deren Grundlage wir handeln. Wir müssen aufwachen, um uns davon zu befreien. Aufmerksamkeit oder Bewusstheit ist der Weg zum Durchbrechen der negativen Reaktionsmuster. Wenn wir aufmerksam sind, erkennen wir den Autopiloten und können ihn abschalten. In seinem Buch *Awareness* beschreibt Anthony de Mello, der Jesuit, der auf der ganzen Welt für seine Bücher und Lehren bekannt ist, noch eine andere Methode zur Auflösung reaktiver Muster durch Aufmerksamkeit.[5] Es ist ein einfacher, vierstufiger Prozess, und de Mello fordert uns auf, ihn ab heute für zwei Wochen den ganzen Tag lang zu üben. Es mag sich zuerst nach einer beängstigenden Aufgabe anhören, zwei Wochen lang wachsam auf negative Gedanken und Reaktionen zu achten. Aber das ist nur am Anfang so. Schon bald wiegt das, was wir aus dieser Übung gewinnen, viel schwerer als das anfängliche Unbehagen. Je beharrlicher wir fortfahren, desto klarer erkennen wir, wie verblendet unser Denken und unsere Wahrnehmungen sind. Stress ist das Ergebnis des Glaubens an die Lügen, die unser verblendetes Denken uns erzählt.

Wenn wir die unten beschriebene Methode von De Mello praktizieren, begreifen wir eine einfache, offensichtliche Tatsache, die dem unter Stress stehenden Geist entgeht: Wir können uns dafür entscheiden, *nicht* an unsere eigene Negativität zu glauben. Dann haben negative Gedanken und Reaktion keine Gewalt mehr über unsere Erfahrung. Das ist eine wundervolle Befreiung. Wie de Mello sagt: „Eines kann ich Ihnen versprechen: Ich bin noch nicht einem Menschen begegnet, der nicht innerhalb weniger Wochen einen deutlichen Unterschied verzeichnen konnte, wenn er dem Aufmerksamsein Zeit gewidmet hat."

Ein Gedanke ist harmlos, solange wir nicht daran glauben.

Byron Katie

1. Seien Sie sich der negativen Gefühle und Gedanken, die in Ihnen auftauchen, bewusst. Das Erste, was wir tun müssen, ist, in Kontakt mit den negativen Gedanken und Gefühlen zu kommen, die in uns auftauchen, ohne dass wir uns dessen bewusst sind – Nervosität, Spannungen, das Gefühl, dass das Leben sinnlos ist, Zorn, Hass, Selbstverachtung oder irgendeine Version des Gedankens, keinerlei Wert zu haben. Kleinere und größere Urteile zählen ebenfalls dazu, Gedanken wie: *Er ist ein Trottel, Sie hat es auf mich abgesehen, Das ist blöd* oder *Das mag ich nicht.* Die Negativität beginnt oft ganz subtil, etwa indem wir uns über etwas beklagen, was eine leichte Welle der Angst oder Depression auslöst, die wir gar nicht bemerken, bis sie unsere ganze Stimmung durchsetzt hat. Wir erkennen nicht, dass sie genau der Stoff ist, aus dem die schlechten Träume sind, die einen Hintergrund-Bewusstseinszustand von Stress, Angst und Unglücklichsein erzeugen. Beginnen Sie, jeden Aspekt davon zu bemerken, ohne zu urteilen, zu analysieren oder sich für diese Gefühle und Gedanken zu verurteilen. Lassen Sie den Wunsch, etwas daran zu ändern, fahren und nehmen Sie sie einfach nur zur Kenntnis. Werden Sie sich der Gedanken oder Gefühle einfach nur bewusst.

2. Begreifen Sie, dass diese negativen Gefühle und Gedanken in Ihnen existieren und keine objektive Realität besitzen. Gedanken sind keine Realität und Gefühle sind keine Tatsache. Trotzdem handeln wir manchmal, besonders wenn wir aufgebracht sind, so, als wäre das, was wir denken oder fühlen, Tatsache und nicht nur Spekulation, Wahrheit und nicht nur Wahrnehmung. Ein Gehirn unter Stress vermag an einem schlechten Tag sechzigtausend negative, angstvolle, Stress auslösende Gedanken zu produzieren. Wenn wir an diese „Textnachrichten" der Angst glauben, leiden wir entsetzlich und verhalten uns manchmal auch schrecklich. Das Gegenmittel besteht darin, dass wir üben, uns stressgeladene, angstvolle, negative Gedanken bewusst zu machen und sie dann einen nach dem anderen zu neutralisieren, indem wir nicht daran glauben. Wenn wir das jeden Tag den ganzen Tag lang üben, untergraben wir damit die Struktur, die Stress und Leiden aufrechterhält. Die Belohnung für die Beherrschung dieser einfachen Bewusstseinsveränderung ist ein von Stress freier Geist. Es ist ein Geist, der auf dynamische Weise in Frieden ist, der ein enthusiastisches Herz kultiviert, welches uns den Weg zu Freude eröffnet.

3. Identifizieren Sie sich nicht mit negativen Gefühlen. Auch wenn diese Gefühle *in Ihnen* sind, sind *Sie* doch nicht diese Gefühle. Ihr essenzielles Ich ist im Verhältnis zu der Negativität Ihres Geistes das, was der Himmel für die Wolken ist. Wenn ich sage „Ich bin wütend", ist das „Ich" nicht das Gefühl. Wut ist vorhanden, und ich bin das, was sich dessen bewusst ist. Ich bin des Gefühls gewahr. Wir identifizieren uns nicht mit der Wut, sondern nehmen sie einfach zur Kenntnis, und die Wut zieht rasch vorbei. Die Angst vergeht. Die Enttäuschung löst sich auf.

4. Wenn Sie sich verändern, verändert sich alles. Der letzte Schritt geschieht im Allgemeinen ganz von selbst, wenn Sie beginnen zu begreifen, wie Gedanken, Gefühle und Einstellungen das bestimmen, was Sie in der Welt sehen und erfahren. „Aufmerksamkeit", schrieb de Mello, „befreit die Realität dazu, Sie zu verändern." Nach einer Weile brauchen Sie sich nicht mehr darum zu bemühen, weil Sie beginnen, wahres Glück kennenzulernen, während die Verblendung immer mehr in sich zusammenfällt.[6]

> **Negativität kann unsere im Wesentlichen positive Natur ebenso wenig in sich enthalten, wie das Kleine das unendlich Große in sich enthalten kann.**
>
> **Bronwyn Falcona**

Durch diesen Prozess beginnen wir die negativen Gedanken, die wir denken, und die schmerzlichen Gefühle, die sie in uns produzieren, einen nach dem anderen zu sehen. Wir beginnen zu sehen, wie sie sich miteinander verknüpfen, um eine Illusion zu erzeugen, die dadurch wirklich wird, dass wir daran glauben. Viel von dem, was wir als das menschliche Leiden bezeichnen, kommt auf diese Weise zustande. Das Heilmittel ist Aufmerksamkeit und Bewusstheit. Ich habe das bei vielen Menschen, mit denen ich im Laufe der Jahre gearbeitet habe, bestätigt gesehen. Es ist erstaunlich, dass etwas so Einfaches eine solch große Wirkung auf etwas so Kompliziertes wie das menschliche Leiden haben kann. Doch wenn wir uns einfach nur dafür entscheiden, nicht an eine Illusion zu glauben, die Leiden erzeugt, so funktioniert das tatsächlich. Es ist nicht nur einfach, es ist auch leicht. Das Universum macht uns die Erlösung dankenswert leicht. In *Ein Kurs in Wundern* ist das sehr treffend formuliert:

Komplexität ist nicht mehr als ein Rauchschleier, der uns die ganz schlichte Tatsache verbirgt, dass es keine schweren Entscheidungen gibt. Was gewinnst du, wenn du das lernst? Es ist weit mehr, als dir bloß zu gestatten, Entscheidungen leicht und ohne Pein zu treffen. Der Himmel wird erreicht mit leeren Händen und einem offenen Geist, der mit nichts kommt, um alles zu finden und es als sein Eigen zu beanspruchen.[7]

Im nächsten Kapitel werden wir versuchen, diesen freien und leichten Bewusstseinszustand, der uns alles gibt, zu finden. Wir sind gerade der ersten Voraussetzung dafür begegnet – alle von der Angst hervorgerufenen Selbsttäuschungen beiseitezulegen. Die zweite Vorbedingung ist, unterscheiden zu lernen zwischen dem, was uns alles gibt, und dem, was alles verspricht, aber nichts gibt.

7

Das Auge des Sturms

Wer immer ich bin oder was auch immer ich tue,
irgendeine Form von Vortrefflichkeit ist immer erreichbar.

John W. Gardner

Wir sind in der Lage, eine Art von Erfahrung hervorzubringen, die das genaue Gegenteil eines angstvollen Geistes und eines Gehirns unter Stress ist. Vortrefflichkeit wird uns durch Seelenfrieden und Freude am Leben ermöglicht. Um diese Erfahrung leben zu können, müssen wir ins Auge des Sturms vordringen. Zu Beginn des vorigen Kapitels habe ich behauptet, das Auge sei näher als wir glauben. Tatsächlich durchqueren wir es ständig. Das Problem ist, dass wir nicht wissen, wie wir im Auge bleiben und es zu unserer alltäglichen Erfahrung machen können. Doch wir sind dazu in der Lage. Friede und Freude sind ein Teil unserer essenziellen Natur. Wir können lernen, beides zu kultivieren, wenn wir das abbauen, was uns das Auge verfehlen lässt. Dann können wir im hellen Auge des Sturms stehen.

Nehmen Sie sich einen Moment Zeit und denken Sie an das letzte Mal, als Sie sich in Höchstform gefühlt haben. Damals kam es zu einem Flow der Intelligenz, der Sie mitgerissen hat. Sie befanden sich in der Zone. Die Zeit stand still, Ihr Geist klärte sich und Sie arbeiteten mit großer Präzision. Sie waren in der Lage, Ihre Energie und Ihre Aufmerksamkeit zu bündeln und äußere Ablenkungen zu minimieren. Die einzelnen Teile des Puzzles rückten an ihren Platz, so als verbänden sie sich ganz von selbst miteinander. Auf diese Weise zu arbeiten, fühlte sich nicht wie Arbeit an – es war eher eine Art Liebesdienst.

Nehmen Sie jetzt ein Blatt Papier und machen Sie die folgende Übung:

1. Schreiben Sie oben auf der Seite auf, was Ihre Erfahrung war, als Sie sich in Höchstform gefühlt haben.

2. Machen Sie eine Liste der inneren Eigenschaften, die Sie erfahren haben, als Sie in Höchstform oder in der Zone waren und Dinge vorangebracht haben.

3. Benutzen Sie kurze Sätze, um einzufangen, was Sie erfahren haben, als Sie in der Zone waren. Machen Sie eine Liste von wenigsten zehn solcher Aussagen.

Wie wir später in diesem Kapitel sehen werden, sind die Eigenschaften, die Sie erfahren, wenn Sie in Höchstform sind – wenn Sie in der Zone sind –, Eigenschaften einer stressfreien oder auf dynamische Weise friedlichen Geisteshaltung. Mystisches Coolsein ist die Zone. Es ist eine auf dynamische Weise friedvolle Geisteshaltung, die den Geist erhebt, sodass er optimale Gehirnfunktion erzeugt und Sie Ihr absolut Bestes sein lässt. Die Übung, die Sie gerade ausgeführt haben, beweist, dass Sie mehr als fähig sind, das zu erreichen. Die nächste Herausforderung besteht darin, diesen Zustand aufrechtzuerhalten. Auch hier tut Aufmerksamkeit den größten Teil der Arbeit. Wenn Sie aufmerksam hinschauen, lernen und letztlich begreifen, welch ungeheure Macht zur Überwindung von Beschränkungen die Geisteshaltung hat, dann kann das zu dem vielleicht befreiendsten Augenblick in Ihrem Leben führen.

Die Macht der Geisteshaltung

Geisteshaltung ist die Übertragung von Denken und Überzeugungen in entsprechende Gefühle, die die Welt, die wir sehen, formen. Geisteshaltung ist alles. Geisteshaltung bestimmt, wer wir sind, was wir tun, wie wir es tun und was wir letztlich anziehen und zurückstoßen. Geisteshaltung ist unsere grundlegende Sichtweise, Haltung und innere Einstellung in Beziehung zur äußeren Welt, das, was die Qualität unserer Erfahrung, unter welchen Umständen auch immer, bestimmt. Wenn wir das Wort *Umstände* analysieren, bezeichnet es einen Zustand, in dem wir mitten in einer Situation stehen, die uns umgibt. Die Geisteshaltung bestimmt, ob unsere Ein-Stellung größer oder kleiner ist als die Um-Stände. Sie entscheidet, ob wir darüber hinauswachsen oder fallen. Mönche und Krieger wissen, dass eine ruhige, klare, auf dynamische Weise friedvolle Geisteshaltung uns größer als die Umstände macht. Sie wissen auch, dass eine angstvolle Geisteshaltung uns dem ausliefert, was geschieht. Dies ist, was Karl Menninger meinte, als er sagte: „Geisteshaltung ist wichtiger als die Tatsachen." Geisteshaltung ist wichtiger als die Vergangenheit, unsere Erziehung, unser sozialer Status und sogar wichtiger als Geld. Sie ist stärker als die Welt. Sie immunisiert uns gegen Stress oder ruft ihn hervor. Sie richtet die Geist-Körper-Verbindung auf optimale Gesundheit oder auf Krankheit aus. Sie erzeugt die Gehirnchemie, die uns auf Erfolg oder Versagen hin vernetzt. Geisteshaltung ist Kraft, Intelligenz und Leistung. Sie ist die definitive innere Eigenschaft, die Talent zur Größe erhebt. Sie ist das Wesentliche einer Person, einer Firma, eines Teams, einer Gemeinschaft oder eines Zuhauses. Sie ist der einzige Besitz, den die Welt einem funktionsfähigen Geist nicht rauben kann, auch wenn wir dem Thron ihrer Herrschaft entsagen können. Für mich verkörpern zwei Personen die Macht der Geisteshaltung wie sonst niemand: im Sport Joe Montana und im Leben Viktor Frankl.

Joe Montana

In den 1980er Jahren hatte ich das große Glück, an den Spieltagen, an denen die Mannschaft ein Heimspiel hatte, für das Presseteam der San Francisco 49ers arbeiten zu können. Es war mein Job, nach Ende des Spiels in die Umkleidekabinen tief im Inneren des Candlestick-Park-Stadions zu gehen und Stimmen des gegnerischen Teams für die Pressearbeit zu sammeln. Ein Spieler, den ich interviewte, war Jack Youngblood, der Defensive Lineman der Rams, der in die Ruhmeshalle des Football aufgenommen worden war. Die Rams hatte gerade ein Spiel mit nur 16 zu 19 verloren, was vor allem auf die beinahe vollkommene Leistung des gegnerischen Quarterbacks Joe Montana zurückzuführen war. Ich kam an diesem Tag mit etwas Verspätung zur Umkleidekabine der Rams, und der erdrückende Schwarm von Reportern, der Spieler und Trainer umzingelte, hatte sich bereits gebildet. Das bedeutete, dass ich am äußeren Rand des Rudels stehen und versuchen musste, die Aussagen aufzuschnappen, die ich aus dem Gewirr von Fragen heraushören konnte. Da bemerkte ich Jack Youngblood, der allein in einer entfernten Ecke der Umkleidekabine auf einem Hocker saß und sich Klebeband von den Handgelenken wickelte. Also ging ich zu ihm hin, um ihn zu interviewen.

Die Rams hatten sich Hoffnungen für die Playoff-Runde gemacht und das Spiel war sehr wichtig für sie gewesen. Also fragte ich Youngblood: „Was ist heute mit den Rams passiert?"

„Joe Montana ist passiert", sagte Youngblood mit einer Mischung von Respekt und Trauer in der Stimme.

„Warum konnten Sie ihn nicht aufhalten?", fragte ich.

„Weil er der Beste ist, den es gibt. Darum."

„Was macht ihn zum Besten?"

„Seine Geisteshaltung", antworte Youngblood. „Er glaubt daran, dass er es hinbekommt. Es gibt Quarterbacks, die körperlich mehr drauf haben. Montana hat keinen so überragend guten Arm, und anstelle von Beinen hat er Stöcke, aber mental ist er ein Herkules. Er schlägt dich mit seinem mentalen Spiel."

„Was meinen Sie mit ,mentales Spiel'?"

„Ich sagte doch, es ist seine Geisteshaltung. Unter sonst gleichen Umständen ist die Leistung zu 100 Prozent Einstellungssache."

Ich glaube, was Youngblood sagen wollte, ist, dass ein großer Sportler Talent hernimmt, es zu Können aufbaut und dass die Leistung von diesem Punkt an dann eine Frage der Geisteshaltung ist. Die Geisteshaltung trägt über die Grenzen des Talents hinaus. Sieger wissen, dass der Slogan „Geisteshaltung ist Alles" auf Tatsachen beruht, nicht auf bloßen Vorstellungen, und Montana war ein Sieger. Je schwieriger die Situation war, desto besser wurde er mental. Er reagierte auf die Herausforderung; in kritischen Situationen stieg sein Leistungsvermögen.

Youngblood erklärte: „Mann, wir haben tausend Pfund der härtesten, größten und schnellsten Kerle der Liga auf ihn gehetzt. Jeder von uns war wild entschlossen, ihn umzunageln, aber wir haben ihn einfach nicht zu einem Fehler zwingen können. Du kannst Joe Montana nicht mit Druck fertigmachen, nicht wie einige andere Quarterbacks. Wenn es wirklich zur Sache geht, sehe ich in den Augen mancher anderen Quarterbacks die Angst. Wenn du das siehst, weißt du, dass du sie zu Fehlern zwingen kannst. Aber nicht Joe. Er bleibt cool und gelassen und konzentriert sich voll auf den Sieg. Er hat nicht umsonst den Spitznamen Joe Cool bekommen."

Der Sportjournalist Larry Schwartz schrieb über Montana: „Er besaß eine beinahe mystische Gelassenheit mitten im Chaos – besonders wenn das Spiel im letzten Viertel auf der Kippe stand. Wo andere nach dem Anspiel Durcheinander und Gefahr sahen, sah Montana Ordnung und Gelegenheit."[1] Und der All Pro Linebacker Mike Singletary sagte: „Du konntest [Montana] die Seele aus dem Leib rammen. Aber er stand wieder auf, spuckte das Blut aus, zwinkerte dir zu und sagte: Mann, das war aber ein Hammer."[2] Das ist Mystisches Coolsein.

Es gibt eine berühmte Geschichte über Montana in der 23. Saison des Super Bowl. Die 49ers hatten den Ball, aber sie waren dabei, 13 zu 16 zu verlieren. Es waren noch zweiundneunzig Yards bis zur

Endzone und es blieben noch 3 Minuten 10 Sekunden zu spielen. Es gab gerade eine Werbepause für die Fernsehsender, die Angreifer standen im Huddle zusammengedrängt, und alle waren ziemlich angespannt. Da drehte sich Montana in seiner üblichen coolen Manier zum dem Lineman Harris Barton um, zeigte auf die Endzone und sagte: „Ist das nicht John Candy?"

„Wie bitte?", entgegnete Harris Barton entgeistert.

„Na da auf der Tribune, gleich neben dem Stadionausgang." Einige der Spieler im Huddle drehen sich um und sahen nach. Tatsächlich, es war John Candy.* Die Spieler lachten, und das löste die Spannung. Montana führte sein Team dann in einem glatten Durchmarsch zweiundneunzig Yards voran und warf den spielentscheidenden Touchdown vierunddreißig Sekunden vor Spielende.

Jahre später stieß ich auf ein Zitat von Jack Youngblood, das kurz und knapp zusammenfasste, was er in unserem Interview über die Macht der Geisteshaltung gesagt hatte: „Hindernisse sind nicht so wichtig. Vielleicht sind da Schmerzen oder andere widrige Umstände, aber wenn du etwas unbedingt fertigbringen willst, dann findest du auch einen Weg, es zu tun."

Viktor Frankl

Das Mystische Coolsein kennen nicht nur Sportler. Viktor Frankl besaß diese Eigenschaft zweifellos. Frankl war ein auf Psychiatrie spezialisierter Arzt und begründete später in seinem Leben die Existenzialistische Psychologie. Er war auch ein Jude, der von den Nazis in den Konzentrationslagern von Auschwitz und Türckheim gefangen gehalten worden war. In den Lagern leistete er den Gefangenen, wo immer er konnte, medizinische Hilfe, und er gründete zudem eine Einheit, die sich um Selbstmordgefährdete kümmerte. Seine Erfahrung mit Hunderten von Patients, die er behandelte, zeigte ihm, dass es bei allen einen einzigen Faktor gab, der bestimmte, ob

---

* Der gebürtige Kanadier John Franklin Candy war in den 70er- bis 90er-Jahren einer der beliebtesten Komiker in den USA. (Anm. d. Übers.)

diese Person die extremen geistigen und körperlichen Torturen in den Lagern überleben würde oder nicht: die Geisteshaltung. Er schrieb:

Was wirklich notwendig war, war eine grundlegende Veränderung unserer Einstellung zum Leben. Wir mussten selber lernen und mussten den verzweifelten Männern beibringen, dass es keine Rolle spielte, was wir vom Leben erwarteten, sondern vielmehr, was das Leben von uns erwartete. Wir mussten aufhören, nach dem Sinn des Lebens zu fragen, und mussten uns stattdessen als diejenigen betrachten, die vom Leben befragt wurden – täglich und stündlich.[3]

Die meisten der Gefangenen glaubten, ihr Leben sei vorbei, doch in Wirklichkeit enthielt ihre Erfahrung eine Gelegenheit und eine Herausforderung. „Man konnte aus diesen Erfahrungen einen Sieg machen", behauptete Frankl, „ und konnte einen Triumph aus dem Leben machen."[4] Und so unglaublich es auch klingen mag, Frankl fand, dass man sein spirituelles Leben trotz der abscheulichen körperlichen und geistigen Grausamkeit und Torturen in dieser Situation tatsächlich vertiefen konnte:

Wer in den Konzentrationslagern gelebt hat, kann sich an die Menschen erinnern, die durch die Baracken gingen, andere trösteten und ihr letztes Stück Brot hergaben. Das ist Beweis genug dafür, dass man einem Menschen alles nehmen kann, nur nicht eine Sache: die letzte der menschlichen Freiheiten – in jeder gegebenen Situation die eigene Geisteshaltung zu wählen, die eigene Weise, mit der Situation umzugehen.[5]

Er berichtet ergreifend darüber, welche Macht die Geisteshaltung besitzt, selbst mitten in der Sklaverei noch Schönheit zu finden:

Indem das innere Leben des Gefangenen immer intensiver wurde, erfuhr er auch die Schönheit der Natur und der Kunst wie nie zuvor. Unter ihrem Einfluss vergaß er manchmal sogar seine entsetzlichen Umstände. Hätte auf der Fahrt von Auschwitz in ein bayerisches Lager jemand unsere Gesichter gesehen, als wir durch die kleinen vergitterten Fenster der Gefängniswaggons die Salzburger Berge mit ihren im Abendlicht leuchtenden Gipfeln erblickten, dann hätte niemand geglaubt, dass dies die Gesichter von Menschen waren, die alle Hoffnung auf Freiheit und Überleben aufgegeben hatten.[6]

Als Kind hatte ich einen Freund in derselben Straße meines Viertels; es war eine Gegend mit Einwohnern der unteren Mittelklasse, in der es mehr als genug Schlägertypen gab. Die Eltern meines Freundes, so erfuhr ich später, waren Überlebende des Holocaust. An ihrem heftigen deutschen Akzent erkannte ich, dass sie Ausländer waren, aber ich hatte nicht die geringste Ahnung von den Schrecken, die sie erfahren und überlebt hatten. Ich war damals gerade acht Jahre alt und wusste nichts vom Holocaust. Alles, was ich wusste, war, dass ihre Wohnung der freundlichste und sicherste Platz im ganzen Viertel war. Ich habe niemals ihre Wohnung verlassen, ohne dass sie mir das Gefühl gegeben hatten, etwas ganz Besonderes zu sein. Dieses Ehepaar war ohne jeglichen Besitz nach Amerika gekommen und hatte hier einen erfolgreichen Großhandel aufgebaut. Sie ließen ihre beiden Kinder studieren, die Tochter wurde Anwältin, der Sohn Arzt.

Meine Familie zog schließlich fort und ich verlor den Kontakt zu der Familie, doch Jahre später, als ich bereits erwachsen war, traf ich sie zufällig in einem Restaurant und wir vereinbarten ein Treffen am nächsten Sonntag. Sie erzählten mir ihre Geschichte und beantworteten geduldig alle Fragen, die ich in meiner erschreckten Verwunderung stellte. So bescheiden dieses Ehepaar auch war, mir wurde klar, dass sie eigentlich Helden waren. Für die Menschen auf ihrer Straße sahen sie vielleicht nach ganz gewöhnlichen Mitbürgern aus, aber sie besaßen eine außerordentliche seelische Stärke. Sie besaßen dieselbe Kraft der Geisteshaltung, die einen Sportler zu einem großen Sportler macht. Die Nazis konnten zwar ihren Körper misshandeln, doch nicht ihren Geist. Die Lagerwächter konnten ihnen sämtliche Freiheiten nehmen, aber sie konnten ihnen nicht die essenzielle Wahrheit ihres Lebens rauben, die Liebe und die Selbstachtung, die sie kannten und die noch in ihrem Herzen lebendig waren. Ein machtvoller Glaube, der vielleicht der Kern einer starken Geisteshaltung ist, erhielt diese grundlegende menschliche Würde am Leben. Er machte aus den äußeren Widrigkeiten einen inneren Sieg, selbst inmitten all dieser Brutalität.

Viktor Frankl beschreibt eindrücklich eine Epiphanie der Liebe, die er mitten in dieser brutalen Existenz erfuhr, indem er mental mit seiner Frau Tilly kommunizierte:

Wir arbeiteten in einem Graben. Um uns herum ein grauer Morgen; grau war der Himmel über uns, grau war der Schnee im blassen Morgenlicht, grau waren die Lumpen, in die meine Gefährten gekleidet waren, und grau waren ihre Gesichter. Ich befand mich wieder einmal in einem stillen Gespräch mit meiner Frau … rang darum, einen Grund für mein Leiden zu finden, für mein langsames Sterben. Da spürte ich, wie mein Geist in einem letzten heftigen Protest gegen die Hoffnungslosigkeit des drohenden Todes die uns einhüllende Düsternis durchdrang. Ich fühlte, wie er die hoffnungslose, sinnlose Welt transzendierte, und von irgendwo hörte ich ein triumphierendes „Ja!" als Antwort auf die Frage nach der Existenz eines letzten Sinns. In jenem Moment ging in einem Bauernhaus in der Ferne ein Licht an; es stand am Horizont, als sei es dort in das trübe Grau gemalt worden. … Stunden stand ich da und hackte auf den eisigen Boden ein. Die Wache kam vorbei und beschimpfte mich, und wieder kommunizierte ich mit meiner Geliebten. Ich spürte immer mehr, dass sie anwesend war, bei mir war. Ich hatte das Gefühl, dass ich sie berühren konnte, dass ich meine Hand ausstrecken und ihre Hand fassen konnte. … Und in dem Augenblick kam still ein Vogel geflogen, ließ sich vor mir auf einem Haufen Erde nieder und sah mich unverwandt an.[7]

Ein Gedanke durchdrang Frankl in seinem Martyrium, „dass Liebe das letzte und höchste Ziel ist, nach dem der Mensch streben kann ... dass ein Mensch, dem in dieser Welt nichts geblieben ist, im Andenken an seine Geliebte immer noch Glückseligkeit erfahren kann, und sei es nur für einen kurzen Moment."[8]

Jeder von uns vermag diese umfassende Präsenz zu erreichen, welche die Umstände, denen wir ausgesetzt sind, transzendiert und letztlich die Würde der Essenz dessen, was wir sind, zutage treten lässt. Frankl warnte uns davor, ihn und andere Holocaust-Überlebende als besondere Menschen anzusehen. Er wollte vielmehr, dass wir sein Leben als eine Demonstration des Potenzials verstehen, das wir alle in uns tragen. Wir alle sind in der Lage, den Stress und die ihm zugrunde liegende Angst zu überwinden und uns allen Herausforderungen mit einer auf dynamische Weise friedvollen Geisteshaltung zu stellen. Friede ist psychische Stärke. Es ist die Stärke, die es uns, wie David Whyte in *Clear Mind, Wild Heart* gesagt hat, erlaubt, „in einer zunehmend schwierigen Welt ohne Angst zu leben". Das soll nicht heißen, dass wir keinerlei Ängste mehr haben werden. Doch es bedeutet, dass wir, wie Frankl, die Fähigkeit besitzen, zu „einer Größe der Gegenwärtigkeit, die viele Verluste, Schwierigkeiten und Möglichkeiten umfangen kann, auch Ereignisse, von denen wir in der Vergangenheit nicht geglaubt haben, uns ihnen stellen und sie umfangen zu können".[9]

Friede ist *per definitionem* frei von Stress. Wenn Friede irgendetwas bedeutet, dann ein größeres Leben aus einer tieferen Schicht des Seins heraus zu leben. Es bedeutet, die Angst durch eine auf dynamische Weise friedliche Auseinandersetzung mit allem, was das Leben uns bietet, zu transzendieren. Das ist persönliche Stärke. Wie wir gesehen haben, bringen diese Eigenschaften tatsächliche höhere Gehirnfunktionen hervor. Sie zapfen eine tiefere Intelligenz an, erreichen eine optimalere Erfahrung des Lebens und aktualisieren einen produktiveren und konstruktiveren Geist. Was wünschen Sie sich: eine Stress auslösende, emotionale Reaktion auf eine Wahrnehmung von Bedrohung, oder eine auf dynamische Weise friedvolle

Geisteshaltung, die Sie über die Umstände hinauswachsen lässt? Es ist möglich, durchgängig aus einer Geisteshaltung heraus, die Sie in Höchstform zeigt, mit Stressoren umzugehen.

Was wir uns wünschen, ist Friede

Unter dem Strich ist es letztlich Friede, was die meisten Menschen sich wünschen. Wir können allerdings ein ganzes Leben darauf verwenden, an den falschen Orten nach diesem Frieden zu suchen. Wir glauben: *Wenn nur dieses und jenes geschieht, dann werde ich in Frieden sein.* Aber die entsprechenden Situationen halten oft nicht, was wir uns davon versprochen haben, oder wenn sie es tun, dann sind sie vorübergehend. Schließlich lernen wir, dass der Friede nicht da draußen zu finden ist. Er strahlt aus dem Inneren aus als eine Erfahrung, die wir uns selber gönnen, indem wir uns dazu entscheiden. Uns dafür zu entscheiden bedeutet, die Vorbedingungen zu erfüllen, von denen die meisten in der unten stehenden Liste der Eigenschaften einer auf dynamische Weise friedvollen Geisteshaltung genannt sind. Je mehr wir diese Vorbedingungen erfüllen, desto tiefer wird unsere Erfahrung von Frieden sein. Je tiefer unsere Erfahrung von Frieden, desto deutlicher wird uns, dass Friede eben das ist, was wir uns wirklich wünschen. Aus den Lehren verschiedener spiritueller Lehrer zusammengetragen, stellt jede dieser Eigenschaften einen einfachen, praktischen und doch machtvollen inneren Standpunkt dar, den wir in der Auseinandersetzung mit den Launen des Schicksals einnehmen.

Eigenschaften einer auf dynamische Weise friedvollen Geisteshaltung

· Eine ruhige, klare Empfindung persönlicher Stärke und die Integrität, diese Stärke anzuwenden, ohne andere damit zu überwältigen

· furchtlos

- gelassen

- sorgenfrei

- Selbstvertrauen

- offener, empfänglicher, annehmender Geist

- eine völlig präsente Neugierde

- energievoll

- nachgiebig

- Zutrauen angesichts von Widrigkeiten

- Vertrauen auf den Prozess

- Freude an der Herausforderung

- ein gütiges und mitfühlendes Herz

- Bereitschaft zu vergeben

- kein Interesse an Urteilen und Verurteilung

- eine gefühlte Verbindung mit dem eigenen Herzen, mit anderen und mit dem Leben selbst

- ein Gespür für das Heilige

Es ist klar, dass diese Eigenschaften in ihrer Gesamtheit eine machtvolle Einstellung gegenüber uns selbst, anderen und der Welt im Allgemeinen darstellt. Auf diese Weise zu leben heißt, das Gute Leben zu leben. Dies ist Immunität gegenüber Stress und gestressten Menschen, das Heilmittel gegen negative Selbstgespräche und der Pfad zu einem tieferen Gefühl der Verbundenheit. Es ist eine Eigenschaft der Präsenz, die lebendig und engagiert ist. Es ist ein furchtloses Selbstvertrauen, das von nichts erschüttert werden kann.

Sich die Eigenschaften zu eigen machen

Nehmen Sie sich einen Moment Zeit und überlegen Sie sich, was jede der genannten Eigenschaften der Liste für Sie bedeutet. Dann machen Sie einen Kreis um diejenigen Eigenschaften, die den inneren Erfahrungen entsprechen, die Sie zu Beginn dieses Kapitels aufgeschrieben haben. Das sollte Ihnen beweisen, wenn es noch eines Beweises bedarf, dass Sie die grundlegenden Bedingungen für ein im Wesentlichen befriedigendes und erfolgreiches Leben bereits kennen. Sie haben den Beweis dafür, dass Sie in der Lage sind, eine höhere Erfahrung aufrechtzuerhalten und sie in höhere Errungenschaften zu übertragen.

Denjenigen von uns, die mehr hiervon haben wollen, stellt sich die Frage: Wie mache ich das? Wir können damit anfangen, dass wir uns ansehen, um welche der Eigenschaften auf oben stehender Liste wir uns mehr kümmern könnten, welchen wir mehr Aufmerksamkeit entgegenbringen könnten. Wir können mit einer dieser Eigenschaften anfangen und uns vornehmen, sie in unserem täglichen Leben zunehmend hervortreten zu lassen. Manchmal reicht es schon aus, nur eine dieser Eigenschaften voll und ganz zum Tragen kommen zu lassen, um das volle Maß an Frieden in unserem Herzen zu verwirklichen.

Unlängst wurde meine Freundin Martha von ihrer Schwiegermutter gebeten, eine ihrer Nachbarinnen zu einem Arzttermin zu fahren. „Sie ist eine ziemlich alte Dame", sagte ihre Schwiegermutter. Martha war überrascht zu sehen, dass die Dame nicht so alt war, wie sie erwartet hatte; sie sah so aus, als sei sie Mitte oder Ende siebzig.

„Darf ich Sie fragen, wie alt Sie sind", fragte Martha sie auf der Fahrt zum Arzt.

„Dreiundneunzig", antworte die Dame.

Martha war verblüfft. „Aber Sie sehen so viel jünger aus", sagte sie, „was ist Ihr Geheimnis?"

Die Dame antwortete: „Vor dreiundzwanzig Jahren habe ich beschlossen aufzuhören, mir Sorgen zu mache. Ich habe seither keinen Augenblick mehr auf Sorgen verschwendet."

8

Die Neuroplastizität
der Übung

Der Himmel hilft niemals dem Menschen, der nicht handelt.

Sophokles

Wie können wir unser Leben in Frieden gründen und dennoch unsere Position in einer chaotischen Welt verbessern? Wie können wir das Auge des Sturms finden und darin verweilen? Wie können wir eine auf dynamische Weise friedvolle Geisteshaltung zu der Kraft machen, die mühelos all die Bälle im Auge behält, die wir gerade jonglieren? Wie können wir die negativen Gedanken und Gefühle, die uns in den Sturm zurückziehen, auflösen?

Die Antwort ist: durch *Übung.* In der Übung machen wir den rechten Schritt so oft, bis der rechte Schritt sich mühelos von selbst macht und uns geradezu automatisch in die Richtung führt, in die wir gehen wollen. Wir begreifen jetzt, dass wir Frieden einüben müssen, wenn das, worauf wir hinauswollen, jene optimale Lebenserfahrung ist, die ein gesundes Gehirn ganz natürlich erzeugt. Wir üben eine Geisteshaltung des Friedens, bis unsere Erfahrung auf dynamische Weise friedvoll wird. Neurologisch betrachtet üben wir Frieden ein, bis unser Gehirn sich entsprechend neu vernetzt und so Frieden in jeden Schritt, den wir tun, einfließen lässt. Wir wissen jetzt, dass dieser Wandel die Verwirklichung eines machtvollen

Gehirns ist, das ein kraftvolles Leben erzeugt, in welchem wir zu sinnvollem Handeln fähig sind. Studien haben gezeigt, dass das, was wir uns am meisten wünschen, ein sinnvolles Leben ist, in dem wir etwas bewirken können. Wie der irische Dichter William Butler Yeats verdeutlicht hat, können wir dadurch am meisten bewirken, dass wir inneren Frieden verwirklichen.

Wir können unseren Geist so sehr einem stillen Gewässer gleich machen, dass sich Lebewesen um uns herum versammeln, um … ihr eigenes Bild zu sehen, und so können wir aufgrund unserer Stille für einen Moment mit einem klareren und vielleicht sogar heftigeren Leben leben.

W. B. Yeats

Jeder von uns, der einigermaßen klar im Kopf ist, wünscht sich ein Leben des Friedens sowie der Freude und Verbundenheit, die sich daraus ergeben. Niemand, der einigermaßen bei Trost ist, wünscht sich ein Leben voller Stress. Übung ist die Disziplin, die die Konsequenz unseres Verhaltens von dem, was wir uns nicht wünschen, zu dem, was wir uns wünschen, hin verschiebt.

Nein danke, bloß keine Disziplin, mögen manche von uns jetzt ausrufen. „Disziplin" kann ein sehr befrachtetes Wort sein. Es kann sich nach etwas sehr Mühsamem anhören. Manche verbinden damit auch Bestrafung, Strenge, Selbstverleugnung – und wer will schon so etwas? Doch was das Erlangen von Frieden angeht, ist die Disziplin etwas ziemlich Einfaches. Disziplin bedeutet einfach, dass wir uns an das erinnern, was wir uns wünschen, und dementsprechend durchgängig unsere Wahl treffen. Es wird immer leichter, uns zu erinnern, und immer leichter, die Wahl zu treffen, weil wir es einfach zu schätzen wissen, wenn wir eine echte Erfahrung von Frieden machen. Wie könnte es anders sein? Schließlich macht der Schritt vom Stress zum Frieden den Unterschied zwischen einem miserablen Gefühl und einem Gefühl von Wohlsein aus. Es ist der Schritt von

Verwirrung, Lustlosigkeit und Abtrennung zu Klarheit, Fröhlichkeit und Einstimmung. Es ist die Umwandlung eines Zustands der Belagerung zu einem Zustand des Aufblühens. Was könnte also unsere Bemühung und unsere gesammelte Ausrichtung mehr lohnen?

Uns stellt sich einfach eine grundlegende Frage: Ist unser Verlangen nach Geistesfrieden stark genug, sodass wir bereit sind, die Vorbedingungen dafür zu erfüllen? Inzwischen sollten wir begriffen haben, was dieser Zustand für einen Wert für uns hat – aus neurologischer, körperlicher, kognitiver, emotionaler und spiritueller Sicht. Was könnte man sich denn wünschen, was uns Friede nicht zu schenken vermag? Wünschen wir uns das Vergnügen, unsere Begabung, unser Können und unsere Intelligenz voll auszuschöpfen, um etwas zu erreichen, was wir für sinnvoll halten? Wünschen wir uns ein tiefes Gefühl der Freude, das unsere Arbeit in einen Liebesdienst verwandelt? Friede bietet uns all das. Wünschen wir uns eine Gelassenheit, die nichts aus der Ruhe bringt, ein Selbstvertrauen, das nicht zu erschüttern ist, eine Vitalität, die uns nicht im Stich lässt? Wünschen wir uns das Vermögen, den täglichen Anforderungen mit Energie und Begeisterung zu begegnen und dann am Ende des Tages als der Mensch nach Hause zurückzukehren, der wir für unsere Lieben sein möchten? Friede schenkt uns all das. Möchten wir andere inspirieren und selbst inspiriert werden? Möchten wir einfühlsam und mitfühlend sein und eine tiefe und bleibende Verbindung mit anderen und mit dem Leben selbst empfinden? Friede gibt uns das. Wollen wir ein langes und gesundes Leben leben? Auch das schenkt uns der Frieden. Suchet den Frieden, und es wird euch, mit den Worten Jesu, „solches alles zufallen". Was könnten wir mehr wollen?

„Seiner Natur nach", sagte José Ortega y Gasset, „muss das menschliche Leben einer Sache gewidmet sein."[1] Was hat uns mehr zu bieten als die Hingabe unseres Lebens an ein Dasein in Frieden? Allerdings suchen wir oft an den falschen Orten nach Frieden. In Workshops lasse ich die Teilnehmer oft eine kurze Übung mit dem Titel „Sich etwas wünschen" machen. Dieser Teil des Workshops ist bewusst so platziert, dass er gleich hinter der Vorstellung der Ergebnisse von drei Studien kommt, die zeigen, dass nur eine geringe Korrelation zwischen Reichtum und Zufriedenheit im Leben besteht. Milliardäre sind zum Beispiel nur unwesentlich glücklicher als Menschen mit einem durchschnittlichen Einkommen. Tests zeigten, dass die Iren, die zur Zeit der Studie relativ arm waren, glücklicher waren als die viel reicheren Japaner. In Amerika, wo sich das Einkommen bei festen Gehältern von 1960 bis 1990 verdoppelt hat, blieb der Prozentsatz jener, die sagten, sie seien glücklich, konstant bei 30 Prozent.[2] Während der Übung werden die Teilnehmer aufgefordert, sich vorzustellen, sie hätten Aladins Wunderlampe gefunden, die gute Fee herausgelassen und hätten nur drei Wünsche frei, die garantiert in Erfüllung gingen. Trotz allem, was zuvor über die Macht des Seelenfriedens gesagt wurde, wünscht sich nur selten jemand dauernden inneren Frieden. Die überwältigende Mehrzahl wünscht sich Dinge, und Geld führt die Liste der Wünsche immer an. Wenn unser Blick nur auf den Topf mit Geld am Ende des Regenbogens gerichtet ist, entgeht uns der Regenbogen. Oft kommen Menschen, die einen großen Teil ihres Lebens materiellem Reichtum nachgejagt sind, irgendwann an einen Punkt, wo ihnen klar wird, dass ihnen etwas Wesentliches fehlt. Was ihnen entgangen ist, ist die Erfahrung von Frieden und die Freude und Verbundenheit, die damit einhergeht.

Im Eingangskapitel habe ich erzählt, wie oft ich meine Klienten sagen höre, sie könnten sich nicht erinnern, wann sie zum letzten Mal Frieden gespürt hätten. Manche fragen sich sogar, ob Frieden, wenn es ihn überhaupt gibt, nicht erst in einem jenseitigen Paradies zu finden sei. Jedermann kann allerdings bestätigen, dass es Angst und Stress gibt. Die Leute können sich sofort an die Angst vor dem Versagen erinnern, aber nicht an eine Gelegenheit, zu der sie in die Süße ihres eigenen friedvollen Herzens eingetaucht waren. Die Leute glauben auch nicht, dass berufliche Leistung, Gesundheit, Erfolg, sinnvolle Beziehungen oder das Streben nach Vortrefflichkeit von einer friedvollen Geisteshaltung abhängig sind. Manche glauben sogar, eine friedvolle Geisteshaltung bedeute, seinen Biss zu verlieren. Aber wenn Sie bis hierher gelesen haben, dann wissen Sie wohl, dass Friede uns gerade dadurch, dass wir unsere *Bissigkeit* verlieren, an die Schwelle neuer Möglichkeiten führt.

Wir alle tragen Frieden in uns. Er ist in die Vernetzung unseres Gehirns eingebaut, wir werden damit geboren. Die großen Mystiker sagen uns, dass Friede unsere Wesensnatur definiert. Er steht uns ins Gesicht geschrieben, wenn wir sterben, selbst wenn wir in der Schlacht sterben. Wie wir schon im letzten Kapitel gesehen haben, erfahren wir immer wieder Aspekte des Friedens. Die Welt kann unseren Geistesfrieden zwar angreifen, kann ihn aber nicht zerstören. Die Studie mit den tibetischen Mönchen hat gezeigt, dass eine zutiefst friedvolle Beziehung zum Leben uns gegen die Angriffe der Welt immun machen kann. Friede wohnt stets in uns, in jeder Situation und in jedem Stadium des Lebens. Wir müssen uns nur dafür entscheiden. Und je öfter wir uns dafür entscheiden, desto mehr werden wir ihn wertschätzen, weil er für unser Leben so wertvoll ist. Haben wir uns in einem Moment für die Angst entschieden, können wir trotzdem neu wählen; unsere friedvolle Natur erwartet nicht von uns, dass wir perfekt sind. Sie ist immer bereit, wenn wir es sind.

Solange wir unsere Ausrichtung auf Frieden nicht eindeutig und zur Priorität machen, werden wir wahrscheinlich leiden. Doch je mehr wir eine achtsame Herangehensweise an das Leben einüben, indem wir friedvoll mit schwierigen Situationen umgehen, statt automatisch und unbewusst zu reagieren, desto mehr organisiert sich unser Gehirn, um für längere Zeit eine geschicktere und erleuchtetere Seinsweise aufrechtzuerhalten. Wie Dr. Siegel in seinem Buch *Das achtsame Gehirn* sagt, „ist Erfahrung gleichbedeutend mit dem Feuern von Neuronen".[3] Und mit dem Feuern von Neuronen kommt das „Potenzial zur Stimulierung des Wachstums neuer Neuronen, die neue neuronale Netzwerke erzeugen", welche die neue Erfahrung aufrechterhalten. Das bedeutet, dass der Wandel mit Beharrlichkeit immer leichter zu verwirklichen ist; er wird langsam zu unserer zweiten Natur.

Zum Glück ist es nie zu spät; ein Wandel ist im Verlauf einer Lebensspanne jederzeit möglich. Siegel zitiert die Fallstudie eines älteren Klienten, der in kurzer Zeit signifikante Fortschritte machte:

Ich arbeite mit einem Herrn, der achtundsiebzig Jahre alt ist und der mit einer ganz bestimmten Persönlichkeit zu mir kam, die ziemlich restriktiv war. Er hat deutlich das Vermögen, seinen Persönlichkeitsstil in sehr kurzer Zeit zu verändern, demonstriert. Es war seine erste Therapie und er hat fünf Monate [mit mir] gearbeitet. Seine Frau berichtet, sie habe das Gefühl, man habe ihm ein neues Gehirn eingesetzt. [Dieser Herr] sagte zu mir: „Ich habe fünf Monate gebraucht, um an diesen Punkt zu gelangen. Warum hat es so lange gedauert?" Ich versicherte ihm, dass es gewöhnlich mehr als fünf Monate brauche, um all die feindseligen Stimmen im eigenen Kopf infrage zu stellen und eine übermäßig kritische Einstellung sich selbst gegenüber zu ändern, und fragte ihn, wie er das so schnell geschafft habe. „Nun wissen Sie", sagte er, „mir bleibt nicht mehr so viel Zeit. Ich glaube, ich war einfach genügend motiviert."[4]

Eine starke Motivation bringt neurologische Resultate. Möglicherweise hatte seine Frau ja Recht, vielleicht hatte ihr Mann tatsächlich so etwas wie eine „Gehirntransplantation" erfahren. Es ist gut möglich, dass die neuronale Vernetzung im Gehirn von Siegels Klient sich im Laufe der Therapie in Reaktion auf die Veränderung seiner Geisteshaltung ebenfalls verändert hat. Der Spruch ‚Was Hänschen nicht lernt, lernt Hans nimmermehr' lässt sich nicht auf das Gehirn anwenden. Das Gehirn kann sich schnell auf Veränderungen, die wir herbeiführen möchten, hin neu organisieren, wenn wir den Wandel beharrlich einüben. Und es führt die Veränderung rasch herbei. Das Gehirn braucht nur zehn Tage einer Constraint-Induced Therapy (Ruhigstellungs-Therapie), um den motorischen Cortex bei Gehirnschlag-Patienten neu aufzubauen und die motorischen Funktionen eines Arms, von dem die Ärzte einst glaubten, er sei unwiderruflich gelähmt, in signifikantem Maß wiederherzustellen.[5] Und wie Sie sich vielleicht erinnern (5. Kapitel) brauchte es nur:

eine Woche mentaler Praxis einer Fünf-Finger-Klavierübung, damit der motorische Cortex zur Unterstützung einer neuen Fähigkeit zunehmen konnte,

zehn Wochen zur Veränderung des Gehirns durch Achtsamkeitsschulung bei Zwangsstörungen (Schwartz, 1995),

acht Wochen Kognitiver Therapie, um das Gehirn bei Depression zu verändern (Segal, Mayberg, 2002),

acht Wochen einer achtsamkeitsbasierten Stressreduktion, um die Aktivierung des Präfrontalen Cortex bei gestressten Angestellten eines Biotechnologie-Unternehmens von der rechten auf die linke Seite zu verschieben (von negativen Gefühlen zu positiven Gefühlen; Davidson, Kabat-Zinn, 2003).

Die meisten der oben genannten Situationen sind Extremsituationen. Einige dieser Probleme, wie etwa von einem Gehirnschlag verursachte Schäden und Zwangsstörungen, galten früher als unheilbar. Doch die Macht der Neuroplastizität hat in solchen Fällen zu signifikanten Veränderungen geführt, und zwar in relativ kurzer Zeit. Wenn die Neuroplastizität in solch extremen Situationen wirksam ist, wie viel mehr kann sie dann bei der Umwandlung eines auf Stress hin vernetzten Gehirns erreichen?

Es läuft alles auf Übung hinaus. Durch Übung gestalten wir die Gehirnstruktur so, dass Stress in Gelassenheit, Angst in Frieden, Machtlosigkeit in Ermächtigung umgewandelt werden. Durch Übung konstruieren wir einen neuen Autopiloten mit Schaltkreisen, die eine höhere, menschlichere und sehr viel lebendigere Intelligenz unterstützen.

Die folgenden vier Kapitel umreißen eine Praxis, durch die wir die Vorbedingungen für Geistesfrieden schaffen können.

9

Die erste Eigenschaft Mystischen Coolseins:

Ruhige und aufmerksame Präsenz

Es ist nicht in den Worten.
Es unterliegt nicht dem Willen.
Es ist das Singen der Vögel, es ist eine sanfte Brise,
es ist eine Geschichte, die kommt und geht,
es ist das Fließen des Atems, es ist Rückenschmerzen und Herzklopfen
und Sonnenschein.
Wir schauen all das in Stille und mit einem offenen Herz,
das nirgends hingeht.

Toni Packer

Die erste Eigenschaft Mystischen Coolseins ist Aufmerksamkeit. Aufmerksamkeit ist das Vermögen, sich ruhig mit dem auseinanderzusetzen, was uns begegnet, und im Augenblick ganz präsent zu sein. Eckhart Tolle spricht von „der ruhigen Empfindung unserer eigenen Präsenz, unserer Lebendigkeit, die in alles einfließt, was wir gerade tun".[1] Ruhig und aufmerksam präsent zu sein bedeutet, dass wir auf geräumige Weise fokussiert sind. Unsere Offenheit verschafft uns besseren Zugang zu Information, und unsere Geduld mit dem Prozess macht es uns möglich, eine aus den Details hervorgehende größere Verbundenheit zu empfinden und intuitiv die Richtung zu erfassen, in die die Dinge sich entwickeln. Das Hindernis, das diese Art von Aufmerksamkeit zunichte macht, ist der ganze Aufruhr, den ein Geist unter Stress erzeugt. Es ist ein unablässig denkender und beurteilender Geist mit seiner sinnlosen Eingenommenheit von der Bürde der Vergangenheit und der Sorge um die Zukunft. Wenn wir diese geistgeschaffenen Verzerrungen ausräumen wollen, müssen wir mit unserer Aufmerksamkeit zum gegenwärtigen Augenblick zurückkehren, den Geist beruhigen und uns furchtlos mit dem auseinandersetzen, was uns begegnet.

Die meisten von uns erfahren einen ruhigen Augenblick totaler Präsenz eher aus Zufall; sie führen ihn nicht mit Absicht herbei. Etwas Äußeres beruhigt den Geist – ein Sonnenuntergang, das Geräusch des Regens auf dem Dach, ein auf einer Lichtung weidendes Reh, das Wogen der Meereswellen oder etwas so Einfaches wie ein Windspiel. Dies sind auf dynamische Weise friedvolle Begegnungen, die die Kraft besitzen, eine unerwartete Erhebung des Geistes auszulösen. Doch gewöhnlich rattert die Mühle unseres Denkens unablässig weiter.

Das erste Hindernis: unablässiges Denken

Unablässiges Denken kann alle möglichen stressgeladenen Ereignisse erzeugen, die bloß in unserem Kopf existieren: aufregende und verstörende Gefühle, die eine Stressreaktion hervorrufen – ohne dass wirklich etwas Konkretes geschehen ist. Unser Geist kann zu einer unablässig plappernden Stimme werden, die alles, was geschieht, kommentiert. Er neigt dazu, Partei zu ergreifen, und manchmal ändert er seine Position ohne ersichtlichen Grund. Manchmal beschuldigt er jemand anderen und wendet dann in einem Moment dieselbe Kritik auf uns selbst an. Man hat geschätzt, dass der durchschnittliche Mensch etwa sechzigtausend Gedanken am Tag denkt, wovon 90 Prozent sich wiederholende Gedanken sind. „Sie sind nie allein", schrie Byron Katie. „Wo immer Sie sich gerade befinden, mit wem auch immer Sie gerade zusammen sind, die Stimme in Ihrem Kopf kommt mit und flüstert, nörgelt, lockt, urteilt oder beschämt Sie, macht Ihnen Vorwürfe oder schreit Sie sogar an."[2]

Der „denkende" Geist ist überzeugt davon, dass er das ist, was wir im Grunde sind, und wir neigen dazu, ihm Recht zu geben. In der geistigen Verwirrung, die er erzeugt, ist es uns fast unmöglich, ein sinnvolles Selbstverständnis auszumachen. Der denkende Geist denkt: *Ich bin du, und dein Leben ist die Geschichte, die ich dir erzähle und die ich ständig umschreibe.* Dies ist die vom Geist, vom Gehirn erfundene Geschichte, von der Shakespeare zu Ende des *Macbeth* sagt: „Ein Märchen ist's, erzählt von einem Blödling, voller Klang und Wut, das nichts bedeutet."

Wenige Formen des menschlichen Ausdrucks können so theatralisch werden wie das unablässige Denken. Unten finden Sie ein Beispiel. Während Sie das folgende Beispiel lesen, fügen Sie bitte dieselben übertriebenen Gefühle hinzu, die Sie vielleicht auf einer nervigen Fahrt zur Arbeit in einem Stau überfluten, nachdem Sie Ihr Gehirn mit einem starken Morgenkaffee aufgeputscht haben.

Sinnloses Geplapper

@#$%^&()+!!! dieses Treffen mit Georg um zehn, und dann die Sachen von der Reinigung, darf ich nicht vergessen, obwohl ich gar nicht zu der Party gehen mag, warum muss sie bloß darauf bestehen! Ich will einfach nur nach Hause kommen und die Füße hochlegen. Muss mich auf Georg vorbereiten, ist mir schleierhaft, was der genau will, und dann der Schlips, den er letzte Woche anhatte! Der ist wohl farbenblind. Ach und ich muss Renate wegen des Mittagessens anrufen! Die lässt mich bestimmt wieder zahlen – sitzt einfach nur da, wenn die Rechnung kommt, ich hasse das! Also wie bereite ich mich auf Georg vor ... und diese braunen Schuhe zu dem schwarzen Anzug, ob der am Morgen überhaupt in den Spiegel schaut?

Außerdem sollte er abnehmen – o nein, jetzt habe ich meine Tasche
für das Fitness-Studio vergessen, nicht schon wieder! … ach nein,
da ist sie ja, Gott sei Dank, heute muss ich hingehen, ich nehme
wieder zu, es ist einfach hoffnungslos, kaum habe ich ein paar Pfunde
runter, schwupp … also keine Kohlehydrate heute, und auch keinen
Zucker!!! @#$%^&()+@#$%^&()_@#$%^&()+@#$%^&()+@#$
%^&()+_@#$%^&()…

● ● ●

Dieser Bewusstseinsstrom ist in Wirklichkeit ein Strom der *Un*bewusstheit, der niemals aufzuhören scheint. Dieses sinnlos besorgte
Geplapper, das Sie gerade gelesen haben, kann noch drei Seiten lang
so weitergehen, und damit ist noch nicht das unablässige Denken
wiedergegeben, das auf dem Weg vom Parkhaus ins Büro abläuft.
Wir denken so pausenlos, dass die Vorstellung, wir könnten das Denken vielleicht auch abstellen und einmal still sein, völlig unmöglich
erscheint. Manchmal, gewöhnlich mitten in der Nacht, verrennen
wir uns mit irgendwelchen angstvollen Gedanken in eine Sackgasse.
Wenn wir, durch irgendeinen Akt der Gnade, wieder aus der Sackgasse herausgefunden haben, dann sehen wir im Rückblick von einem
etwas sichereren Gestade vielleicht, dass viele der Gedanken, die wir
uns gemacht haben, reine Einbildung waren. Es waren hauptsächlich
schmerzliche Gedanken, die angstvolle Bilder hervorgerufen haben,
welche uns davon überzeugt haben, allein in einer feindlichen Welt
zu leben. „[Unablässiges Denken] schiebt sich zwischen Sie und Sie
selbst", schreibt Eckhart Tolle, „zwischen Sie und Ihre Mitmenschen,
zwischen Sie und die Natur, zwischen Sie und Gott."[3]
  Wir können dieser Art von Geist nicht entgehen, indem wir ihn
zu verstehen versuchen. Wir können ihn nicht ändern oder willent-
lich abschalten. Wir können ihn jedoch transzendieren. „Wenn die
Gedanken herumwirbeln", schrieb die Meditationslehrerin Toni
Packer, „dann können wir sie sein lassen wie tanzende Schneeflocken

im leeren Raum."[4] Würden wir etwas mehr Raum zwischen den Gedanken gewinnen, also etwas mehr Frieden und Stille zwischen den Ängsten, die uns verfolgen, dann würden wir uns unweigerlich zunehmend sicherer und glücklicher fühlen und würden, neurologisch gesehen, mehr und mehr Zugang zu den enormen Kräften unseres Gehirns gewinnen. Welcher Mensch, der einigermaßen bei Verstand ist, würde das nicht wollen?

Den Denker beobachten

Wir werden jetzt üben, den Denker zu beobachten, um zu sehen, ob wir einen Ausweg finden, der uns aus all dem Getöse heraus in einen stillen, offenen Raum führt. Der Sufi-Dichter Rumi schrieb: „Jenseits aller Ideen von Wahr und Falsch da liegt ein offenes Feld. Dort will ich dir begegnen." Der Zweck dieser Übung ist es, uns über das Geplapper unseres Geistes hinaus zu führen, um zu sehen, ob es in uns tatsächlich ein stilleres, gesünderes Feld der Erfahrung gibt.

1. Sitzen oder liegen Sie bequem da. Schließen Sie die Augen. Alles, was Sie jetzt tun sollen, ist beobachten. Betrachten Sie ganz einfach, was Ihr Geist produziert. Nehmen Sie zur Kenntnis, was Sie denken, fühlen und wahrnehmen. Verwickeln Sie sich nicht in Ihre Gedanken. Beurteilen Sie sie nicht und versuchen Sie nicht, sie zu ändern. Beobachten Sie einfach.

2. Verliert sich Ihr Geist in eine Kette von Gedanken oder beginnt er zu urteilen und zu bewerten, dann beobachten Sie auch dies. Nehmen Sie die Gedanken, die kommen und gehen, zur Kenntnis, sehen Sie, welche emotionale Ladung sie tragen und welche Bilder sie malen. Treten Sie einen Schritt zurück und betrachten Sie das alles einfach. Zuerst mag es so aussehen, als sei da nichts als Geplapper und Chaos. Beurteilen oder verurteilen Sie das, was Sie hören, nicht.

3. Der Geist wird den Antrieb hervorbringen, etwas anderes zu tun als sich diesem Prozess zu widmen. Achten Sie nicht

auf diesen Impuls und richten Sie Ihre Aufmerksamkeit auf den Atem.

4. Der Körper wird um Ihre Aufmerksamkeit heischen. Ignorieren Sie auch das und kehren Sie mit der Aufmerksamkeit zum Atem zurück.

5. Wenn Sie einige Minuten lang bewusst beobachtet haben, werden Sie beginnen, ein Gefühl für den Aspekt Ihres Geistes zu entwickeln, der das ist, was beobachtet. Dann beginnen Sie, über das Geplapper hinaus zu gehen, indem Sie es einfach beobachten.

6. Bald wird Ihnen klar: *Da ist eine Stimme, die ständig vor sich hinplappert, und ich bin dabei, das einfach, ganz neutral, zu beobachten.* „Diese *ich bin* Erkenntnis", sagt Eckhart Tolle, „diese Empfindung der eigenen Präsenz ist kein Gedanke. Das kommt von jenseits des Geistes."[5]

7. Erinnern Sie sich an die Worte Rumis: „Jenseits aller Ideen von Wahr und Falsch da liegt ein offenes Feld. Dort will ich dir begegnen."

8. Begegnen Sie sich selbst auf Rumis Feld. Entspannen Sie sich in den unverstellten Raum des Seins. Lassen Sie ihn sich mit jedem Atemzug weiter ausdehnen. Dies ist die Pforte zu einem stillen Geist, der Sie dazu befreit, einfach zu sein.

Den Tag beginnen

Wenn Sie den Tag am Morgen mit der „Den Denker beobachten"-Übung beginnen, kann das die Qualität Ihres ganzen Tages verändern. Alles, was dazu nötig ist, sind fünfzehn Minuten Übung. Diese Übung ist zum Teil wie ein Klassenraum, in dem Sie lernen, sich Ihre Stressmuster bewusster zu machen. Sie stellt Ihnen eine Art Laboratorium zur Verfügung, in dem Sie die reaktiven Gedanken, Gefühle und Wahrnehmungen, die Stress erzeugen, unter die Lupe nehmen können. Wir sehen unmittelbar, wie leicht sie sich vervielfältigen, wenn wir uns daran heften, und dass sie sich genauso leicht verflüchtigen, wenn wir uns, ohne zur urteilen, von ihnen lösen und mit der Aufmerksamkeit zum Atem zurückkehren. Durch diesen Prozess beginnen Sie mit größerer Klarheit zu verstehen, dass Gefühle keine Tatsachen sind, dass Gedanken keine Wahrheit sind, dass Wahrnehmung keine Realität ist und dass nichts davon Ihr wahres Sein ist. Thich Nhat Hanh, der vietnamesische Mönch, den Martin Luther King für den Friedensnobelpreis nominiert hat, empfiehlt, diesem Prozess noch Dankbarkeit hinzuzufügen. „Jeden Morgen, wenn wir aufwachen", schrieb er, „haben wir vierundzwanzig brandneue Stunden zu leben vor uns. Was für ein kostbares Geschenk! Es ist uns möglich, so zu leben, dass diese vierundzwanzig Stunden uns selbst und anderen Friede, Freude und Glück bringen."[6]

Eine Abkürzung: die Löschtaste

Wie wir gesehen haben, beginnen die meisten Stressreaktionen mit angstvollem Denken. Wenn wir das Gedankenmuster abbauen, bevor es sich zu negativen Gefühlen und der Wahrnehmung von Bedrohung aufschaukelt, können wir die Stressreaktion verhindern. An unserem Arbeitsplatz ist es normalerweise nicht möglich, einfach eine fünfzehnminütige Pause einzulegen, um den Geist zu beruhigen. Doch es gibt eine Abkürzung, die wir nehmen können. Sie nennt sich die „Löschtaste".

Stellen Sie sich einmal vor, Sie führten gerade ein Gespräch mit jemandem und die Diskussion ginge in eine Richtung, die Ihnen unangenehm ist. Sie befürchten, das Ganze könnte auf eine Entscheidung hinauslaufen, die Sie nicht mögen. Sie beginnen sich gereizt zu fühlen und ein Muster defensiven Denkens beginnt sich zu zeigen. Jetzt die Fassung zu verlieren, ist das Letzte, was Sie sich wünschen. Die Löschtaste ist ein Hilfsmittel, welches das sich eskalierende Stressmuster abbauen kann.

1. Werden Sie sich des Stresses, den Sie fühlen, bewusst.

2. Nehmen Sie den Denkprozess, der den gefühlten Stress antreibt, zur Kenntnis.

3. Stellen Sie sich eine Taste auf Ihrer Brust oder in Ihrer Handfläche vor, die das Denken abschaltet.

4. Diese kinetische Eigenschaft ist wichtig, darum lokalisieren Sie die vorgestellte Taste auf Ihrem Körper.

5. Nehmen Sie drei entspannte Atemzüge und zählen Sie sie. Stellen Sie sich mit jeder Zahl eine andere Farbe vor.

6. Jetzt drücken Sie auf die Taste und stellen sich vor, dass Ihr Geist sich völlig leert.

7. Richten Sie Ihre Aufmerksamkeit auf die nächsten beiden Atemzüge und entspannen Sie sich, während Sie sanft ausatmen.

8. Bringen Sie Ihre Aufmerksamkeit in den gegenwärtigen Moment und nehmen Sie ruhig die Eigenschaft von Lebendigkeit, die in Ihnen wiederhergestellt ist, zur Kenntnis.

9. Mit dieser einfachen Zehn-Sekunden-Übung haben Sie das unablässige Denken und den Stress, der dabei war, zu eskalieren, ausgelöscht.

10. Kümmern Sie sich jetzt wieder um die Situation und entscheiden Sie sich bewusst dafür, in Frieden zu sein, ungeachtet der Umstände oder des Ergebnisses der Situation und voller Zutrauen zu der Gelassenheit, die Sie nun gewonnen haben.

Das zweite Hindernis: der urteilende Geist

Der urteilende Geist ist das zweite Hindernis für die Beruhigung unserer Gedanken und eine Orientierung auf den gegenwärtigen Augenblick. Wie wir gesehen haben, ist Mars, das emotionale Gehirn, ständig dabei, die Umgebung einzuschätzen, und kommt leicht zu vorschnellen Schlussfolgerungen, wenn er im Gedächtnis auch nur die geringste Kleinigkeit findet, die die gegenwärtige Situation und ein Trauma in der Vergangenheit gemeinsam haben. Dasselbe emotionale Gedächtnis, das die Natur bei den Tieren entwickelt hat, um gefährliche Gerüche, Geräusche, Geschmäcker und Bewegungen zu katalogisieren, hat sich im Menschen dahingehend umgeformt, dass es nun all unser Mögen und Nichtmögen, unsere Vorlieben und Abneigungen bildet – von Mitmenschen über Kleider und Nahrungsmittel bis hin zu Partnern. Wir haben den Prozess noch einen Schritt weiter geführt zu Meinungen, Vorurteilen und Urteilen über Menschen und Situationen. Manchmal lassen diese Urteile kein gutes Haar an den Menschen, einschließlich unserer selbst. Der urteilende Geist vergleicht, stempelt ab, kritisiert, steckt in Schubladen und verzerrt und glaubt zumeist, dass das, was er denkt, wahr ist, einfach weil er es denkt.

Wir sind nie aus dem Grund ärgerlich, den wir vermuten

Einmal fiel einem Freund von mir bei einem Geschäftsessen auf, dass er einen Mann, dem er gerade erst vorgestellt worden war, nicht leiden konnte. Die Abneigung war völlig irrational. Er war diesem Menschen noch nie begegnet und es gab keine gemeinsame Geschichte, die seine Abneigung hätte begründen können. Der Mann war höflich und freundlich, und doch mochte mein Freund ihn einfach nicht. Erst als das Essen fast beendet war, dämmerte meinem Freund, was Sache war. Der Mann ähnelte einem Mann, der ihm großes Leid bereitet hatte, als er noch jung war. Das war der Auslöser. Sein emotionales Gehirn hatte die Situation in den Blick genommen, hatte seine Datenbanken gescannt und sah sich einem Gesicht gegenüber, das dem des Mannes glich, der ihn betrogen hatte. Augenblicklich wurde das alte Gefühl des Schmerzes, des Misstrauens und der Abneigung wieder wach gerufen und sandte Warnsignale an meinen Freund. Das ist nun einmal die Funktionsweise des emotionalen Gehirns. Zum Glück bemerkte mein Freund noch, welches Spiel sein Geist da mit ihm spielte. Wäre ihm das nicht aufgegangen, hätte er wahrscheinlich hinter dem Rücken dieses Mannes irgendetwas Unfreundliches über ihn gesagt. Wie vielen Menschen haben wir wohl schon die kalte Schulter gezeigt, über wie viele haben wir wohl schon schlecht geredet, nur weil unser emotionales Gehirn die Gegenwart als die Vergangenheit interpretiert hat? In Wirklichkeit sehen wir in solch einer Situation etwas, das gar nicht vorhanden ist – etwas, das im gegenwärtigen Moment nicht wahr ist –, das wir in diesem Moment aber für wahr halten. Unser emotionales Gehirn reagiert auf eine schmerzliche Vergangenheit und das stört sein Gefühl der Sicherheit; und wenn es sich unsicher fühlt, dann neigt es dazu, anzugreifen.

Negative Selbstgespräche

Die Person, mit der wir uns am wenigsten sicher fühlen und die wir deshalb besonders streng beurteilen, sind oft wir selbst. Diese Urteile und Verurteilungen nehmen die Form eines negativen inneren Dialogs an, den wir ein negatives Selbstgespräch nennen. Von allen stressverursachenden Phänomenen in unserem Leben steht dies vielleicht an erster Stelle. Damit können wir wahrlich einen riesigen Aufruhr in unserem Körper erzeugen. Der größte Teil der Negativität stammt von Eltern, die auf unseren vermeintlichen Fehlern herumhacken, von Lehrern oder Trainern, die unsere Bemühungen kritisiert haben, oder von eifersüchtigen Geschwistern, die sich über uns lustig gemacht haben, um ihr eigenes Ego aufzuwerten. Wenn sich diese Urteile zu Überzeugungen verhärten, sodass sie beginnen wie Wahrheiten auszusehen, werden wir ein Teil von dem, was das emotionale Gehirn nicht mag, das heißt, wir mögen uns selbst nicht mehr.

Projektionen der Psyche

Das meiste von dem, was ich gerade beschrieben habe, geschieht unterhalb der Schwelle bewusster Wahrnehmung. Wird die Bürde eines negativen Selbstbildes so schwer, dass wir sie nicht mehr tragen mögen, dann projizieren wir sie in Form von Urteilen auf andere Menschen. Vor einigen Jahren hatte ich zum Beispiel viel Junk Food gegessen und fast zehn Pfund zugenommen. Das störte mich zwar, aber ich vermochte mich in Hinsicht auf meine Essgewohnheiten nicht zu disziplinieren. Eines Tages besuchte mich eine alte Bekannte an meinem Arbeitsplatz. Ich hatte sie einige Jahre nicht mehr gesehen. Sie war eine attraktive Frau, doch sie hatte, seit wir uns das letzte Mal begegnet waren, kräftig zugenommen. Das irritierte mich zwar, aber ich erwähnte es nicht. Wir unterhielten uns eine Weile angeregt und dann begleitete ich sie zum Eingang des Bürogebäudes und umarmte sie zum Abschied. Als ich zu meinem Büro zurückging, begann ich über sie zu urteilen: *Sie sieht schrecklich aus,* dachte ich. *Was ist nur mit ihr los? Warum unternimmt sie nichts gegen ihr Übergewicht?* Meine Einstellung gegenüber einem Menschen, den ich mochte, kippte um in Abscheu. Als ich im Waschraum dann in dem großen Spiegel über dem Waschbecken meine eigene dickliche Gestalt erblickte, murmelte ich „Ich hasse dich" vor mich hin.

Ich hatte das wahrscheinlich bereits seit Jahren zu mir gesagt, aber an diesem Tag *hörte* ich mich das sagen und war schockiert. Aus heiterem Himmel erinnerte ich mich an meinen Onkel Tommie, der schon vor einigen Jahren gestorben war. Mein Onkel hat nie viel aus sich gemacht und war für meine Mutter und meine Großmutter ein Quell der Beschämung gewesen. Wann immer ich mit einer schlechten Schulnote nach Hause kam oder faul war, hoben meine Eltern mahnend den Finger: „Du wirst noch genauso werden wie dein Onkel Tommie!" Später in seinem Leben wurde Onkel Tommie fettleibig. Seither machte ich mir immer dann, wenn ich zunahm, Sorgen, so zu enden wie mein Onkel.

Als ich dort vor dem Spiegel im Waschraum stand, fiel es mir plötzlich wie Schuppen von den Augen: Was ich loswerden wollte, war nicht meine Speckgürtel. Es war vielmehr das Gewicht eines möglichen Versagens im Leben, das mein Onkel Tommie – und als Erweiterung jede andere fettleibige Person – für mich repräsentierte. Mir wurde klar, dass der Abscheu vor meiner Bekannten eigentlich nur aus der Angst geboren wurde, ich selbst könnte versagen. Das lehrte mich, daran zu denken, dass noch ganz andere Dinge im Spiel sein können, wenn ich einen Menschen verurteile. Wenn wir andere beurteilen, dann projizieren wir oft nur unser eigenes negatives Selbstbild, das uns durch soziale Konditionierung eingeimpft wurde, auf sie.

Die Stimme der Kritik identifizieren

Martin Seligman von der University of Pennsylvania, einer der Begründer der positiven Psychologie, hat eine bewährte Methode der Ruhigstellung der kritischen Stimmen in unserem Kopf entwickelt. Der erste Schritt ist Aufmerksamkeit. Er besteht darin, die negativen Selbstgespräche zu erkennen, wenn wir einen Fehler gemacht haben oder uns in einer schwierigen Situation befinden.

Erkenne die kritische Stimme

Im folgenden Prozess werden negative Selbstgespräche auf achtsame Weise untersucht, um sie zurückweisen zu können.

1. Denken Sie an das letzte Mal, als Sie einen Fehler gemacht, sich für ein Verhalten oder etwas, das Sie getan haben, geschämt haben oder von einer schlechten Nachricht, für die Sie sich verantwortlich fühlten, betroffen gemacht wurden. Sehen Sie sich an dem Ort, an dem das geschehen ist. Zu welcher Tageszeit ist es geschehen? Versetzen Sie sich in Ihrer Imagination in die Situation.

2. Wenn eine andere Person beteiligt war, sehen Sie deren Gesicht und hören Sie deren Stimme.

3. Was haben Sie gefühlt? Waren Sie deprimiert, ärgerlich, schockiert, niedergeschlagen, gestresst?

4. Was haben Sie während des Geschehens oder danach an negativen Dingen über sich selbst gesagt?

5. Machen Sie die Erfahrung der Situation so real wie möglich. Lassen Sie sie lebendig und hier und jetzt vor Ihrem inneren Auge ablaufen.

6. Wenn Sie fertig sind, nehmen Sie ein Blatt Papier.

7. Schreiben Sie oben auf die Seite *Der Fehler* oder *Die unangenehme Situation.* Beschreiben Sie die Situation dann kurz.

8. Schreiben Sie als nächste Überschrift *Die kritische Stimme sagte,* und schreiben Sie darunter auf, was Ihre kritische Stimme gesagt hat. Beispiel: *Ich hasse mich. Du Trottel, Du Idiot. Wie konnte ich das nur tun? Das war wirklich zu dämlich!*

9. Darunter schreiben Sie die Überschrift *Die Überzeugung, auf der die Kritik beruht.* Dann identifizieren Sie die zugrunde liegenden Überzeugungen. Beispiel: *Ich bin unverantwortlich. Ich bin dumm. Ich kann einfach nichts richtig machen. Ich bin zu nichts nutze. Auf mich kann man sich nicht verlassen.*

10. Jetzt schreiben Sie als Letztes die Überschrift *Was bedeutet dies für die Zukunft?* Darunter schreiben Sie, welche Konsequenzen Ihre kritische Stimme für die Zukunft voraussagt.

Die Zurückweisung der kritischen Stimme

Lassen Sie uns jetzt sehen, ob wir den urteilenden, kritischen Geist transzendieren können, um zu einem optimistischeren Selbstbild zu kommen. Wir werden die kritische Stimme infrage stellen.

1. Was von dem, was die kritische Stimme sagt, ist eine Verzerrung oder einfach falsch? Fragen Sie: Ist diese kritische Aussage über mich selbst, meinen Charakter oder meine Fähigkeiten zu allen Zeiten und in jeder Situation zutreffend?

Natürlich ist dem nicht so. Lassen Sie sie also los, ohne daran zu glauben.

2. Denken Sie an etwas Positives, das Sie getan haben. Beispiel: *Ich habe Fehler gemacht, aber ich habe andere Dinge richtig gemacht,* oder: *In der gleichen Situation habe ich zu anderen Zeiten Erfolg gehabt.* Dokumentieren Sie dies schriftlich für Sie selbst. Werden Sie zum Zeugen Ihres eigenen Charakters.

3. Untersuchen Sie, welche Faktoren dazu beigetragen haben, dass Sie diesen Fehler gemacht haben oder dass dieses Problem entstanden ist. In negativen Selbstgesprächen geben Sie sich selbst die ganze Schuld. Betrachten Sie die Situation, wie ein guter Freund das tun würde.

4. Wenn in dem, was die kritische Stimme sagt, etwas Wahres enthalten ist, dann erkennen Sie es an. Es liegt vielleicht an einer Schwäche, mit der Sie besser umgehen müssen, oder weist Sie auf einen blinden Fleck hin, dessen Sie sich bewusst werden müssen. Nehmen Sie das zur Kenntnis, ohne sich dagegen zu wehren und ohne es zu beurteilen oder zu verurteilen.

5. Negative Selbstgespräche versteifen sich oft auf Szenarien des schlimmstmöglichen Falles und übertreiben die möglichen Ergebnisse oder Konsequenzen. Fragen Sie sich: Wie wahrscheinlich sind diese düsteren Konsequenzen?

6. Erinnern Sie sich als Nächstes an Ihre ursprüngliche Absicht in dieser Situation. Geben Sie ihr Gewicht. Was würde das Ergebnis sein, wenn Ihre Hoffnungen sich erfüllten? Stellen Sie dies der Verurteilung durch die kritische Stimme und Ihren düsteren Vorhersagen gegenüber. Beide sind geistgeschaffen. Welche der beiden Ansichten erfüllt Sie mit einem Gefühl persönlicher Kraft, mit Begeisterung, Hoffnung und Optimismus? Wählen Sie zwischen den beiden. Es steht wohl außer Frage, wofür Sie sich entscheiden.

7. Blicken Sie auf die Situation zurück. Denken Sie an eine positive, authentische Eigenschaft in Ihnen selbst, welche die Situation in eine positive Richtung wenden könnte. Öffnen Sie sich für diesen Gedanken, bis er von Gefühlen belebt wird. Widmen Sie dann den Rest des Tages der Erfahrung dieses Gefühls.

Seligman behauptet: „Erlernter Optimismus funktioniert nicht durch ein ungerechtfertigtes positives Denken über die Welt, sondern durch die Macht des ‚Nicht-negativen-Denkens'."[7] Joel Osteen, der Autor des Buches *Become a Better You* rät uns: „Benutzen Sie Ihre Worte, um Ihr Leben zu segnen."[8] Starke Gedanken und Überzeugungen existieren als komplexe neuronale Pfade. Je häufiger wir negative Gedankenmuster durchbrechen, indem wir nicht mehr an sie glauben, desto leichter wird es, das Positive hervorzurufen. Dies entspricht einer Zunahme des Feuerns von Neuronen, die man als Kindling („Zünden") bezeichnet. Das Kindling setzt allmählich Selbstachtung an die Stelle der negativen Selbstgespräche.

Wenn Sie also heute in Ihren Tag hineingehen, nehmen Sie sich vor, weniger zu urteilen. Halten Sie die Absicht aufrecht, nichts von dem, was heute geschieht, zu verurteilen. Sie werden bemerken, dass Ihre Energie im Laufe des Tages höher sein wird. Uns selbst und andere zu verurteilen ist stressig, und Stress frisst Energie.

10

Die zweite Eigenschaft Mystischen Coolseins:

Innere Ruhe und Klarheit ungeachtet der äußeren Bedingungen

Die letzte der menschlichen Freiheiten –
in jeder gegebenen Situation die eigene Geisteshaltung zu wählen, die
eigene Weise, mit der Situation umzugehen.

Viktor Frankl

Die zweite Eigenschaft des Mystischen Coolseins ist eine innere Ruhe und Klarheit, die von den äußeren Geschehnissen unabhängig ist. Es ist eine Geisteshaltung des gelassenen Zurückgreifens auf unsere Weisheit, um zu bestimmen, was die richtige Vorgehensweise ist. Auf diese Weise macht unsere Ruhe uns größer als die Umstände. Der Gipfel der Verwirklichung dieser Geisteshaltung ist ein furchtloses Selbstvertrauen, das von Problemen nicht erschüttert werden kann. Das entspricht dem „Ruhebewahren im Belagerungszustand", das ein essenzielles Ziel der militärischen Ausbildung ist. Es ist die Schwelle zu der Standhaftigkeit, die Dr. Al Siebert, der Autor von *The Resilience Advantage* („Der Vorteil der Standhaftigkeit"), bei seinen Studien als Charakteristikum der inneren Natur von besonders standhaften Überlebenden identifiziert hat.

Siebert hat Menschen untersucht, die einige der schwierigsten vorstellbaren Situationen überlebt haben, von Hai-Angriffen über das Verschüttetwerden von einer Lawine bis hin zum Krieg.[1] Er fand heraus, dass eine ruhige Geisteshaltung der Hauptfaktor ist, der bestimmt, ob jemand eine lebensbedrohliche Krise überlebt. Eine solche Geisteshaltung erlaubt uns, aufmerksam auf das zu achten, was gerade geschieht, einzuschätzen, was wir zu tun haben, und entschieden zu handeln, wenn der rechte Moment gekommen ist. Etwa 10 Prozent der Bevölkerung besitzen diesen Wesenszug. Allerdings behauptet Siebert, dass dies eine Eigenschaft ist, die jedermann sich antrainieren kann, auch wenn nur wenige Menschen es für nötig halten, das zu tun. Wir können lernen, diese Eigenschaft im Trainingslager des Alltagslebens zu entwickeln. Wir können sie einüben im Umgang mit den alltäglichen Belastungssituationen wie Verkehrsstaus, Stichtagen, unangenehmen Menschen, finanziellen Problemen, Fehlschlägen unserer Strategie und so weiter.

Was uns daran hindert, diese Ruhe und Klarheit zu entwickeln, besonders wenn wir das Gefühl haben, die Kontrolle zu verlieren oder überwältigt zu werden, ist gewöhnlich emotionaler Natur. Wir können mit einem Kontrollverlust fertig werden, wenn wir anerkennen, dass das Einzige, was wir in den meisten Situationen wirklich kontrollieren können, unsere Geisteshaltung ist. Die Geisteshaltung reicht aus, um wieder die Kontrolle über unsere innere Erfahrung zu gewinnen, ganz gleich, was in der äußeren Umgebung geschieht. Wir bekommen ein Überwältigtsein in den Griff, wenn wir eine klare innere Ausrichtung bewahren, während wir versuchen, die äußeren Ziele zu erreichen und unsere Situation zu verbessern.

Das erste Hindernis: Kontrollverlust

Fraglos kann uns der Verlust von Kontrolle in wichtigen Situationen stressen und Angst einjagen. Im Leben gibt es Vieles, worüber wir keine Kontrolle haben. Der Kontrollverlust als emotionale Reaktion wurzelt oft in einem Mangel an Klarheit darüber, was wir kontrollieren können und was nicht. In seinem Gelassenheitsgebet hat Reinhold Niebuhr das sehr schön zum Ausdruck gebracht:

Gott, gib mir die Gelassenheit, Dinge hinzunehmen, die ich nicht ändern kann, den Mut, Dinge zu ändern, die ich ändern kann, und die Weisheit, das eine vom anderen zu unterscheiden.

Der Glaube, die Ereignisse kontrollieren zu können, kann es tatsächlich wahrscheinlich machen, dass wir scheitern. Eine Studie über die Illusion der Kontrolle, die unter Börsenmaklern im Bereich des Investment-Banking durchgeführt wurde, hat gezeigt, dass jene Händler, die glaubten, mehr Kontrolle zu besitzen, als sie tatsächlich hatten – man nannte das „starke Kontrollillusion" –, nicht gut abschnitten und deutlich weniger Geld verdienten.[2] „Der Wunsch, die Kontrolle zu besitzen, die Illusion, die Kontrolle zu haben, und die Hoffnung, Kontrolle ausüben zu können", so sagte die Mystikerin Gangaji, „sie beruhen alle auf dem größenwahnsinnigen Glauben, dass wir wissen, was wann zu geschehen hat und was das Ergebnis sein soll."[3] Aber das wissen wir nur selten. Und wir brauchen es auch gar nicht zu wissen. Wir können darauf vertrauen, dass eine Geisteshaltung der Ruhe uns die Klarheit schenken wird, das zu tun, was ansteht, und es zur rechten Zeit zu tun.

Die Kontrollübung – Klärung herbeiführen

Die folgende Übung kann Ihnen helfen zu klären, wie viel Kontrolle Sie in den meisten Situationen realistischerweise besitzen, indem Sie eine besonders stressgeladene Situation aus der jüngeren Vergangenheit analysieren. Sie können auch das stressgeladene Ereignis benutzen, das Sie im 6. Kapitel identifiziert haben.

1. Nehmen Sie sich einen Moment Zeit, um sich die Situation vor Augen zu führen. Fühlen Sie die Situation. Wie war Ihr

emotionaler Zustand? Was haben Sie in der Situation gedacht? Lassen Sie die Situation ganz wirklich werden, indem Sie die Tageszeit visualisieren, die Menschen, die beteiligt waren, sowie andere Details, die die Situation lebendig werden lassen. Wenn eine andere Person beteiligt war, visualisieren Sie deren Gesicht.

2. Nehmen Sie ein Blatt Papier und formatieren Sie es, indem Sie etwa fünf Zentimeter vom rechten Rand einen vertikalen Strich über die ganze Länge des Papiers ziehen. Schreiben Sie über die rechte Spalte „Bewertung".

3. Skizzieren Sie auf der linken Seite des Papiers die in der Situation vorhandenen Schlüsselelemente, die sich in Begriffen des Grades der Kontrolle, die Sie darüber haben, einschätzen lassen. Ein Beispiel: Um es einem Klienten recht zu machen, hat Joe ein Treffen mit diesem Klienten in einem lauten Flughafenrestaurant arrangiert. Der Klient ist gerade erst gelandet und hat eine halbe Stunde Zeit, bevor er zu seinem Anschlussflug einchecken muss. Der Klient ist müde und von seiner Reise genervt. Er überrascht Joe damit, dass er von ihm verlangt, erhebliche Änderungen in einem Vertrag vorzunehmen, den Joe gerade für ausgehandelt hielt. Diese Beschreibung gibt die Schlüsselelemente. Identifizieren Sie bis zu sechs Schlüsselelemente Ihrer eigenen Situation.

4. Wenn Sie die Schlüsselelemente identifiziert haben, bewerten Sie, wie viel Kontrolle Sie Ihrer Wahrnehmung nach in der Situation über die einzelnen Elemente hatten. Die Skala geht von 0 bis 5. 0 bedeutet keinerlei Kontrolle, 5 totale Kontrolle, 2 bis 4 Abstufungen dazwischen. Verzeichnen Sie das Ergebnis in der Spalte „Bewertung".

5. Wenn Sie das Formular ausgefüllt haben, sehen Sie sich nochmals Ihre Bewertung an. Sehen Sie, ob Sie das Ausmaß

der Kontrolle, die Sie tatsächlich hatten, überschätzt oder unterschätzt hatten.

Die Kontrollübung führe ich oft in Seminaren mit meinen Klienten durch. Obwohl ich zuvor einen Vortrag darüber gehalten habe, wie wichtig die Geisteshaltung ist, führen nur wenige Klienten – wenn überhaupt einer – ihre Geisteshaltung als ein Schlüsselelement an, über das Sie in der Situation Kontrolle hatten. Und doch ist in vielen Situationen des Lebens unsere Geisteshaltung das einzige Element, über das wir wirklich Kontrolle haben. Es ist das einzige Element, das realistischerweise eine 5er-Einschätzung verdient. Oft konzentrieren wir uns viel zu sehr auf das, was andere tun oder nicht tun, was wir bekommen oder nicht bekommen, oder wir hadern mit Elementen der Umstände, die wir nicht mögen. Und die Macht der Einstellung geht dabei über Bord.

Sehen Sie sich Ihr Arbeitsblatt nochmals an. Können Sie sehen, wie wenig Kontrolle Sie über die Wechselfälle des Lebens haben? Können Sie sehen, wie anders Ihre Erfahrung der Situation gewesen wäre, wenn Sie sich der Macht einer positiven Geisteshaltung bewusst gewesen wären? Können Sie sehen, welche Auswirkungen eine solche Geisteshaltung gehabt hätte?

Die Kontrolle zurückerlangen

Wenn Konflikte ihr schmutziges Haupt erheben, können wir die Kontrolle zurückerlangen, indem wir uns der Kraft des Wählens bedienen. Der folgende Prozess kann uns helfen, unseren Geist neu auszurichten, indem wir das Problem dem gegenüberstellen, was Eckhart Tolle „die einzige vernünftige Entscheidung in jedem Konflikt" nennt.[4] Rufen Sie sich erneut die stressgeladene Situation vor Augen, mit der Sie gerade gearbeitet haben. Lesen Sie die drei folgenden Entscheidungen durch, beziehen Sie sie auf diese Situation und spüren Sie, wie sich das anfühlt.

Ich entscheide mich dafür, die Situation zu ändern – ich arbeite also weiter daran, die Situation umzuwandeln.

Ich lasse die Situation hinter mir – ich schließe also dieses Kapitel meines Lebens ohne irgendwelche schlechten Gefühle ab. Ich lasse die Situation los, wie alles andere, das mir nicht mehr dienlich ist.

Ich akzeptiere die Situation vollständig – ich lasse völlig von dem Bedürfnis ab, die Situation oder die Person zu ändern. Ich akzeptiere die Situation oder die Person, wie sie ist.

Denken Sie vorerst einmal nicht über Ihre Entscheidung nach und stellen Sie sie nicht infrage. Gestatten Sie sich einfach nur zu spüren, wie sich die drei beschriebenen Entscheidungen anfühlen. Welche ist am ehesten mit Geistesfrieden in Einklang? Die Antwort auf diese Frage ist der beste Hinweis darauf, welche Entscheidung Sie treffen sollten. Sind Sie sich erst einmal über Ihre Gefühle im Klaren, steht es Ihnen frei, dem zu folgen oder nicht.

Das zweite Hindernis: Überforderung

Überforderung ist das nächste Hindernis für die Erfahrung von innerer Ruhe und Klarheit. Wenn Sie gleichzeitig vielen äußeren Zielen nachgehen, ohne innerlich ein klares Ziel zu haben, so ist das ein sicheres Rezept für die Erfahrung von Überforderung. Bei der Verfolgung äußerer Ziele geht es ausschließlich um die Verbesserung Ihrer Situation in der Welt. Sie wollen die Welt so weitgehend wie möglich verändern, damit sie Ihren Wünschen und Vorlieben entspricht. Doch natürlich fügt sich die Welt nicht so leicht unseren Wünschen. Auch wenn wir die Sache mit großer Sorgfalt angehen, alle Eventualitäten in Betracht ziehen und alle Tricks beherrschen, schlägt die Welt immer noch unsere Fensterscheiben ein, bricht unsere Knochen und unser Herz. Die Welt ist nicht so beschaffen, dass sie uns Frieden schenkt. Sie beschert uns vielmehr Probleme und kümmert sich nicht um unser Leiden. Es folgt die Parabel von Buddha und dem Bauern, die diese Wahrheit eindringlich illustriert.

Das vierundachtzigste Problem

Ein wohlhabender Bauer hatte gehört, der Buddha sei ein wundervoller Lehrer, und da er von seinem Leiden befreit werden wollte, suchte er den Buddha auf.

„Ich bin ein Gutsbesitzer", berichtete er dem Buddha, „und ich liebe es, meine Leute auf den Feldern arbeiten zu sehen und zu sehen, wie meine Ernte heranreift. Doch im letzten Sommer hatten wir eine Dürre und sind beinahe verhungert. Diesen Sommer hatten wir zu viel Regen, und die Ernte war schlecht."

Der Buddha saß da und hörte dem Bauern zu.

„Außerdem habe ich eine Frau. Sie ist eine gute Frau und wunderbare Ehefrau. Aber sie nörgelt ständig an mir herum. Um die Wahrheit zu sagen, ich habe sie manchmal einfach satt."

Der Buddha hörte weiter zu, während der Bauer fortfuhr.

„Ich habe drei Kinder. Sie sind im Grunde gut erzogen und ich bin sehr stolz auf sie. Aber manchmal hören sie einfach nicht auf mich und behandeln mich nicht mit dem Respekt, den ich verdiene." Und so ging es immer weiter, der Bauer zählte all sein Ungemach auf, und als er geendet hatte, erwartete er gespannt die Antwort des Buddha, eine Antwort, die all seine Probleme lösen würde.

„Ich kann Ihnen nicht helfen", sagte der Buddha.

„Was soll das heißen, dass Ihr mir nicht helfen könnt?", fragte der Bauer entrüstet.

„Es hat einfach jedermann Probleme", antwortete der Buddha. „In der Tat hat jedermann dreiundachtzig Probleme. Sie können dann und wann das eine oder andere Problem lösen, aber dann tritt bestimmt ein anderes an seine Stelle. Alles unterliegt dem Wandel. Das Leben ist vergänglich. Alles, was Sie aufgebaut haben, wird zu Staub zerfallen; alle Menschen, die Sie lieben, werden sterben. Und was Sie selbst angeht, Sie werden ebenfalls eines Tages sterben. Darin liegt das Problem aller Probleme, und Sie können nichts daran ändern."

Der Bauer war zutiefst betrübt und sagte: „Was ist das denn für eine Lehre? Wie könnte Sie für mich von Nutzen sein?"

„Nun", sagte der Buddha, „vielleicht kann sie Ihnen mit dem vierundachtzigsten Problem helfen."

„Und was ist das vierundachtzigste Problem", fragte der Bauer bestürzt.

Der Buddha erwiderte: „Es ist das Problem, keine Probleme haben zu wollen."[5]

Es mag die Gefahr bestehen, dass die Welt uns überwältigt, aber auch hier liegt es an uns, eine Wahl zu treffen. Wir können uns für die eine Sache entscheiden, die die Welt uns nicht nehmen kann, ohne dass wir das zulassen – unseren Geistesfrieden. Der Frieden wird uns nicht von der Welt gegeben, seine Ruhe und Klarheit kommt aus unserem Inneren.

Die Natur äußerer Ziele

In seinem Buch „Jetzt! Die Kraft der Gegenwart" definiert Eckhart Tolle einige Charakteristika äußerer Ziele. Zuerst einmal braucht es viele Schritte, um sie zu erreichen. Ein gutes Beispiel ist der Kauf eines Hauses. Wir müssen sehr viele Schritte unternehmen und eine Menge Papiere lesen und unterschreiben. Außerdem müssen wir zum Erreichen äußerer Ziele viele Entscheidungen treffen, was wiederum bedeutet, dass wir eine Antwort auf viele Fragen finden müssen, einige davon eher banal, andere dafür von entscheidender Bedeutung, etwa: Welche Farbe? Wie lang? Welche Größe? Wie viel? Ist es das, was ich wirklich will? Gibt es einen besseren Weg, das zu bekommen? Kann ich mir das leisten? Ist dies die richtige Entscheidung? Oft ist Unentschlossenheit ein Ergebnis davon, dass wir uns von den Anforderungen, die unsere Ziele mit sich bringen, völlig überfordert fühlen. Es kann sich so anfühlen, als nähmen sie gar kein Ende. Und zuletzt haben äußere Ziele meist mit der Zukunft zu tun. Sie stehen für einen Plan, den wir künftig verwirklichen wollen.

Was die Sache noch zusätzlich kompliziert, ist, dass wir gewöhnlich mehrere Ziele gleichzeitig verfolgen. Alle Bereiche unseres Lebens werden davon betroffen. Als ich noch jünger war, glaubte ich – ohne jemals darüber nachzudenken –, ich brauchte nur zu lernen, alle Teller, die ich auf Stäben rotieren ließ, unter Kontrolle zu haben, um in Frieden zu sein. Aber ich brachte Sie nie alle gleichzeitig zum Rotieren oder erreichte perfekte Balance. Immer wieder fiel einer von ihnen zu Boden und zerschellte. Bis ich dann endlich die Tatsache akzeptierte, dass die Natur der Welt so unpersönlich ist wie das Gesetz der Schwerkraft – und ebenso unerbittlich. Schließlich lernte ich, dass ich den Frieden, den ich suchte, in mir selbst finden musste.

Eine innere Ausrichtung

Es gibt eine Lösung für das Problem der Überforderung, die von einer Vielzahl äußerer Ziele verursacht werden kann. Sie besteht darin, dem inneren Ziel des Erlangens von Frieden Priorität zu verleihen. Während das Verfolgen äußerer Ziele an sich mit Komplikationen verbunden ist, können wir inneren Frieden wunderbar leicht erreichen.

Ein inneres Ziel oder eine innere Ausrichtung verlangt nur einen Schritt – den Schritt, den wir gerade tun. Es geht dabei um die einzige Zeit, die real ist – genau dieser Augenblick. Und es spielt nur eine Frage eine Rolle: Wollen wir Frieden oder Angst? Wenn wir uns in diesem Augenblick zentrieren und den nächsten Schritt mit Würde tun, ist das das Ende von Überforderung.

Dr. Gerald Jampolsky, der Vater einer Schule der Psychologie, die auf der Geisteshaltung basiert, geht so weit zu sagen, dass der Geistesfriede zu unserem einzigen Ziel wird, wenn Klarheit das ist, was wir suchen. „Reinheit des Herzens", sagte der große Philosoph Sören Kierkegaard, „bedeutet, nur eine Sache zu wollen."

Flow

Gehen wir ein äußeres Ziel mit einer inneren Ausrichtung auf Frieden an, so führt das zur optimalen Erfahrung des Flow. Je häufiger wir uns dafür entscheiden, in Frieden zu sein, während wir unsere Ziele verfolgen, desto häufiger werden wir die dynamische Erfahrung verwirklichen, die der innere Frieden erzeugt. Die bewusste Entscheidung, in Frieden zu sein, bedeutet, dass wir auf ruhige Weise engagiert und völlig präsent sind. Diese Eigenschaft des Friedens erlaubt es uns, in allem, was wir tun, mehr zu sehen, uns mehr zu engagieren, mehr zu lernen, und respektvoller und ethischer zu handeln. Wenn wir friedvoll für unsere Arbeit engagiert sind, ist unser Gedächtnis besser, die Energie ist höher, die Gefühle sind stabil, die Fakten sind neutral und wir werden von Moralität geleitet. Unsere Aufmerksamkeit ist flüssig. Wir können einen Schritt zurück tun, um das größere Bild in den Blick zu bekommen, oder wir können uns ausschließlich auf ein Detail konzentrieren.

In Frieden zu sein bedeutet auch, dass wir das Leben und seine Probleme nicht fürchten. Das macht uns an und für sich größer als die Umstände. Wenn man die Angst loslässt, wird damit ganz natürlich Frieden bestärkt. Allmählich bringt unser Frieden eine freudige Neugierde hervor, die voller lebendiger Freiheit ist und viele Möglichkeiten eröffnet. Wir fühlen uns optimistisch, weil wir das Gefühl haben, unsere Marschrichtung unter Kontrolle zu haben. Manchmal greift ein furchtloses Selbstvertrauen Platz. Wir beginnen das Gefühl zu haben, dass es nichts gibt, das wir nicht tun können, dass es kein Ziel gibt, das wir nicht erreichen, und kein Hindernis, das wir nicht überwinden können. Das ist ein freudiges Gefühl. Wenn sich die Freude dann in Flow wandelt, transformiert sie Anstrengung in Mühelosigkeit. Die Arbeit wird zum Vergnügen. Die Buddhisten nennen dies müheloses Bemühen. Allem Anschein nach brauchen wir nur wachsam unseren Frieden zu bewahren; alles andere scheint ganz von selbst für sich zu sorgen. Die Punkte scheinen sich ganz von selbst miteinander zu verbinden. Die Teile des Puzzles scheinen von selbst an ihren Platz zu rücken. Zeit, Stress und Selbstzweifel verschwinden beinahe ganz. Wir werden davongetragen von einem pulsierenden Fluss der Ruhe, der ein sich dem Genie annäherndes optimales Funktionieren des Gehirns erzeugt. Manche Menschen haben sogar das Gefühl, von einer Kraft mitgenommen zu werden, die größer ist als sie selbst – einer Kraft, die die Beschränkungen der physischen Realität transzendiert. Künstler nennen diese Kraft ihre Muse, Mystiker nennen sie das Aha, Sportler und Geschäftsleute nennen sie die Zone. Dies ist die Freude der Vortrefflichkeit, und sie beginnt mit der Entscheidung für den Frieden. Es ist die Freude daran, lebendig zu sein, während wir das tun, was wir eben gerade tun. Auf diese Weise zu sein, zu handeln und zu leben ist an sich schon belohnend, und was wir daraus gewinnen, ist sehr viel mehr als alles, was uns das Erreichen eines äußeren Ziels zu bieten hat.

Wir können die Fähigkeit, eine auf dynamische Weise friedvolle Geisteshaltung hervorzurufen, von Tag für Tag immer weiter entwickeln, aber auch im Verlauf eines einzigen Tages, an dem wir von einem Projekt oder Ziel zum anderen übergehen. Sitzen Sie einfach nur für einen Moment ruhig da, bevor Sie sich der nächsten Aufgabe widmen. Spüren Sie die Macht und den Wert einer innerlich friedvollen Einstellung. Führen Sie sich das Ziel oder das erwünschte Ergebnis der Arbeit, die Sie gerade tun, vor Augen. Spüren Sie Ihre Begeisterung, nicht nur für das Erreichen des Ziels, sondern auch für die Gelegenheit, Besonderes zu leisten. Stellen Sie sich vor, dass Ihr Entschluss ein Pfeil ist, der genau ins Schwarze unterwegs ist. Dann lassen Sie das Ergebnis los. Erinnern Sie sich an die innere Erfahrung des Flow, die Sie während Ihrer Arbeit aufrechterhalten wollen, und vertrauen Sie auf den Prozess.

Innerlich auf Frieden ausgerichtet zu sein, bedeutet nicht, dass Vorlieben und Abneigungen verschwinden. Es gibt Arbeiten, die wir nur ungern verrichten, auch wenn wir ein Projekt verfolgen, das uns Freude bereitet. Eine friedvolle Geisteshaltung ermöglicht es uns, zu akzeptieren, was wir tun müssen, statt uns dagegen zu wehren, uns zu beschweren oder die Dinge aufzuschieben. Wir können uns der Aufmerksamkeitsübung nach de Mello (siehe Seite 169) bedienen, um zu bemerken, wann unsere Abneigungen mit genervter Stimme gegen eine Arbeit protestieren, die nun einmal erledigt werden muss. Der bloße Akt der Bewusstwerdung kann schon die Spannung reduzieren, die wir zuvor oft erfahren haben, wenn wir etwas tun mussten, das wir nicht erledigen mochten.

Den Kontext ändern

Eine effektive Methode zur Stärkung der inneren Ausrichtung auf Frieden besteht darin, im Vorhinein schwierige Situationen, die wir wahrscheinlich bewältigen müssen, zu visualisieren, und sie in unserer Vorstellung in einen friedvollen Kontext zu stellen.

Vorwegnahme: Frieden statt Konflikt visualisieren

Ein Hilfsmittel, das es Ihnen möglich macht, den Kontext zu ändern, ist die Vorwegnahme. Die Vorwegnahme hilft uns, unsere innere Ausrichtung zu stabilisieren, indem wir uns eine stärkere Selbstkontrolle vorstellen. Das ist eine wirksame Methode, uns auf eine Situation vorzubereiten, vor der wir annehmen, dass sie spannungsgeladen sein wird. Sie kann uns helfen, mit schwierigen Menschen und Situationen umzugehen, mit denen wir in der Vergangenheit nicht gut zurechtgekommen sind. Dies ist eine wundervolle Weise, sich nach einem Tag voller Stress auf das Nachhausekommen vorzubereiten.

1. Denken Sie an einen bestimmten Ort, an dem, oder an eine bestimmte Zeit, zu der Sie sich glücklich in Frieden gefühlt haben. Stellen Sie sich die Situation lebhaft vor, sodass sie ganz wirklich wird. Verweilen Sie ein Weilchen in diesem friedvollen Zustand, bis das Gefühl ganz klar und stark ist.

2. Jetzt führen Sie sich eine Person oder Situation vor Augen, die Sie als schwierig oder stressgeladen empfinden, und stellen sich vor, Sie seien genau jetzt in dieser Situation. Lassen Sie die Zukunft jetzt da sein.

3. Bringen Sie das glückliche und friedvolle Gefühl, das Sie vorher visualisiert haben, in diese Situation ein.

4. Sehen Sie sich selbst als zuversichtlich, optimistisch, kraftvoll und in Frieden mit der Situation. Stellen Sie sich vor, dass Sie Ihr Gefühl persönlicher Stärke nicht abgeben.

5. Stellen Sie sich vor, dass Sie unvoreingenommen sind und nicht so sehr am Ergebnis hängen, dass Sie dies nicht von dem Frieden, den Sie fühlen, abbringen kann.

6. Stellen Sie sich vor, dass Sie sich zunehmend größer fühlen als die Situation, einfach weil Sie sie nicht mehr fürchten oder sich nicht davon überfordert fühlen.

7. Wenn andere Menschen beteiligt sind, dann stellen Sie sich vor, dass Sie Ihnen mitteilen können, was Sie sagen wollen, und dass Sie auch in der Lage sind, ohne Feindseligkeit sorgfältig auf das zu hören, was diese Menschen zu sagen haben.

8. Stellen Sie sich vor, dass Ihr Gefühl von Ruhe und Klarheit unerschütterlich bleibt, ganz gleich, was irgendjemand tut oder sagt.

9. Zum Abschluss dieser Übung sehen Sie sich selbst in Frieden und weiterhin zuversichtlich und kraftvoll, ganz gleich, welches Ergebnis bei der Situation herauskommt.

Der einzige Ort, den wir jemals auffinden müssen, ist die stille Mitte unserer eigenen friedvollen Natur. Gehen wir von dort aus, dann wird alles, was wir in die Welt hinaustragen, freundlich, positiv und letztlich erfolgreich sein – was im folgenden Kapitel behandelt wird.

Die letzten beiden Eigenschaften des Mystischen Coolseins betreffen das Nach-außen-Tragen dieser auf dynamische Weise friedvollen und positiven Natur, womit wir auf allen Ebenen des Lebens sinnvolle Beziehungen herstellen können.

11

Die dritte Eigenschaft Mystischen Coolseins:

Verbunden und verbindend sein

*Wir sind neuronal so konstruiert, dass wir uns miteinander
verbunden fühlen.*

Dr. phil. Daniel Siegel

Der Begriff „zerebral" oder „verhirnt" wird oft verwendet, um eine Person zu beschreiben, die abgehoben in ihrer eigenen analytischen Welt des Denkens lebt, die emotional unzugänglich und ungeschickt im Umgang mit anderen Menschen ist. Doch eine solche Charakterisierung hat ganz und gar nichts mit den neuronalen Eigenschaften des Gehirns zu tun. Das menschliche Gehirn ist ein soziales Organ, und seine neuronale Architektur ist auf zwischenmenschliche Verbundenheit hin angelegt.[1] Schizophrenie und Autismus sind Störungen, die es einem Menschen schwer, wenn nicht gar unmöglich machen, sich mit anderen zu verbinden und mit ihnen verbunden zu fühlen. Beide Störungen scheinen mit einer Schädigung der neuronalen Architektur zu tun zu haben.[2] Ein gesundes Gehirn neigt ganz natürlich dazu, sich zu verbinden. Abtrennung macht das Gehirn nervös. Setzt man einen kindlichen Primaten einem unangenehmen Stressor aus und bringt ihn in einen Raum mit ihm fremden Primaten, dann wird die Stressreaktion noch verstärkt. Bringt man ihn jedoch in einen Raum mit anderen Primaten, die zu seinen Freunden und seiner Familie gehören, dann wird die Stressreaktion abgemildert.

Robert Sapolsky von der Stanford-Universität berichtet vom Fall eines Jungen, der aus einer Umgebung kam, in der er seelisch misshandelt wurde; als er ins Krankenhaus eingeliefert wurde, hatte er keinerlei Wachstumshormone in seinem Blutkreislauf.[3] Der chronische Stress hatte das Wachstumssystem des Körpers völlig zum Stillstand gebracht. Während der folgenden Woche entwickelte der Junge eine enge Beziehung zu einer Krankenschwester in der Klinik – zweifellos die erste normale Beziehung, die er je gehabt hatte. Und bald, o Wunder, hatten seine Wachstumshormone wieder das normale Niveau erreicht. Als die Krankenschwester jedoch auf Urlaub ging, fielen die Werte bei dem Jungen wieder, nur um bei ihrer Rückkehr sofort wieder den normalen Stand zu erreichen. „Das sollte uns zu denken geben", sagte Sapolsky. „Das Ausmaß, zu dem dieses Kind Kalzium in seinen Knochen ablagerte, war offenbar allein davon abhängig, wie sicher und geliebt es sich in dieser Welt fühlte."

„Die Erfahrung des Abgetrenntseins erzeugt Angst", schrieb Erich Fromm, der große Sozialpsychologe. „Sie ist, in der Tat, die Quelle sämtlicher Angst."[4] Unser Gehirn ist auf die Verbindung mit anderen hin vernetzt. Gelingt es uns nicht, uns zu verbinden, dann können wir nicht wachsen und gedeihen, das hat die Forschung zu diesem Thema hinlänglich bewiesen. Verbundenheit ist der allerwichtigste der Faktoren, die bestimmen, wie lange wir leben. Für unser Gehirn sind Liebe und Überleben gleichbedeutend und darum verführt, lockt, drängt und treibt unser Gehirn uns zur Liebe. Die Forschungsarbeit von Dr. Helen Fishers von der Rutgers Universität zum Bereich der biochemischen, neurologischen und sozialen Grundlagen der Liebe hat sie zu dem Schluss geführt, dass Liebe kein Gefühl ist. Sie ist vielmehr ein Trieb, der machtvoller ist als der Sexualtrieb, und sie geht aus der Maschine des Gehirns hervor.[5]

Zwei Hindernisse, die Verbindung blockieren, sind eine von Bedingungen abhängige Sicht des anderen sowie die Unfähigkeit zu vergeben. In einer Beziehung, die auf Bedingungen basiert, wird die Verbundenheit nur so lange aufrechterhalten, wie unbewusste oder bewusste Erwartungen erfüllt werden. Wenn jemand unseren Erwartungen nicht mehr entspricht, dann ziehen wir uns zurück, trennen uns emotional ab und manchmal beenden wir dann sogar die Beziehung. Eine solche auf Bedingungen beharrende Einstellung bedeutet im Grunde, dass wir das, was der andere unseren Erwartungen entsprechend für uns ist oder tut, mehr schätzen als die Person selbst. Wir sind mehr darauf aus, etwas zu bekommen, als etwas zu geben. Vorwürfe sind uns wichtiger als Verständnis, Verurteilung übertrumpft Akzeptanz. Der durch eine solche Einstellung hervorgebrachte Konflikt wird Tag für Tag in Scheidungsgerichten und anderen Gerichtsverfahren evident. Tatsache ist, dass wir Menschen dazu neigen, die Erwartungen anderer zu enttäuschen. Wir folgen lieber unseren eigenen Neigungen, manchmal passiv, manchmal voller Selbstbewusstsein. Und dazu kommt, dass wir dafür anfällig sind, Fehler zu machen.

Wenn man mit anderen Menschen verbunden bleiben will, ist es deshalb kein besonders praktischer Ansatz, Anforderungen zu stellen. Eheberater wissen, dass der wichtigste Antrieb zu innerem Wandel in einer Beziehung die vollständige Annahme des anderen ist – wie er oder sie ist. Das gilt für jede Art von Beziehung. Vollkommene Annahme ist das, was eine Beziehung sicher und letztlich befreiend macht. Ihre Geräumigkeit schenkt uns den Freiraum, uns selbst zu finden.

In den wenigsten Beziehungen wird Akzeptanz erreicht, ohne dass das Stadium der Vergebung durchlaufen wurde. Lange dauernde Beziehungen oder Freundschaften verdanken ihre Langlebigkeit oft einer Zeit, zu der eine Person bereit war, der anderen zu vergeben. Ist die Bereitschaft zur Vergebung nicht vorhanden, so zerbricht die Beziehung.

Der Roseto-Effekt

Wenn wir lernen, bedingungslos zu lieben, werden wir dafür durch ein längeres Leben belohnt. Die erste Studie, die die Vorrangigkeit der zwischenmenschlichen Beziehung aufgezeigt hat, war die Roseto-Studie.[6] Man spricht heute vom Roseto-Effekt. Vor vierzig Jahren wurde die medizinische Forschung auf den Ort Roseto in Pennsylvania aufmerksam, weil hier ein statistisches Phänomen auftrat, das der medizinischen Logik zu widersprechen schien. Die Einwohner von Roseto schienen beinahe immun gegen eine mit Stress zusammenhängende Erkrankung zu sein, die die häufigste Todesursache in den Vereinigten Staaten ist: der Herzinfarkt. Über einen Zeitraum von sieben Jahren starb kein einziger Mann unter siebenundvierzig an einem Herzinfarkt, und bei den älteren Männern war die Rate nur halb so hoch wie in den Nachbargemeinden.

Was die Sache noch rätselhafter machte, war die Tatsache, dass die Einwohner von Roseto ein hartes Leben hatten, das typischerweise zu einem frühen Tod führt. Die Einwohner des Ortes waren arm. Die Männer rauchten viel und tranken reichlich Wein. Sie verrichteten harte und gefährliche Arbeit in Schiefer-Steinbrüchen. Sie hatten zwar eine mediterrane Ernährungsweise, aber es war nicht die für das Herz gesunde Art von Ernährung. Ihre Mahlzeiten waren sehr fett, und da sie arme Einwanderer waren, konnten sie es sich nicht leisten, das importierte Olivenöl aus ihrer Heimat zu kaufen. Sie brieten ihre Würste und Fleischklößchen vielmehr in Schweinefett. Doch in ihren daraus resultierenden massigen Körpern schlug ein ungewöhnlich gesundes Herz. Wie konnte das sein? Die Forscher machten Tests über Tests und grübelten über den Daten, doch die medizinischen Daten vermochten das Phänomen nicht zu erklären. Es gab auch keine Korrelation zwischen den gesunden Herzen und genetischen oder physiologischen Anomalitäten.

Vielleicht, so dachten sich die Forscher schließlich, gibt es eine soziale Erklärung für dieses Phänomen. Vielleicht lag es am ungewöhnlich munteren Charakter dieser Menschen. „Die Atmosphäre in Roseto war fröhlich und freundlich", stellten die Forscher fest. „Sie spiegelte eine enthusiastische und positive Einstellung zum Leben wider. Die Menschen waren einfach, warmherzig und sehr gastfreundlich." Was die Forscher am meisten beeindruckte, war die auf authentische Weise positive Einstellung zu ihren Mitbürgern. „Die Menschen vertrauen einander und unterstützen sich gegenseitig", berichtet die Studie weiterhin.[7]

Als die Forscher ihre Aufmerksamkeit den sozialen Faktoren zuwandten, entdeckten sie zwei interessante Tatsachen. Es gab in der Gemeinde praktisch keine Verbrechen und ebenfalls keine Anträge auf Sozialhilfe. Als sie das genauer untersuchten, zeigte sich, dass die Einwohner von Roseto stolz darauf waren, sich um die Mitglieder ihrer Familie zu kümmern. In fast allen Haushalten lebten drei Generationen zusammen, und die alten Leute wurden geachtet. Bei den Mahlzeiten ging es um sehr viel mehr als nur um das Essen. Die Mahlzeiten waren für die Familien eine Zeit des Zusammenseins, durch die die Familienbande verstärkt wurden. An warmen Abenden machten die Einwohner Abendspaziergänge und schauten unterwegs bei den Nachbarn herein. Zudem gab es häufig Volksfeste in Roseto. Es gab viele Vereine und kirchliche Ereignisse, an denen die ganze Gemeinde teilnahm. In Marys Imbissstube wurde jeder Kunde beim Vornamen genannt, und nach der Schule strömten die Kinder zu einem Imbiss herein. Nach weiteren Untersuchungen kamen die Forscher zu dem Schluss, dass der Grund für die gute Gesundheit in der Gemeinde das tiefe Gefühl von Verbundenheit mit der Familie und der Gemeinschaft war.

Auch wenn die Bürger von Roseto arm waren, gelang es ihnen doch, einen größeren Prozentsatz von Kindern aufs College zu schicken, als es dem nationalen Durchschnitt entsprach. Bis zum Ende des Zweiten Weltkriegs hatte sich in Roseto eine Mittelklasse entwickelt und die Gemeinde blühte wirtschaftlich auf. Die Menschen konnten sich jetzt Fernseher leisten, und die weite Welt begann, die jungen Leute zu locken. In den 1970er Jahren war die Ortschaft immer urbaner geworden, und die nachbarschaftlichen Beziehungen wurden lockerer. Die Kirche war nicht länger das Zentrum der Gemeinde und die Kernfamilie wurde zur Norm. Die meisten der jungen Leute, die das College besucht hatten, ließen sich in den großen Städten nieder, wo es die interessanteren Jobs gab. Andere heirateten Partner von außerhalb und zogen weg. Innerhalb eines Jahrzehnts schwand der Roseto-Effekt dahin. Im Jahre 1971 meldete der Ort den ersten Todesfall einer Person unter Fünfundvierzig durch eine koronare Herzerkrankung. Das traditionelle Gemeinschaftsleben, das es den Menschen ermöglicht hatte, länger zu leben, hatte sich aufgelöst. Einer der jungen Menschen, die aus dem Ort in eine größere Stadt umgezogen waren, sagte aus: „Es tut mir leid, dass [wir] weggezogen sind. Aber hier ist alles modern und hier haben wir alles, was wir brauchen – außer andere Menschen."[8]

Größere Studien, die von der Harvard-Universität, der Carnegie-Mellon-Universität und der University of California in Los Angeles durchgeführt wurden, haben den Roseto-Effekt bestätigt. Es gilt heute als gesichert, dass gegenseitiger Respekt, Kooperation und ein Gefühl der Zughörigkeit signifikant zur Gesundheit und Langlebigkeit des Menschen beitragen. Soziale Isolation, ein beschränktes Eigeninteresse und ein Mangel an Fürsorge für andere kann die Lebensspanne verkürzen. Stiefkinder weisen zum Beispiel signifikant höhere Niveaus von Stresshormonen auf als Kinder, deren Eltern miteinander verheiratet blieben. Doch selbst ein bestimmender äußerer Faktor wie dieser lässt sich durch ein vertieftes Gefühl der Verbundenheit überwinden.

William Kell von der Ohio State University studierte jugendliche Straftäter, um einschätzen zu können, welche Interventionen bei solchen Problemjugendlichen irgendwann in der Zukunft zu einer gesunden Anpassung an die Werte der Gesellschaft führen könnten. Zweifellos können genetische Veranlagung und Einflüsse aus dem sozialen Umfeld einen Straftäter auf eine weniger als angemessene Anpassung hin prädisponiert haben. Die Studie hat jedoch gezeigt, dass diese Faktoren nicht zwingend sind. Was in 84 Prozent der Fälle eine nachhaltige positive Anpassung wahrscheinlich machte, waren eine verstärkte Selbsterkenntnis und eine verbesserte Selbstsicherheit, die durch das Einfühlungsvermögen eines Menschen, der sich um sie kümmerte, ermöglicht wurden. Die Qualität dessen, was zwischen uns geschieht, bringt etwas in uns zutage, das stärker ist als das, was in der Vergangenheit geschehen ist.

Freunde sind gute Medizin

George Santayana, einer der großen Philosophen des vergangenen Jahrhunderts, sagte einmal: „Die eigenen Freunde sind der Teil der menschlichen Rasse, mit dem man Mensch sein kann."[9] Die Freiheit, die unsere Freunde uns lassen, macht es möglich, dass wir uns entspannen und einfach nur der Mensch sind, der wir sind. Das trägt deutlich zu unserer Gesundheit bei. Sozialwissenschaftler haben in immer neuen Studien aufzeigen können, dass bei Menschen, die gute Freundschaften aufrechterhalten, das Risiko frühzeitigen Todes und von Erkrankungen geringer ist. Die berühmte „Studie des Gesundheitszustands von Krankenschwestern", die an der Medizinischen Fakultät der Harvard-Universität durchgeführt wurde – sie war die längste fortlaufende Untersuchung von Faktoren, die die Gesundheit einer Frau beeinflussen –, hat gezeigt, dass die Anzahl der Freundinnen und Freunde, die die Frauen hatten, umgekehrt proportional war zu der Wahrscheinlichkeit, dass diese Frauen im Alter körperliche Gebrechen entwickelten. Bei Frauen mit vielen Freundschaften war die Wahrscheinlichkeit größer, dass sie ein glückliches Leben führten. Die Resultate waren so signifikant, dass die Forscher folgerten, keine engen Freunde zu haben, sei ebenso schädlich für die Gesundheit wie Rauchen oder Übergewicht. Als die Forscher untersuchten, wie gut die Frauen mit dem Tod ihres Ehepartners zurechtkamen, zeigte sich, dass Frauen mit engen Freunden und Vertrauten die Erfahrung eines solchen Verlustes mit größerer Wahrscheinlichkeit überstanden, ohne neue körperliche Leiden oder einen Verlust an Vitalität zu erleiden. Um diejenigen, die keine Freunde hatten, war es nicht so gut bestellt.

Sich kümmern und sich Freunde machen

Eine Studie an der University of California in Los Angeles, die auf einer Untersuchung von Hunderten von Studenten der Biologie und der Sozialwissenschaft beruhte,[10] hat gezeigt, dass sich Männer und Frauen in der Art und Weise, wie sie auf Stress reagieren, deutlich voneinander unterscheiden. „Männer reagieren auf Stress oft mit der Kampf-oder-Flucht-Reaktion", schrieb die Forschungsleiterin Shelley E. Taylor, „während Frauen mit größerer Wahrscheinlichkeit mit ihrem Stress umgehen, indem sie sich um andere kümmern und sich Freunde machen *(tend-and-befriend-response),* indem sie sich zum Beispiel mehr um ihre Kinder kümmern oder soziale Kontakte, besonders zu anderen Frauen, suchen."[11] Wie wir gesehen haben, setzt die Kampf-oder-Flucht-Reaktion Stresshormone in das System frei, die mit der Zeit einen schädlichen und schwächenden Einfluss haben. In der Tend-and-befriend-Reaktion fanden die Forscher höhere Niveaus des Hormons Oxytocin, das mit anderen natürlichen Opioiden zusammenwirkt. Tiere und Menschen mit einem hohen Oxytocin-Spiegel sind ruhiger, entspannter, sozialer und weniger ängstlich. Das mag für manche Männer nicht leicht zu schlucken sein, aber die Botschaft ist eindeutig. Wenn Männer ihre Chance, länger, gesünder und glücklicher zu leben, vergrößern wollen, dann müssen sie ihre weibliche Seite entwickeln.

Wenn Männer übermäßig mit ihrer Arbeit beschäftigt sind, dann neigen sie dazu, zuerst ihre Freundschaften zu vernachlässigen. Wir müssen begreifen, dass dies ein Fehler ist und schwerwiegende Folgen für unsere Gesundheit und Langlebigkeit haben kann.

Hühnersuppe, Rotwein und anderen beistehen

Eine interessante Studie des National Institute of Health hat gezeigt, dass Hühnersuppe zwar die Symptome einer Erkältung etwas lindern kann, dass die eigentliche Medizin aber die Fürsorge und Liebe der

Person ist, die einem die Suppe bringt.[12] Etwas Ähnliches mag auch auf Rotwein zutreffen. Die Wissenschaft hat gefunden, dass es gut für das Herz ist, wenn man täglich ein Glas bis drei Gläser Wein trinkt. Es ist zwar so, dass der Rotwein nützliche Antioxydantien enthält, aber das, was unser Herz gesünder macht, ist die bei einem Glas Wein genossene Freundschaft. Menschen, die typischerweise ein Glas bis drei Gläser Wein pro Tag trinken, tun das gewöhnlich mit Freunden. Und hier ist noch ein interessantes Forschungsresultat: Anderen zu helfen hat eine weit größere Auswirkung auf unsere Langlebigkeit, als sich helfen zu lassen.[13] Es zeigt sich, dass Geben tatsächlich ein verstärktes Nehmen ist. Die Menschen danken uns für unsere Hilfe, aber in Wahrheit sollten wir *ihnen* für die Gelegenheit danken, unser Leben um ein paar Jahre zu verlängern.

Spiegelneuronen

Das neuronale Netzwerk, welches am meisten dafür verantwortlich ist, dass wir den Zustand der Verbundenheit erreichen, ist das System der Spiegelneuronen. Diese Anhäufung von Nervenzellen wurde 1996 von Giaccomo Rizzollati und einem Team von Neurowissenschaftlern der Universität von Parma in Italien bei einem Experiment mit Makaken-Affen entdeckt. Auf Scans der Affenhirne entdeckten sie, dass eine spezifische Anhäufung von Nervenzellen im Frontallappen eines Affen feuerte, wenn er eine Erdnuss ergriff. Das Merkwürdige war, dass bei einem anderen Affen, der den ersten Affen dabei beobachtete, wie er sich die Erdnuss griff, dieselbe Gruppe von Neuronen feuerte. Die Zellen schienen die Aktion des anderen Affen beinahe so widerzuspiegeln, wie ein Spiegel unser Bild widerspiegelt. Bei weiteren Untersuchungen gelang es den Forschern, mit Leichtigkeit vorauszusagen, welche spezifischen Neuronen feuern würden, wenn ein Affe eine Aktivität ausführte und ein anderer Affe dies beobachtete. Rizzollati nannte diese Anhäufung von Zellen Spiegelneuronen.

Beim Menschen ist dieses System der Spiegelneuronen viel komplexer, und es scheint unsere zwischenmenschlichen Erfahrungen zu formen. Dieses Spiegeln ist der neuronale Mechanismus, durch den wir die Gedanken anderer Menschen lesen und uns in sie einfühlen können.[14] „Spiegelneuronen lassen vermuten, dass wir so tun, als erführen wir die mentalen Vorgänge eines anderen", sagt Marco Iacobini von der Medizinischen Fakultät der University of California in Los Angeles. „Vielmehr brauchen wir mit den Spiegelneuronen gar nicht so zu tun; wir befinden uns geradezu im Geist eines anderen Menschen."[15] Daniel Goleman, der Autor von *Emotionale Intelligenz*, schrieb in einem von der *New York Times* veröffentlichten Essay:

> *Spiegelneuronen verfolgen den Fluss der Gefühle, die Bewegungen und selbst die Absichten der Person, mit der wir zusammen sind, und machen diesen gefühlten Zustand in unserem eigenen Gehirn nach, indem sie in unserem Gehirn dieselben Bereiche stimulieren, die bei der anderen Person aktiv sind. Spiegelneuronen stellen den neuronalen Mechanismus, der die emotionale Ansteckung erklärt, die Tendenz einer Person, die Gefühle einer anderen aufzufangen, besonders wenn diese heftig zum Ausdruck gebracht werden. Diese Gehirn-zu-Gehirn-Verbindung könnte auch für das Gefühl des Rapports verantwortlich sein, das nach Forschungsergebnissen zum Teil von der extrem schnellen Synchronisation der Körperhaltung, des Stimmmusters und der Bewegungen in einer Interaktion abhängig ist.[16]*

Goleman weist darauf hin, dass Spiegelneuronen in beide Richtungen funktionieren. Meine Feindseligkeit treibt deinen Blutdruck hoch; deine fürsorgliche Liebe senkt den meinen ab. Biologisch gesehen haben Freunde etwas Heilendes, Feinde etwas Vergiftendes.

John Cacioppo von der University of Chicago hat gezeigt, dass die emotionale Qualität unserer wichtigsten Beziehungen eine bedeutsame Rolle für die Funktion des Herz-Kreislauf-Systems und das Hormonsystem spielt.[17] Das heißt mit anderen Worten, dass die

Qualität unserer Präsenz eine biologische Wirkung hat. Je sensibler wir für unsere eigenen Gefühle, unsere Denkweise, unsere Absichten und unsere Körpersprache sind, desto besser können wir die Gedanken eines anderen Menschen lesen. Theoretisch ist es so, dass das Feuern der Neuronen bei einem Menschen dem bei einem anderen entspricht, wenn die beiden sich im Geiste miteinander verbunden und miteinander in Einklang fühlen. Man nennt das Resonanz, und es bedeutet, dass diese Menschen biologisch und psychisch verbunden sind, und zwar durch die Ebbe und Flut der sich ständig ändernden Gefühle, Empfindungen und Gedanken, die im Verlauf ihrer Kommunikation ausgesandt und empfangen werden. Diese Menschen „lesen" einander dann präziser und sind deshalb in der Lage, angemessener zu reagieren. Sie sind einfühlsamer, verständnisvoller und machen sich einander besser verständlich. Auf diese Weise erzielen sie in der Kommunikation eine größere Kohärenz. Dies ist die Ebene der Kommunikation, die auf jeder Ebene der menschlichen Erfahrung starke Beziehungen hervorbringt, zwischen Ehepartnern, Eltern und Kindern, Ärzten und Patienten, Führern und Teams.

Dadurch, dass sie die Spiegelneuronen entwickelt hat, hat die Natur die Qualität unserer Präsenz zu etwas biologisch und psychisch Machtvollem gemacht. Ist die Qualität unserer Präsenz angsterfüllt, dann ist es wahrscheinlich, dass die Dinge schief laufen. Theoretisch vermag die Gegenwart eines anderen Menschen, der auf dynamische Weise friedvoll ist, einen beruhigenden Einfluss auf einen verängstigten Menschen auszuüben, weil der deutliche Zustand des friedlichen Menschen im Gehirn des verängstigten gespiegelt wird. Das kann in Letzterem ein Gefühl der Sicherheit erzeugen und damit die Neigung des Gehirns, eine Bedrohung wahrzunehmen und überzureagieren, abmildern.

Jack und Jill

Um einmal sehr lebhaft darzustellen, wie Spiegelneuronen im Alltag wirken können, stellen Sie sich ein Gespräch zwischen Jack und Jill vor, die beide potenziell andere Ansichten zum selben Thema haben. Stellen Sie sich vor, dass beide eine bedingungslos positive Einstellung zum anderen haben, dass beide geübt darin sind, ihre innere Erfahrung einzuordnen und damit in Verbindung zu bleiben und dass beide großen Wert auf das Zuhören legen.

Jill beginnt damit, ihre Argumente für die Richtung, die sie einschlagen möchte, auszusprechen. Während sie spricht, bemerkt sie – und ignoriert es dann gleich wieder –, wie ihr Herz schneller schlägt, ihre Handflächen feucht werden und sie ihre Arme vor der Brust verschränkt. Jack, dem gewöhnlich daran gelegen ist, sich auf andere einzustimmen, bemerkt ihren Affekt; er hat das Gefühl, dass Jill entweder entschlossen ist, diese Auseinandersetzung zu gewinnen, oder Angst hat, sie zu verlieren. Er schaut Jill in die Augen und nimmt dort intuitiv Angst wahr, was auch in Jack ein Gefühl der Angst hervorruft, da die entsprechenden Neuronen auch in seinem Gehirn feuern. Seine Angst schwelt jedoch unterhalb der Schwelle seiner Bewusstheit und macht sich als eine ungeduldige Unruhe bemerkbar. Der nächste Gedanke, den seine Angst hervorbringt, ist *Frauen sind einfach zu emotional,* gefolgt von der Vorhersage, *dieses Gespräch wird länger dauern, als ich gehofft hatte.* Seine Ungeduld macht sich im Tonfall seiner Stimme, seiner Körpersprache und seinem Gesichtsausdruck bemerkbar. Er glaubt zwar, sie gut versteckt zu halten, aber sie wird doch in Jills Gehirn aufgefangen, und sie verschränkt ihre Arme noch fester vor der Brust.

Jack spürt ihre Abwehrhaltung und nimmt einen tiefen Atemzug. In dem weiteren Raum, den der Atem öffnet, sieht er den Konflikt, der auf der Gefühlsebene brodelt. Er entscheidet sich für Einfühlung und lässt mit dem nächsten Atemzug seine Gedanken los; er lässt seine Ungeduld bewusst fallen und stimmt sich auf besseres Zuhören ein. *Diese Angelegenheit ist wichtiger für sie, als ich glaubte,* denkt er für sich. Für den Augenblick stellt er seine Sichtweise dieses Themas zurück, um eine Atmosphäre der Sicherheit herzustellen, in der die Verbindung gestärkt wird. Als Jill fortfährt, bemerkt sie, dass sich bei Jack etwas verändert hat, und erkennt, dass er ihr wirklich zuhört. Sie fragt sich, ob sie ihm trauen kann. Aber bevor sie sich versieht, gleicht sich ihre Geisteshaltung der Offenheit von Jack an. Sie ist nun in der Lage, ihre eigene Angst zu erkennen und sie loszulassen. Dies wird wiederum von Jack verzeichnet, der sich erleichtert fühlt und leise lächelt. Das bringt auch bei Jill ein Lächeln hervor; sie hält in ihrem Redefluss inne und sagt mit spontaner Zuneigung: „Ach übrigens, guten Morgen. Wie war denn dein Wochenende?" – „Gut, antwortet Jack und beide lachen, zum Teil, weil sie erleichtert sind, einer emotionalen Granate ausgewichen zu sein.

Resonanz herstellen

Um Resonanz herstellen zu können, müssen wir persönlich dafür engagiert sein, eine zwischenmenschliche Intelligenz zu entwickeln. Wir brauchen auch Geduld, Vertrauen und Bewusstheit, um auf den Wellen von Resonanz und Dissonanz reiten zu können. Der Ansatz, der sich der Art und Weise bedient, auf die die Spiegelneuronen Resonanz erzeugen, ist der personenzentrierte Ansatz, der von Carl R. Rogers entwickelt wurde. Dies ist einer der wissenschaftlich am besten fundierten Ansätze in der Psychologie und hat Rogers eine Nominierung zum Nobelpreis eingebracht. Die wesentlichen Voraussetzungen für Kommunikation, die von diesem Ansatz empfohlen werden, sind heute zentraler Bestandteil fast jeder Form der Psychotherapie – von der Kognitiven Verhaltenstherapie über die Positive Psychologie bis zur Freudschen Analyse –, und der Ansatz hat breite Anwendung im Geschäftsleben, zur Konfliktlösung, zum Aufbau von Gemeinschaften und in der Pädagogik gefunden.

Für Rogers ist das Verständnis des Einzelnen von Humanität wesentlich für die Förderung des Gefühls von zwischenmenschlicher Verbundenheit. Es ist das Fundament, auf dem tiefe Beziehungen aufbauen. Rogers klinische Erfahrung hat ihn gelehrt, dass die menschliche Natur sich als positiv, konstruktiv und voranschreitend erweist, wenn die angemessenen Bedingungen für Wachstum gegeben sind. Das ist das Gegenteil des Calvinistischen Menschenbildes, nachdem der Mensch im Grunde mit Fehlern behaftet und zum Bösen geneigt ist. Rogers meinte: „In allen Individuen ist ein riesiges Potenzial der Selbsterkenntnis angelegt sowie die Fähigkeit, das Selbstbild und das selbstbestimmte Verhalten zu ändern. Diese Ressourcen lassen sich anzapfen, wenn ein ganz bestimmtes Klima fördernder Geisteshaltungen bereitgestellt werden kann."[18]

Drei unerlässliche Vorbedingungen für Resonanz

Rogers formulierte drei Vorbedingungen, die gegeben sein müssen, wenn man ein Klima des Wachstums und der Resonanz erzeugen will. Diese Bedingungen sind für alle Beziehungen maßgeblich, sei es die Beziehung zwischen Therapeut und Klient, Eltern und Kindern, Führer und Gruppe, Lehrer und Schüler oder Manager und Angestellten.[19] Die Bedingungen sind in der Tat für jede Situation maßgeblich, in der es um die Weiterentwicklung einer Person geht.

1. Authentizität

Die erste Bedingung ist Authentizität, Echtheit oder Kongruenz. Je mehr eine Person in einer Beziehung sie selbst ist und kein professionelles Gehabe oder eine persönliche Fassade an den Tag legt, desto größer ist die Wahrscheinlichkeit, dass es zu konstruktivem Wandel und Wachstum kommt. Das erfordert, dass wir uns des Flusses der Gefühle und Einstellungen in uns bewusst sind und diese annehmen, wenn wir in Beziehung zu anderen treten. Das Wort „Transparenz" beschreibt diese Geisteshaltung sehr gut: Wir sind bereit, uns für die andere Person transparent zu machen, sodass diese klar sehen kann, wer wir in dieser Beziehung sind. Da gibt es kein Sich-Verstecken.

Was wir erfahren, ist der Bewusstheit zugänglich, kann in der Beziehung gelebt und kommuniziert werden. Das bedeutet für Rogers, dass es eine enge Übereinstimmung oder Kongruenz gibt zwischen dem auf der Ebene des Bauchgefühls Erlebten, dem, was bewusst ist, und dem, was kommuniziert wird.

2. Akzeptanz

Die zweite wichtige Geisteshaltung für die Schaffung eines Klimas der Verbundenheit ist Akzeptanz und Fürsorge oder das, was Rogers den bedingungslos positiven Blick nennt. Wenn wir eine positive, annehmende Geisteshaltung gegenüber dem, was eine Person im gegebenen Moment ist, erfahren, dann ist es wahrscheinlicher, dass es zu Verbindung, Bewegung und Wandel kommen kann. Wir wollen, dass die andere Person genau das ist, was sie gerade unmittelbar fühlt, sei es nun Verwirrung, Abneigung, Angst, Zorn, Mut, Liebe oder Stolz. Dies ist eine totale und keine Bedingungen stellende Wertschätzung des anderen.

3. Einfühlsames Verständnis

Ein dritter Aspekt, der es erleichtert, in Beziehung zu treten, ist ein einfühlsames Verständnis. Einfühlsam sein bedeutet, dass wir den Standpunkt einer anderen Person, zusammen mit dessen Gefühlsanteilen und Bedeutungen, klar erkennen. Das heißt, dass wir Freude und Leid der anderen Person so erfahren, wie sie sie erfährt, und die Ursachen dieser Gefühle so wahrnehmen, wie sie sie wahrnimmt. Das bedeutet, dass wir so vollständig in die persönliche Welt des anderen eintreten, dass wir keinerlei Wunsch mehr verspüren, sie zu bewerten oder zu beurteilen. Es heißt, dass wir nicht nur den Sinn dessen auffassen, was offensichtlich ist, sondern auch die verborgenen Bedeutungen verstehen – das, was der andere selbst vielleicht nur undeutlich sieht oder als Verwirrung wahrnimmt. „Zu dieser Art von sensiblem, aktivem Zuhören kommt es in unserem Leben nur ganz selten", sagt Rogers. „Wir glauben, dass wir zuhören, aber wir hören selten mit wahrem Verständnis, mit echter Einfühlung zu.

Doch diese besondere Art des Zuhörens ist eines der machtvollsten Hilfsmittel zum Wandel, die ich kenne."[20]

Resonanz ergibt sich aus einer annehmenden, einfühlsamen und ehrlichen Weise, in Beziehung zu treten. Diese Einstellung entsteht ganz natürlich, wenn wir nicht beurteilen, Ratschläge erteilen, ermahnen, befehlen oder anleiten. Sie hilft uns, mit unseren gegenwärtigen Gefühlen und Erfahrungen in Kontakt zu kommen, sodass wir authentischer werden, weniger verbogen, und letztlich eine größere Übereinstimmung erreichen zwischen dem Menschen, der wir sein wollen, und dem Menschen, der wir sind. Resonanz bedeutet, dass wir im gegenwärtigen Moment lebendig sind, dass wir eingestimmt sind auf dessen Auf und Ab und offen sind für einen Zustand des Werdens, statt auf das fixiert zu sein, was wir sein zu müssen glauben oder wie die andere Person unserer Meinung nach sein müsste.

◉ ◉ ◉

Wie bringt diese Atmosphäre der Resonanz persönliches und zwischenmenschliches Wachstum hervor? Rogers sagt: „Wenn Menschen akzeptiert und gelobt werden, neigen sie dazu, eine fürsorglichere Haltung sich selbst gegenüber zu entwickeln." Unsere Akzeptanz wird als Selbstakzeptanz gespiegelt. „Wenn man einer Person einfühlsam zuhört, wird es ihr möglich, aufmerksamer auf ihren inneren Erfahrungsfluss zu lauschen." Unser Zuhören wird als Selbsterkenntnis gespiegelt. „Wenn eine Person sich selbst versteht und schätzt", sagt Rogers, „dann ist dieses Selbst mehr in Kongruenz mit seiner eigenen Erfahrung. Die Person wird damit echter, authentischer." Unsere Bereitschaft, in unseren Beziehungen authentisch zu sein, spiegelt sich in den anderen als die Freiheit wider, das zu sein, was sie sind.[21]

Wenn alle drei Geisteshaltungen in einer Beziehung vorhanden sind, kommt es unweigerlich zur Resonanz. Rogers' Forschungsarbeit hat gezeigt, dass dies zu positiveren, konstruktiveren und nachhaltigeren Beziehungen führt. Ironischerweise trifft dies auch im militärischen Bereich zu. Forscher, die Untersuchungen bei der U. S. Marine durchgeführt haben, sind zu dem Schluss gekommen: „Die effektivsten Führungspersönlichkeiten in der U. S. Marine sind warmherziger, kontaktfreudiger, emotional ausdrucksstärker, dramatischer und umgänglicher."[22]

Rogers gab zu, dass es nicht immer leicht ist, diese drei Bedingungen zu verwirklichen. Damit wir uns dazu entschließen, auf diese Weise mit anderen in Beziehung zu treten, müssen wir zuvor persönlich die Erfahrung gemacht haben, dass sie unser Leben auf allen Ebenen bereichern kann. Wir gelangen zu einer solchen Erfahrung, indem wir uns über unsere Neigung, zu urteilen, anzugreifen, uns zu verteidigen oder uns hinter einer Fassade zu verstecken, hinwegsetzen. Wenn unsere Beziehungen sich vertiefen und konstruktiver werden, vergrößert sich damit auch unsere Bereitschaft, auf diese neue Weise in Beziehung zu treten. Es wird offensichtlich, welchen Wert es hat, in unserer Einstellung zu anderen authentisch, einfühlsam und bedingungslos positiv zu sein. Dabei wird unsere Entschlossenheit, dann, wenn wir in die Irre gegangen sind, wieder zu diesen drei Geisteshaltungen zurückzukehren, immer stärker. Und wir brauchen diese Entschlossenheit, denn wir werden bestimmt in die Irre gehen.

Vergebung

In dem Versuch, die Qualität der Beziehung aufrechtzuerhalten, versagen wir viel häufiger, als wir zuzugeben geneigt sind. Und andere enttäuschen uns ebenso. Das geschieht oft aufgrund von Stress, was nichts anderes bedeutet, als dass wir eine Form von Angst erfahren. Wenn wir Angst haben, machen wir leicht schwerwiegende Fehler. Wir neigen dann dazu, auf eine Weise zu reagieren, die verletzend und für die Beziehung schädlich ist, auch wenn wir ursprünglich gute Absichten hatten. Die Natur hat unser Gehirn auf Furcht, Bedrohung und die Kampf-oder-Flucht-Reaktion hin vernetzt, um uns zu helfen, in einer gefährlichen Welt zu überleben. Doch aus den gleichen Gründen hat uns die Natur auch auf Liebe, Einfühlung und Verbundenheit hin vernetzt.

Manchmal kann die Spannung zwischen Liebe und Angst zu einem gespaltenen Geist führen, der eine gespaltene Persönlichkeit hervorbringt. Es ist unvermeidlich, dass Menschen in diesem Zustand der Spaltung uns manchmal enttäuschen, verraten und uns nicht gerecht werden – und wir Sie umgekehrt ebenfalls enttäuschen. Deshalb ist die Vergebung in unserem Leben von strategischer Bedeutung – biologisch, sozial und psychisch. Sie gibt uns die Möglichkeit, die Vergangenheit auszulöschen. Ohne Vergebung kerkern wir uns selbst in einen Zustand des Konflikts und der Angst, des Zorns und des Hasses, des Misstrauens und der Abtrennung ein. Dies sind intensive Gefühle, und wenn sie zusammenkommen, dann verdunkeln sie unser Herz und schädigen unser Gehirn. Wir halten an einem unnachgiebigen Standpunkt fest, weil wir glauben, uns dadurch zu schützen. Das ist ein Irrtum. Biologisch gesehen ist das etwa so, als nähmen wir selber Gift und erwarteten, dass die andere Person stirbt.

Warum ist es so schwer, zu vergeben?

Warum aber finden wir es oft so schwer, zu vergeben? Der Hauptgrund dafür ist wahrscheinlich, dass wir glauben, die Person, die uns verletzt hat, verdiene unseren Zorn und eine Bestrafung. Außerdem befürchten wir oft, dass Vergebung die Tür zu neuen Verletzungen öffnet. Manche von uns glauben sogar, Vergebung beinhalte eine Billigung der verletzenden Tat. Wir sind so verblendet zu glauben, dass wir irgendwie die Kontrolle über die Person, die uns verletzt hat, behalten, wenn wir nicht bereit sind, ihr zu vergeben. Doch in Wirklichkeit ist die Weigerung, zu vergeben, ein schmerzlicher Bewusstseinszustand, der *uns* kontrolliert und der uns unseren Frieden, unser Glück und unsere Verbundenheit raubt. In diesem Zustand zu leben, kann bedeuten, dass wir aufgehört haben, dem Leben zu vertrauen. Doch Vergebung kann all diese Eigenschaften wieder herstellen. Letztlich ist Vergebung ein Geschenk *an uns selbst;* sie hat keinesfalls etwas mit einer Billigung verletzenden Verhaltens zu tun. Es geht dabei immer darum, unseren eigenen Geistesfrieden wiederzugewinnen und in unserem Leben weiter voranzugehen.

Wer ohne Sünde ist

Manchmal können wir jemand anderem etwas nicht vergeben, weil es uns an einen ähnlichen Fehler erinnert, den wir selber in der Vergangenheit gemacht haben, und weil wir unsere unbewussten Schuldgefühle auf die jetzige Situation projizieren. Jemandem eine Missetat zu vergeben, die wir selber irgendwann einmal begangen haben, gibt uns die Gelegenheit, uns von den Schuldgefühlen über unsere vergangene Missetat zu befreien.

Vergeben, aber nicht vergessen

Manchmal höre ich jemanden sagen: „Ich vergebe, aber ich vergesse niemals." Wenn wir an der Vergangenheit festhalten, während wir eine Person ansehen, der wir *theoretisch* vergeben haben, dann werden wir diese Person niemals so sehen können, wie sie jetzt ist. Ist die Person, die uns verletzt hat, an ihrem Fehler gewachsen, so werden wir diese Veränderung in ihr nicht bemerken. Wir werden nur das Bild sehen, das wir uns unter dem Einfluss von Schmerz und Verurteilung gemacht haben. Das hat nichts mit Vergebung zu tun. Es bedeutet vielmehr, dass wir unsere alten Urteile über diese Person mehr schätzen als diese Person selbst. Es bedeutet, dass uns die Vergangenheit lieber ist als die Gegenwart. Es bedeutet, dass unser Geist immer noch über die Schulter zurückblickt, statt nach vorne zu sehen. Volle Vergebung bedeutet, dass wir die andere Person mit neuen Augen sehen, Augen, die nicht mehr auf die Vergangenheit gerichtet sind.

Hiermit soll aber keineswegs gesagt sein, dass es immer leicht sein müsste, zu vergeben. Vergebung ist ein Heilungsprozess, der seine Zeit brauchen kann. Schwere Vertrauensbrüche und Verbrechen können eine Art von posttraumatischem Stress erzeugen, durch den das schmerzliche Ereignis immer und immer wieder in Erinnerung gerufen wird. Manchmal kann es den Anschein haben, dass wir nichts dagegen tun können. Es kann sehr schwierig sein, die Neigung zum Grübeln, zum Wiederkäuen des Geschehenen, zur Verzerrung der Tatsachen und zur Vorstellung von Szenarien des schlimmsten Falles zu beruhigen. Irgendwann wird uns dann jedoch klar werden, dass wir zur Quelle unseres eigenen Leidens geworden sind und dass der Preis für das Festhalten an dem Übel die Sache einfach nicht wert ist.

Das Unverzeihliche verzeihen

Manche Menschen glauben, dass es Verbrechen gibt, die einfach unverzeihlich sind. Das mag wahr sein. Doch um es nochmals zu sagen: Das, worum es uns geht, ist nicht so sehr eine andere Sicht eines anderen Menschen, sondern vielmehr die Befreiung von unserem eigenen Schmerz und die Wiederherstellung unseres Geistesfriedens. Wenn wir es mit einer besonders entsetzlichen Tat zu tun haben, kann uns die Stärke anderer Menschen, die das Unverzeihliche verziehen haben, Mut machen. Ich habe eine gute Freundin namens Zalinda, die dem Mann vergeben hat, der ihren Sohn umgebracht hat. Zu dieser Vergebung zu gelangen, war ein langer und schmerzlicher Prozess. Zehn Jahre lang verging kaum ein Tag, an dem Zalinda nicht Wut und Hass auf den Mörder in sich spürte, zusammen mit der Trauer über den Verlust ihres Sohnes. All das war eine schwere Bürde, die sich schließlich auf ihre Gesundheit auswirkte und ihr Magen-Darm-System so schwer schädigte, dass sie schließlich operiert werden musste.

Eines Tages hatte ihr emotionaler Schmerz seine tiefste Tiefe erreicht, und sie war plötzlich bereit, einen Weg der Heilung zu suchen. Zu ihrer großen Bestürzung war der Gedanke, der immer wieder auftauchte, dass eine Lösung nur möglich wäre, wenn sie dem jungen Mann begegnen würde, der ihren Sohn ermordet hatte. Schließlich fügte sich Zalinda dieser Intuition und beantragte die Besuchserlaubnis. Der Mann stimmte zu und es kam zu einer

Reihe von überwachten Begegnungen im Zuchthaus. Ihre Familie und ihre Gemeinde verurteilten sie für diese Entscheidung, weil sie bei den Leuten die Angst und die Wut über das Verbrechen wieder wachrief.

Während der ersten Begegnung hatte das Wachpersonal sogar angeordnet, dass alle Gefangenen in ihren Zellen bleiben müssten. Bei den ersten Begegnungen entlud sich Zalindas gesamte Wut; sie überschüttete den Mann mit Feindseligkeit und Verachtung. Sie gab sehr beredt all dem Zorn Ausdruck, den sie über die Jahre mit sich herumgetragen hatte. Der junge Mann verteidigte sich nicht. Er hörte ihr zu und ließ oft den Kopf vor Scham hängen. Allmählich begannen sie dann auf konstruktivere Weise zu kommunizieren, und meine Freundin begann, die Reue des Mannes zu spüren. Der Mord war im Drogenrausch geschehen, und meine Freundin begriff, dass er ein tragischer, irreparabler Fehler gewesen war, der nicht nur ihr eigenes Leben, sondern auch das des jungen Mannes zerstört hatte. Schließlich traf Zalinda außerhalb des Zuchthauses auch die Eltern des jungen Mannes und fühlte deren Kummer und Schmerz. Das ließ etwas in ihr umkippen. Sie wollte den Schmerz beenden, für immer.

Zu ihrem großen Erstaunen begann die missliche Lage des jungen Mannes Zalinda zu rühren. Sie empfand Mitgefühl mit ihm, und schließlich entwickelte sich sogar eine Freundschaft zwischen ihnen. Bei einem ihrer Besuche erzählte meine Freundin beiläufig eine Geschichte über ihren ermordeten Sohn aus der Zeit, als er noch ein Kind war. Sie war gerade dabei gewesen, in ihrem Garten ein Spiel einer von ihr beaufsichtigten Pfadfindergruppe anzuleiten. Ihr Sohn, der sich besonders hervortun wollte, war auf einen Baum geklettert, hatte ein Kletterseil ergriffen und sich mit einem Tarzanschrei von Stamm abgestoßen. Unglücklicherweise war das Seil nicht ausreichend an dem Ast befestigt gewesen und ihr Sohn stürzte ab, wobei er sich einen Arm brach. „Du hättest sehen sollen, was er für ein Gesicht machte, als er merkte, dass das Seil nicht fest war", sagte Zalinda zu dem jungen Gefangenen. Dann hielt sie für einen Moment erstaunt inne, und plötzlich wurde ihr deutlich, dass Sie eine Brücke zur Heilung überquert hatte. „Ist dir klar, was gerade geschehen ist?", sagt sie. „Ich plaudere mir dir über meinen Sohn, und es ist ganz in Ordnung."

Zalinda setzte sich schließlich für die Freilassung des Mannes ein, und als er tatsächlich aus dem Zuchthaus entlassen wurde, holte sie ihn an der Pforte ab. Der Mann führte danach ein produktives Leben; er heiratete und hatte ein Kind. Auch Zalinda baute ihr Leben neu auf. Sie heiratete wieder und lebt heute in einem schönen Zuhause an der Küste. Wenn Sie sie fragten, würde sie Ihnen erzählen, dass sie heute sicher nicht mehr leben würde, wenn sie nicht die Bereitschaft, zu vergeben, gefunden hätte.

Die folgende Übung kann Ihnen helfen, einem Menschen zu vergeben, der Sie verletzt hat, oder auch sich selbst für einen Fehler zu vergeben, den Sie gemacht haben und den Sie sich bis heute nicht verziehen haben.

Befreiung

Erinnern Sie sich an jemanden, dem Sie nur schwer vergeben können, an eine Person, die Ihnen Unrecht getan hat, die Sie nicht mögen oder die Sie sogar hassen. Denken Sie an jemanden, dem Sie lieber aus dem Weg gehen würden, dessen Verhalten Sie in Ihren Gedanken aber nicht loslässt.

1. Versuchen Sie irgendwo in dieser Person etwa Lichtes wahrzunehmen, einen schwachen Schimmer, den Sie bisher vielleicht nicht bemerkt haben.

2. Schauen Sie das Bild der Person so lange an, bis Sie etwas Helles durch das dunkle Bild, das Sie von dieser Person haben, hindurchleuchten sehen.

3. Lassen Sie dieses Licht sich dann immer weiter ausdehnen, bis es die ganze Person ausfüllt und das Bild der Person heller und freundlicher erscheinen lässt.

4. Wiederholen Sie innerlich die folgenden Worte: Ich vergebe dir. Ich lasse dich los und übergebe dich dem Höchsten Guten. Ich befreie mich von allem Schmerz und allem Kummer, den ich deinetwegen erfahren habe. Ich befreie die Gegenwart von der Vergangenheit und befreie damit meine Zukunft.

Wenn Sie die Übung abgeschlossen haben, kehren Sie sie um. Denken Sie an einen Fehler oder eine Missetat, die Sie begangen haben und die Sie sich noch nicht verziehen haben. Wenden Sie denselben Prozess wie bei der Vergebung anderer an, nur dass Sie selbst jetzt die visualisierte Person sind. Sehen Sie das Licht in sich. Lassen Sie dieses Licht sich ausbreiten, bis es Sie ganz bedeckt und dazu führt, dass das schmerzvolle Bild sich auflöst. Vergeben Sie sich selbst. Überlassen Sie sich dem Höchsten Guten. Lassen Sie diesen Fehler und allen damit verbundenen Schmerz los. Nichts macht uns den Wert von Vergebung deutlicher, als wenn wir ihrer wegen eines Fehlers, den wir gemacht haben, selber bedürfen.

Wenn Sie beide Übungen abgeschlossen haben, lesen Sie das untenstehende Gedicht des persischen Dichters Hafis aus dem 14. Jahrhundert. Und erinnern Sie sich, während Sie das Gedicht lesen, daran, dass Herzinfarkt der Killer Nummer eins in den Vereinigten Staaten ist. Erinnern Sie sich auch an die Einwohner von Roseto und daran, wie ihre Art und Weise, Verbundenheit herzustellen, sie gegen Herzerkrankungen immunisierte. Denken Sie daran, dass die Natur Sie auf tiefe und bedeutsame Beziehungen hin vernetzt hat. Und erinnern Sie sich an die von Carl Rogers formulierten drei unerlässlichen Bedingungen für das Erreichen von Resonanz in unseren Beziehungen.

Es geschieht die ganze Zeit im Himmel,
Und eines Tages wird es beginnen,
Auch auf Erden wieder zu geschehen,
Dass Männer und Frauen, die verheiratet sind,
Und Männer und Männer, die eine Liebespaar sind,
Und Frauen und Frauen, die einander Licht geben,
Oft voreinander auf die Knie gehen
Und dann, die Hand des geliebten Menschen
voll Zärtlichkeit in der ihren haltend,
mit Tränen in den Augen
Und aus tiefstem Herzen sagen:
„Mein Liebes, wie kann ich liebevoller zu dir sein?
Wie kann ich mit mehr Güte dir begegnen?"

12

Die vierte Eigenschaft Mystischen Coolseins:

Ganzheit, die die Teile transzendiert

Stelle dein Licht nicht unter einen Scheffel.

Bergpredigt

Die vierte Eigenschaft Mystischen Coolseins ist Ganzheit. Ganzheit bedeutet, dass Sie sich so lieben, wie Sie sind, und dass Sie das Leben so lieben, wie es ist. Ganzheit ist die Anerkennung und Annahme des Mannes oder der Frau, der oder die Sie sind und dabei sind zu werden, etwas, das Sie in Ihrer Gesamtheit umfasst – mit Versagen und Erfolg, Stärken und Schwächen, Freud und Leid, positiven und weniger positiven Eigenschaften. Ganzheit ist ein Gefühl der Vollkommenheit, das der Unvollkommenheit entspringt. Sie ist ein authentischer Moment, in dem Sie die authentische Person, die Sie sind, spüren, in dem sich diese authentische Person in Ihnen weit öffnet und in das Herz von allem, was ist, aufgenommen wird. Fünf Sekunden einer solchen Empfindung können genügen, um ein ganzes Leben zu verändern.

Unser authentisches Selbst findet sich genau hier, genau jetzt – durch unsere Offenheit für unsere unmittelbare Erfahrung, was immer diese Erfahrung sein mag. Wenn wir unsere gegenwärtige

Existenz beurteilen, zurückweisen, oder damit nicht im Reinen sind, dann zersplittert diese Ganzheit sofort und zerfällt in Bruchstücke. Überall Fehler zu finden, verhindert die Erfahrung von Ganzheit und verdichtet sich schließlich zu der Überzeugung, dass wir nicht gut genug sind. Wir unterschätzen unsere Stärke und unterbewerten unseren Wert. So fühlen wir uns dann letztlich abgetrennt, allein und ungenügend. Wir entwickeln eine sklavische Abhängigkeit von der Einschätzung durch andere. Das geht so weit, dass wir schließlich kein Gefühl für unsere eigenen Stärken und Talente mehr haben und nicht mehr wissen, wer wir sind.

Die Rotstift-Welt

Die meisten von uns wurden dazu erzogen, ständig nach Fehlern Ausschau zu halten. Diese Kritiksucht entspringt der jahrhundertealten Vorstellung, dass der Mensch von Natur aus mit Fehlern behaftet und nicht vertrauenswürdig sei. Diese Vorstellung ist in beinahe allen Institutionen dieser Welt und in allen Schichten der Gesellschaft zu finden – in den Familien, in der Religion, in der Politik, im Erziehungswesen und am Arbeitsplatz. Wir sind alle in einer Rotstift-Welt aufgewachsen und sie hat uns geprägt. Dieses Regime des Rotstifts hatte einen derart abschreckenden Einfluss auf Albert Einstein, dass es ihm nach seiner Promotion ein ganzes Jahr lang geradezu zuwider war, auch nur an irgendwelche wissenschaftlichen Fragestellungen zu denken. Er schrieb: „Es ist eigentlich wie ein Wunder, dass der moderne Lehrbetrieb die heilige Neugier des Forschens noch nicht ganz erdrosselt hat; denn dies delikate Pflänzchen bedarf neben Anregung hauptsächlich der Freiheit; ohne diese geht es unweigerlich zugrunde."

Man kann nicht umhin, sich zu fragen, wie viele potenzielle Beiträge zur Menschheit unter die Räder der Kapitulation geraten sind. Wir glauben auch noch an „Sinnsprüche", die besagen, dass wir unsere Stärken fördern, wenn wir unsere Aufmerksamkeit auf unsere Schwächen richten. Doch dabei werden nur die uns angeborenen Stärken immer schwächer. Was uns einst als lebendig und wertvoll erschien, verdorrt unter dem auszehrenden Einfluss der Krittelei, und wir haben zunehmend das Gefühl, nicht mehr mit der Kraft unserer angeborenen Talente, unserer Neugierde, unserer Interessen und unserer Leidenschaften in Berührung zu sein. Doch es sind unsere Stärken, nicht unsere Schwächen, die die Kraft haben, uns in Richtung auf die Verwirklichung dessen zu lenken, was wir zu unserer Welt beizutragen haben.

Man hört heute nicht selten von Menschen, sie müssten sich vom Christentum, dem Judentum oder im Falle von Albert Einstein vom universitären Lehrbetrieb erholen. Ich habe einmal mit einer Gruppe von Arbeitslosen gearbeitet, die sagten, sie müssten sich von Dot-com-System erholen. Wenn die Menschen von dieser Art von Gesundung sprechen, meinen sie damit, dass sie ihre Freiheit wiederfinden müssen. Sie meinen den Prozess der Befreiung von negativen Ansichten und einer eingeschränkten Denkungsart, mit denen sie von ihrem sozialen Umfeld konditioniert wurden. Diese Menschen erholen sich oft von einem tiefsitzenden Selbstbild, das sie fehlerhaft, schuldig, ungenügend oder wertlos erscheinen lässt. Sie sind couragiert genug, das Recht, nach ihrer eigenen Pfeife zu tanzen, wieder für sich zu beanspruchen. Sie sind oft durch eine Krise oder einen Umbruch gegangen, die innere Stärke von ihnen verlangten. Diese innere Stärke war oft das Einzige, was diesen Menschen geblieben war, um der Krise zu begegnen. Als sie ihrem Dilemma gegenüberstanden, waren sie ursprünglich nicht davon überzeugt, dass ihre innere Stärke groß genug sein würde, sie diese Situation überstehen zu lassen. Aber schließlich überraschten sie sich selbst. In dieser Prüfung gelang es ihnen, eine innere Kraftquelle anzuzapfen – eine essenzielle Weise des Daseins –, die sich als verlässlich, vertrauenswürdig und wirksam erwies. Sie entdeckten, dass das, was sie im Grunde waren, in der Tat „gut genug" war, wenn sie sich nur dafür öffneten. Diese Eigenschaft der Offenheit ist der Flow, aus dem unser Gefühl der Ganzheit entspringt. Unsere grundlegende

Natur blüht auf, wenn wir selbstbestimmt handeln, und wird zu einer Kraft voller Selbsterkenntnis.

Die Annahme, dass der Mensch im Grunde mit Fehlern behaftet und nicht vertrauenswürdig ist, war in der Psychologie für fast einhundert Jahre vorherrschend. In seinem Buch *Massenkultur und Ich-Analyse* schreibt Sigmund Freud 1921: „Unsere Seele … ist keine friedvolle, sich selbst regulierende Einheit. Sie ist eher mit einem modernen Staat vergleichbar, in dem ein vergnügungs- und zerstörungssüchtiger Pöbel von einer besonnenen, überlegenen Klasse gewaltsam niedergehalten werden muss."[1]

Carl R. Rogers und Abraham Maslow begründeten dagegen eine Schule der Psychologie, die auf der Annahme aufbaut, dass die menschliche Natur vertrauenswürdig ist.[2] Sie waren der Ansicht, dass das menschliche Wesen von Natur aus selbstregulierend, selbstgesteuert und voranstrebend ist. Nach ihrer Hypothese besitzt der Mensch eine richtunggebende Neigung, die auf vollständige Entwicklung hinzielt, womit sie die volle Verwirklichung der Fähigkeiten, Talente, Anlagen und Stärken eines Menschen meinen. Maslow nannte dies die Tendenz zur Selbstverwirklichung und Rogers nannte es die formative Tendenz. Die Grundannahme von Rogers war das genaue Gegenteil der Annahme von Freud. Er behauptete: „Das Verhalten des Menschen ist ausnehmend rational und schreitet mit subtiler und geordneter Komplexität in Richtung auf die Ziele voran, die sein Organismus zu erreichen sucht."[3] Um diese auf vollständige Entwicklung hin ausgerichtete formative Tendenz zu illustrieren, erzählte Rogers die Geschichte von der Kartoffelkiste seiner Eltern:

Ich kann mich erinnern, dass in meiner Kindheit die Kartoffelkiste, in der wir unseren Wintervorrat an Kartoffeln aufbewahrten, im Keller etwa zwei Meter unter einem winzigen Kellerfenster stand. Die Bedingungen waren ungünstig, und doch begannen die Kartoffeln zu keimen – sie trieben blasse weiße Keimlinge, die ganz anders aussahen als die gesunden grünen Sprosse, die sie emporsenden, wenn sie im Frühjahr in die Erde gesetzt wer-

den. Doch diese traurigen, spindeldürren Keimlinge konnten in ihrem Streben hin zum fernen Licht des Fensters bis zu einem Meter lang werden. Sie waren in ihrem bizarren und vergeblichen Wachstum eine Art verzweifelter Ausdruck der zielgerichteten Tendenz ... Sie würden nie zu einer Pflanze werden, würden niemals ausreifen, niemals ihr wahres Potenzial erfüllen. Doch selbst unter den ungünstigsten Bedingungen strebten sie danach, zu werden. Das Leben wollte einfach nicht aufgeben, auch wenn es nicht zur Blüte gelangen konnte. Wenn ich es mit Klienten zu tun habe, deren Leben unglaublich verkrümmt wurde, wenn ich mit Männern und Frauen in den versteckten Abteilungen der staatlichen Krankenhäuser arbeite, dann denke ich oft an jene Kartoffelkeimlinge. Die Bedingungen, unter denen diese Menschen sich entwickelt haben, waren so ungünstig, dass ihr Leben oft abnormal, verbogen und kaum menschlich erscheint. Und doch kann man auf die richtunggebende Tendenz in ihnen vertrauen. Der Schlüssel zum Verständnis ihres Verhaltens ist, dass sie auf die einzige Art und Weise, die ihnen zur Verfügung steht, zum Wachstum, zum Werden hinstreben. Für uns sehen die Ergebnisse bizarr und vergeblich aus, aber sie sind der verzweifelte Versuch des Lebens, zu sich selbst zu werden.[4]

Was ich bin, ist gut genug, wenn ich es nur ganz offen wäre.

Carl R. Rogers

Rogers hat seine Theorie der formativen Tendenz im weiteren Verlauf seiner Arbeit getestet und validiert. Wir können heute davon ausgehen, dass sie richtig ist. Wir sind von Natur aus ganz, besitzen enorme innere Ressourcen und sind in einer angemessenen Atmosphäre in der Lage, unser volles Potenzial auszuschöpfen. Wir sind fähig, das Gute Leben zu leben.

Rogers' Vorstellung vom Guten Leben

Carl Rogers erweiterte die Idee des Aristoteles vom Guten Leben um seine eigenen Vorstellungen. „Dieser Prozess des Guten Lebens, davon bin ich überzeugt", schrieb Rogers, „ist kein Leben für die Zaghaften. Um mehr und mehr des eigenen Potenzials verwirklichen zu können, muss man sich strecken und wachsen. Dazu braucht man den Mut, zu sein. Es bedeutet, dass man sich ganz in den Strom des Lebens stürzt." Für Rogers ist das Gute Leben kein statischer Zustand. Es ist kein einmal erlangter Zustand der Tugend, der Zufriedenheit, des Nirvâna oder des Glücks. Es ist kein Zustand, der notwendigerweise bedeutet, dass das Individuum Erfüllung gefunden hat, verwirklicht oder auch nur wohl angepasst ist. „Das Gute Leben", so schrieb Rogers, „ist ein *Prozess,* kein Seinszustand. Es ist eine Richtung, kein Bestimmungsort. Es ist die Richtung, die wir für uns selbst wählen, wenn wir die psychische Freiheit besitzen, in alle möglichen Richtungen zu gehen."[5]

Die völlig funktionale Person

Rogers definierte auch, was er die völlig funktionale Person nannte. Es ist dies eine Person, die die Rotstift-Welt der erstickenden Konformität und der Krittelei transzendiert hat. Sie ist eine Person, die gelernt hat, auf ihren eigenen Organismus zu vertrauen, und die deshalb weniger von der Zustimmung oder den Sanktionen einer äußeren Autorität abhängig ist und sich mehr auf die Autorität ihrer eigenen kreativen Natur und ihrer eigenen Kraft verlässt. Sie ist eine Person, deren Gefühl von Ganzheit aus einer Offenheit für ihre eigene Erfahrung entspringt, worin diese auch immer bestehen mag.

Niemand anderer als du selbst zu sein – und das in einer Welt, die Tag und Nacht ihr Bestes tut, dich zu jemandem zu machen, der ist wie alle anderen –, das bedeutet,

die härteste Schlacht zu schlagen, die irgendein Mensch schlagen kann, und niemals mit dem Kämpfen aufzuhören.

e.e. cummings

Das Ich als Ganzheit

Ganz sein zu können, ist abhängig von der Bereitschaft, das zu erfahren, was in unserem Inneren vor sich geht, es zu erspüren und im Einklang damit zu handeln. Dazu müssen wir annehmen, was immer wir in einem Moment fühlen – von Angst und Kummer und Enttäuschung bis hin zu Leidenschaft, Güte und Ehrfurcht. „Eine Weise, die Fluidität, die in einem solchen existenziellen Leben gegenwärtig ist, zum Ausdruck zu bringen", schrieb Rogers, „ist, zu sagen, dass das Ich und die Persönlichkeit *aus* der Erfahrung entstehen, statt die Erfahrung so zu übersetzen und zu verdrehen, dass sie einer vordefinierten Ichstruktur entspricht."[6]

Die eigene Stärke finden

Wie werden wir zu einer völlig funktionalen Person? Zuerst einmal, indem wir unsere Neigung, an allem herumzukritisieren, abstellen, sodass wir beginnen können, unsere Stärken anzuerkennen. Das ist ein Muskel, den wir trainieren müssen. Die Forschung hat gezeigt, dass wir schlecht darin sind, unsere Stärken zu identifizieren, aber schnell bei der Hand sind, wenn es darum geht, unsere Fehler zu benennen. Herb Otto, der in den 1960er Jahren an der Universität von Georgia und der Universität von Utah Forschungen zum menschlichen Potenzial anstellte, fand heraus, dass die Menschen ihre Stärken herabsetzen, indem sie ihre positiven Eigenschaften gering schätzen und an einer engstirnigen Sicht ihrer eigenen Talente und Fähigkeiten festhalten. Wir neigen dazu, positives Feedback umzulenken, es zu leugnen, abzutun oder es wegzuwischen.

Vier Weisen, sich um die eigene Kraft zu bringen

Umlenken
– jemand anderem das
  Verdienst zuschreiben

Abtun
– das Thema wechseln

Leugnen
– leugnen, dass der eigene
  Beitrag wertvoll war

Wegwischen
– „Das ist doch nichts Besonderes"

Während der fünfzig Jahre, die seit der Forschungsarbeit von Otto vergangen sind, haben sich die Dinge nicht zum Besseren verändert. Die Gallup Organisation, die psychologische Profile von [beinahe] zwei Millionen Individuen in 101 Firmen erstellt hat, kam zu demselben Schluss. Sie konstatierte: „Die meisten von uns haben wenig Gefühl für ihre Talente und Stärken, ganz zu schweigen von der Fähigkeit, ihr Leben darauf aufzubauen. Unter Anleitung unserer Eltern, unserer Lehrer, unserer Manager und unter dem Einfluss der Psychologie, die vom Krankhaften fasziniert ist, werden wir zu Experten, was unsere eigenen Schwächen angeht, und verbringen unser Leben damit, zu versuchen, diese Fehler zu beheben, während unsere Stärken schlummern und nicht beachtet werden."[7] Die Studie wurde in dem Bestseller *Now Discover Your Strengths* von Marcus Buckingham und Donald Clifton präsentiert. Eine der Fragen, die in diesem Rahmen gestellt wurden, war: „Haben Sie an Ihrem Arbeitsplatz die Gelegenheit, jeden Tag das zu tun, was Sie am besten können?" Nur zwanzig Prozent der Befragten bejahten diese Frage. Die Studie hat auch gezeigt, dass ein Angestellter die Frage um so eher verneinend beantwortet, je höher er auf der Karriereleiter geklettert ist. Gallup hat auch aufgezeigt, dass Firmen, die bei der Einstellung neuen Personals auf die Stärken und Talente der neuen Kräfte bauten, „eine Zunahme der Produktivität, der Kundentreue und der Bindung der Angestellten an die Firma zu verzeichnen hatten".[8] Gallup fand ebenfalls heraus, dass diejenigen am effektivsten arbeiten, „die ihre Stärken kennen. Die Daten zeigen auch, dass diese

Menschen am besten in der Lage sind, Strategien zu entwickeln, mit denen sie die Anforderungen ihres täglichen Lebens, ihrer Karriere und ihrer Familie erfüllen und über diese hinauswachsen können."[9] Traurigerweise gibt es nur wenige solcher Menschen.

Wie Herb Otto zeigen konnte, ist der eine Faktor, der am allermeisten zum Aufbau von Selbstvertrauen beiträgt, die Anerkennung der eigenen Stärken. Wir neigen dazu, vor solcher Anerkennung zurückzuschrecken, weil wir die Anerkennung unserer Stärken für einen Mangel an Bescheidenheit halten. Aber das ist falsche Bescheidenheit. Es ist zweifellos arrogant, unsere angeborenen Talente mit denen anderer Menschen zu vergleichen und diese dann als uns unterlegen abzutun. Doch die Wahrheit ist, dass wir uns nur allzu oft mit anderen vergleichen und uns *selbst* dann als unterlegen abqualifizieren. So etwas sehen wir allerdings nicht als gleichermaßen arrogant an.

● ● ●

„Unsere tiefste Angst", sagt Marianne Williamson in *A Return to Love,* „ist nicht, dass wir unzureichend sein könnten. Unsere tiefste Angst ist, dass wir unermesslich machtvoll sein könnten. Was uns am meisten Angst macht, ist nicht unsere Dunkelheit, sondern unser Licht."[10] Der Trappistenmönch Thomas Merton sieht das ähnlich. „Vielleicht bin ich stärker, als ich denke", schrieb er. „Vielleicht fürchte ich sogar meine Stärke und wende sie gegen mich selbst, schwäche mich damit selbst … Vielleicht fürchte ich die Stärke Gottes in mir am meisten."[11] Es ist, als stellten wir das Licht unserer Stärke unter den Scheffel. Wir können beginnen, den Scheffel zu lichten, indem wir die krittelnde Rotstift-Geisteshaltung ausräumen und an ihre Stelle eine Geisteshaltung der Anerkennung unserer Stärken setzen. Wir können für uns selbst bestätigen, dass wir eine angeborene Tendenz zur Selbstverwirklichung besitzen, die darauf programmiert ist, unsere vollständige Entwicklung zu erreichen. Wir können beginnen, darauf zu vertrauen.

So finden Sie Ihre Stärken

Es ist nicht schwer, jemand zu werden, der seine eigenen Stärken erkennt. Das Ganze beginnt damit, dass man die Stimme, die sagt, wir wären nicht gut genug, zum Schweigen bringt. Der beste Indikator für unsere Stärke ist das Feuer, das diese in unserem Herzen entzündet, wenn wir sie anwenden.

1. Machen Sie eine Liste von wenigsten fünf Ihrer Stärken. Schreiben Sie sie auf.

2. Wählen Sie eine dieser Stärken aus und beginnen Sie morgen damit, den Vormittag der Vergrößerung dieser Stärke zu widmen, indem Sie die verschiedenen Möglichkeiten, sie anzuwenden, erkunden.

3. Erkennen Sie den Wert dieser Stärke an, während Sie sie anwenden.

4. Konzentrieren Sie sich am Nachmittag darauf, eine Stärke eines anderen Menschen zu sehen, und erkennen Sie diese an, zuerst im Stillen für sich und dann sprechen Sie diese Anerkennung der anderen Person gegenüber aus.

5. Denken Sie an drei Menschen, die Ihre Stärken zu schätzen wissen, und lassen Sie sich durch die Beziehung zu ihnen bestätigen.

Machen Sie kleine Schritte, indem Sie Ihre Stärken zuerst einmal in andere Aktivitäten einfließen lassen. Dann verpflichten Sie sich der Bekräftigung dieser Stärke, indem Sie sie Woche für Woche allmählich zunehmen lassen, bis Sie das Gefühl haben, dass sie zum Besten dessen, was Sie leisten können, herangewachsen ist.

Bei Workshops, die ich in Firmen durchführe, machen wir oft eine Übung, die ich „Stärken finden" nenne. Die Teilnehmer werden in Achtergruppen aufgeteilt. Eine Person der Gruppe wird auf den sogenannten heißen Stuhl gesetzt. Eine andere Person fungiert als Schriftführer. Dann nennt immer im Kreis herum jede der Personen der Gruppe eine Stärke, die sie in der Person auf dem heißen Stuhl sieht. Für jede Person der Gruppe werden mehrere Runden solch positiver Rückmeldungen durchgeführt. Der Schriftführer hält jede dieser Antworten auf einem Stück Papier fest. Diese Übung wird wiederholt, bis jede Person in der Gruppe einmal auf dem heißen Stuhl gesessen hat.

Am Anfang, wenn ich den Teilnehmern die Übung, die wir gleich ausführen werden, erkläre, stöhnen fast alle auf, oder sie lachen nervös und rutschen auf ihrem Stuhl herum. Doch wenn wir mit den Runden fortfahren, fällt es den Teilnehmern immer leichter, den Personen auf dem heißen Stuhl umsichtige und ehrliche Anerkennung zu leisten. Es ist wirklich berührend zu sehen, mit welcher Hingabe sich die Leute diesem Prozess widmen. Oft sitzen die Teilnehmer zuerst ein Weilchen still da, bevor sie die richtigen Worte finden, die ein echtes Gefühl aussprechen. Und so gut wie immer wird die Person auf dem heißen Stuhl vor Beschämung ganz rot.

Als Trainer beobachte ich bei einer solchen Übung unmittelbar, wie schwer es uns fällt, unsere Stärken anzuerkennen oder sie anerkannt zu sehen. Manchmal muss ich die unruhig zappelnde Person auf dem heißen Stuhl dazu ermutigen, dem Impuls zu widerstehen, die Komplimente einfach abzublocken. Doch wenn wir mit der Übung fortfahren, wird die Stimmung im Raum deutlich besser. Wenn jeder in der Runde einmal dran gewesen ist und wir die Übung abschließen, scheint der Raum oft von einem geheimnisvollen Licht erfüllt zu sein und die positive Energie ist geradezu greifbar. Überall sieht man ein Lächeln auf den Gesichtern, und manche legen jemand anderem eine Hand auf die Schulter; alle fühlen sich wunderbar. Wenn wir einige Monate später noch einmal eine Bestandsaufnahme der Resultate des Workshops machen, dann nennen die Teilnehmer meist die „Stärken finden"-Übung als den besonderen Höhepunkt des Trainings. Manche der Teilnehmer haben diese Übung inzwischen auch mit großem Erfolg in ihren Familien durchgeführt.

John F. Kennedy wollte, dass man in Amerika „die Erziehung als das Mittel zur Entwicklung unserer größten Fähigkeiten ansieht". „Denn in jedem von uns", so sagte er, „lebt eine private Hoffnung oder ein Traum, welche dann, wenn sie in Erfüllung gehen, zum Wohle aller gereichen und zu einer Stärkung der Nation beitragen."[12] Marcus Buckingham, der Koautor von *Now, Discover Your Strenghts* und Autor von *One Thing You Need to Know* rät uns: „Finden Sie einen kleinen Bach, in dem Ihre Stärken fließen können, und lassen sie ihn zum Mississippi anwachsen."[13]

Epilog:
Niemals, niemals, niemals aufgeben

Ich pflege stets große Hoffnungen.

Robert Frost

Wir haben alle versucht, mit dem Leben zurechtzukommen, ohne unserem Seelenfrieden viel Beachtung zu schenken. Wir haben einfach nicht verstanden, welche Macht er hat oder was es bedeutet, uns selbst und andere wertzuschätzen. Als Einzelne und als Spezies haben wir nicht begriffen, was Mutter Theresa meinte, als sie sagte, wenn wir keinen Frieden hätten, dann läge das daran, dass wir vergessen hätten, dass wir zueinander gehören. Unser Mangel an Verständnis hat uns heute an einen Scheideweg gebracht – wie wir schon vor fünfzigtausend Jahren an einem Scheideweg standen, als wir uns endlich die kreative Kraft des Neocortex aneigneten, nachdem wir sie ganze achtzigtausend Jahre ignoriert hatten.[1] An diesem Punkt trat unser Genie mit einer Welle des Erfindungsreichtums plötzlich zutage. Die Kulturen von Ägypten, Athen, Rom, Harappa und der Verbotenen Stadt erhoben sich plötzlich aus dem Sand, und schon bald danach wandelte der Mensch auf dem Mond. Wäre es vor fünfzigtausend Jahren nicht zu dieser Welle von Erfindungsreichtum gekommen, dann hätte der Homo sapiens nicht überlebt. Doch wir sind rechtzeitig erwacht. Einer unserer Vorfahren nach dem anderen begann, die Welt zu verändern, indem er sich der kreativen Macht bediente, die in unserem Gehirn aufdämmerte. Schritt für Schritt brachten unsere Vorfahren kleine Veränderungen hervor, die zu größeren Ergebnissen führten, bis sich der Unterschied überall bemerkbar machte.

Das Aufdämmern eines neuen Zeitalters

Wir müssen noch einmal aufwachen. Wir stehen, wieder einmal, an einem Scheideweg des Überlebens. Wir bedürfen einer zweiten Welle des kollektiven Genies, um unser Leben zu retten. Wir sehen uns dazu aufgefordert, die Welt zu verändern, indem wir zur Macht des höheren Bewusstseins Zugang gewinnen. Wir sind dazu herausgefordert, zur Macht des Friedens Zugang zu gewinnen. Zum Glück ist unser Gehirn auf eine Weise vernetzt, die uns das ermöglicht.

Wie können wir diese neuronale Kraft aktivieren? Wir stärken die Macht des Friedens, indem wir uns täglich in kleinerem und größerem Rahmen dafür entscheiden. Wie Mahatma Gandhi sagte: „Wir müssen zu dem Wandel werden, den wir in der Welt sehen möchten." Dies können wir tun, indem wir die Angst loslassen, welche Form auch immer sie annimmt. Wir können die Vergangenheit loslassen und jeden Moment als etwas ganz Neues leben. Wir können unseren Mitmenschen unser bedingungsloses Mitgefühl und unsere bedingungslose Fürsorge entgegenbringen. Wir können unsere Bereitschaft, zu vergeben, vergrößern. Wir können lernen, unsere eigenen Stärken wertzuschätzen, sie zu benutzen, indem wir uns selbst ausweiten, und wir können andere dazu ermutigen, ihre eigenen Stärken zu nutzen. Wir können unser beschränktes Eigeninteresse transzendieren, um zum Wohle kommender Generationen zu denken und zu handeln.

Friede bedeutet nicht, dass wir niemals mehr in eine Situation der Unruhe, der Probleme oder des Stresses geraten. Friede bedeutet vielmehr, dass wir uns dafür entscheiden, inmitten all dieser Dinge zu stehen, und uns dazu entschließen, trotzdem ruhig zu bleiben und einen klaren Geist zu bewahren. Friede muss eingeübt werden. „Friede ist ein täglicher, wöchentlicher, monatlicher Prozess", sagte John F. Kennedy einmal, „in dem wir allmählich unsere Meinungen ändern, langsam alte Barrieren abtragen und in aller Stille neue Strukturen aufbauen."[2]

In die richtige Richtung gehen

Wir werden unweigerlich Rückfälle erleben, wenn angstvolles Denken negative Gefühle aktiviert. Die alten vorgestellten Bedrohungen werden wieder ihren Kopf erheben, werden Aufruhr im Körper erzeugen und die alten schädlichen Verhaltensweisen auslösen. Es wird Tage geben, an denen alles schief zu gehen scheint, und andere Tage, an denen uns schlechte Nachrichten erschüttern. Zu manchen Zeiten wird der Sog des Sturms stark sein. Nur Mut! Wenn wir Fehler machen, können wir uns selbst vergeben und uns erneut für die Erfahrung entscheiden, die wir haben möchten. Ralph Waldo Emerson gab uns folgenden Rat:

Beende jeden Tag, indem du ganz damit abschließt. Du hast getan, was du konntest. Es haben sich gewiss einige Schnitzer und Absurditäten eingeschlichen; vergiss sie so schnell wie möglich. Morgen ist ein neuer Tag: Beginne ihn gut und gelassen, mit einer Hochstimmung, die sich von deiner alten Narretei nicht herunterziehen lässt. Dieser Tag ist alles, was schön und gut ist. Er ist dir zu teuer, mit all seinen Hoffnungen und Einladungen, als dass du auch nur einen Moment auf das Gestern verschwenden dürftest.

„Was wir heute, morgen oder übermorgen an den Tag legen", sagte Ernest Holmes, „ist nicht so wichtig wie die Richtung, die unser Denken einschlägt ... die vorherrschende Einstellung unseres

Geistes." Wenn die Dinge jeden Tag ein wenig besser sind, ein wenig harmonischer, ein wenig gesünder und freudiger, wenn wir jeden Tag mehr Leben zum Ausdruck bringen, dann gehen wir in die richtige Richtung.[3]

Wenn Sie feststecken, stellen Sie sich eine Tür vor

Einige eingefahrene Muster sind natürlich hartnäckiger als andere. Es mag so aussehen, als sollten sie uns immer überwältigen und besiegen, und vielleicht glauben wir, ihnen niemals entfliehen zu können. Dr. Gerald Jampolsky, der Vater des *Attitudinal Healing* („Heilung durch Geisteshaltung") rät uns, die aktive Imagination zu nutzen, um ihnen entgegenzuwirken. In seinem Klassiker *Lieben heißt die Angst verlieren* bietet er uns eine Visualisierung an, die sehr effektiv sein kann:

Stellen Sie sich eine Wand vor, und lassen Sie diese für Ihr Problem stehen. Malen Sie eine Tür auf diese Wand und hängen Sie ein Schild darüber, auf dem in roten Lettern steht: Der Weg zur Freiheit. Stellen Sie sich vor, dass Sie die Tür öffnen, hindurchgehen und sie fest hinter sich schließen. Ihr Problem plagt Sie nicht mehr, da Sie es hinter sich gelassen haben. Erfahren Sie Ihre neu gewonnene Freiheit, indem Sie sich vorstellen, an einem Ort zu sein, wo Sie keine Sorgen haben, keinen Stress erfahren und Ihnen alles, was Sie tun, Freude bereitet. Wenn Sie bereit sind, diesen glücklichen Zufluchtsort wieder zu verlassen, nehmen Sie dieses neu gefundene Gefühl der Befreiung von vergangenen Problemen mit. In der Frische Ihrer neuen Wahrnehmung werden sich Lösungsmöglichkeiten, die Ihnen zuvor nicht eingefallen sind, einstellen.[4]

Der Sieg ist Ihnen sicher

„Ganz gleich, was auch gerade geschieht", empfiehlt uns der Dalai Lama, „geben Sie niemals auf. Arbeiten Sie für den Frieden, in Ihrem Herzen und in der Welt. Und ich sage es nochmals: Geben Sie niemals auf."[5] Der Sieg ist uns sicher, wenn wir nicht aufgeben. Wenn wir nur üben, werden uns schließlich neue Erfahrungen zuteil. Es gibt keine größere Motivation als gute Ergebnisse, es gibt kein lohnenderes Ergebnis als ein friedvolles Leben.

Dieses Buch hat Ihnen Werkzeuge präsentiert, die Ihnen helfen können, den Wandel auf der persönlichen Ebene zu vollziehen. Es ist als ein Führer gedacht. Jedes Werkzeug ist geeignet, mit Angst, mit dem Stress, den Angst erzeugt, und mit den Illusionen, die den meisten unserer Ängste zugrunde liegen, umzugehen. Jede dieser Übung vermag Angst in Frieden umzuwandeln. Es ist nicht notwendig, dass Sie alle diese Werkzeuge beherrschen. Benutzen Sie diejenigen, die bei Ihnen funktionieren, aber benutzen Sie sie dazu, Frieden in Ihr Leben und in die Welt zu bringen. Im folgenden Anhang finden Sie eine einfache Übung, mit der Sie beginnen können.

Ich wünsche Ihnen Frieden – jeden Tag und den ganzen Tag lang.

Anhang:
Eine einfache Übung

Für den Anfang

1. Beginnen Sie jeden Tag – so bald wie möglich nach dem Aufwachen – mit Stille. Lesen Sie die *„Den Denker beobachten"*-Übung auf Seite 199, bevor Sie anfangen. Die Zeitdauer spielt keine große Rolle. Falls das Üben sich schwierig anzufühlen beginnt: üben Sie noch ein oder zwei Minuten weiter. Es könnte sein, dass die Schwierigkeiten nachlassen oder aufhören. Wenn nicht, dann ist es Zeit aufzuhören. Lesen Sie am Ende jeder Sitzung *„Eigenschaften einer auf dynamische Weise friedvollen Geisteshaltung"* auf Seite 183.

2. Versuchen Sie, während des ganzen Tages die Übung *„Eine Abkürzung: die Löschtaste"* von Seite 201 anzuwenden, um stressgeladenes, angstvolles Denken gleich bei seinem Auftauchen auszulöschen.

3. Lesen Sie, was auf Seite 167 unter *„Den Hintergrund der Negativität transzendieren"* gesagt wird, und entschließen Sie sich, diese Übung zwei Wochen lang jeden Tag auszuführen.

4. Üben Sie jeden Tag eine der Aufgaben aus der Liste *„Die kleinen Dinge machen es"* von Seite 269, bis Sie alle Aufgaben ausgeführt haben.

Die Werkzeuge zum Transzendieren von Stress, Negativität und Widrigkeiten anwenden

1. Wenn der Stress in Ihnen überhand nimmt, stellen Sie sich die Frage: Wovor habe ich Angst? Lesen Sie die Übung *„Wovor habe ich Angst?"* auf Seite 164 und üben Sie, Ihr angst-

volles, gestresstes Denken zu widerlegen mit der Übung auf Seite 165: *„Die Angst mit Bezug auf die Realität widerlegen"*.

2. Wenn eine Begegnung bevorsteht, die für Sie bislang normalerweise Stress auslösend war, wie jemanden zu treffen, den Sie als Kontrahent betrachten, dann nutzen Sie das Vorwegnahme-Tool *„Frieden statt Konflikt visualisieren"* von Seite 222, um Ihre Haltung zu verändern.

3. Wenn Sie einen Fehler machen, der ein negatives Selbstgespräch in Gang setzt, üben Sie die *„Zurückweisung der kritischen Stimme"* auf Seite 207.

4. Wenn Sie jemand anderem oder sich selbst vergeben müssen, benutzen Sie die Übung *„Befreiung"* auf Seite 246.

Verfolgen Sie durch Bewusstheit Ihre wachsende Kraft

1. Prüfen Sie periodisch Ihre *Stressometer-Resultate* (siehe Seite 154) und die *Zeichen von Stress* (siehe Seite 156 und 157) und beobachten Sie, welche Faktoren sich verändern. Das Stressometer macht Sie darauf aufmerksam, in welchem Bereich (Psyche, Gefühle, Körper, Geisteshaltung) sich der Stress am deutlichsten bemerkbar macht. Die Zeichen von Stress sagen Ihnen, zu welchen Problemen der Stress bei Ihnen führt. Nehmen Sie zur Kenntnis, wo Sie besser mit den Problemen zurechtkommen.

2. Während des ersten Monats ist es hilfreich, wenn Sie sich immer wieder einmal Ihre Listen mit den Zeichen von Stress und die Stressometer-Ergebnisse ansehen.

Tagsüber

Wenn Sie einen besonders stressigen Tag haben, machen Sie eine fünfminütige Pause, unternehmen Sie einen Spaziergang im Freien und nutzen Sie die *Löschtasten-Übung* (Seite 201), um stresserfülltes Denken zu beruhigen.

Machen Sie am Ende eines besonders stressigen Tages, noch bevor Sie nach Hause gehen, die Übung von Seite 160: *„Dabei verweilen, um zu heilen."*

Übungen und Meditationen,
um unser Gehirn zu verändern

Unter dem Titel *„Das stressfreie Gehirn – Übungen und Meditationen, die unser Gehirn verändern"* gibt es die CD zum Buch. Sie enthält ein Programm mit hilfreichen Anleitungen, Stress aufzuspüren und in Ruhe und Gelassenheit zu verwandeln. Noch immer nehmen viele Menschen an, es sei unmöglich, ganz ohne Stress zu sein. Ich weiß: Es ist möglich – ich habe es immer und immer wieder erfahren dürfen. Folgende Anleitungen und Meditationen sind auf der CD:

Den Körper spüren
Wovor habe ich Angst?
Vorwegname
Den Denker beobachten
Der „Löschen"-Knopf
Die Gegenwart von
  der Vergangenheit befreien
Die Einstellung verändern
Die Kontrolle zurückerlangen
Vergebung

Zudem finden Sie im Download-Bereich des Buches (http://www.windpferd.de/das-stressfreie-gehirn.html) 14 Seiten zusätzliches frei verfügbares Arbeitsmaterial.

Die kleinen Dinge machen es

· Stellen Sie sich in die längste Warteschlange an der Kasse im Supermarkt oder anderswo und benutzen Sie während der Wartezeit Ihren Geist kreativ, um sich für Frieden zu entscheiden.

· Schauen Sie dreißig Sekunden lang aus dem Fenster und lassen Sie Ihren Geist wandern. Beobachten Sie den Wind in den Bäumen oder den Sonnenschein oder den Regen.

· Tun Sie heute etwas für sich, das Ihnen wohltut.

· Wählen Sie auf dem Heimweg im Auto die langsame Fahrspur.

· Lächeln Sie heute häufiger als sonst.

· Hören Sie auf dem Heimweg keine Nachrichten, sondern beruhigende Musik.

· Üben Sie, anderen zuzuhören, ohne sie zu unterbrechen.

· Kaufen Sie ein kleines Geschenk für eine Freundin/einen Freund oder für ein Familienmitglied.

· Rufen Sie einen Freund/eine Freundin an, mit dem/der Sie schon lange nicht mehr gesprochen haben.

· Führen Sie sich das Beste in einem Menschen, den Sie kennen, vor Augen.

· Widmen Sie den heutigen Tag der Aufmerksamkeit für Ihre Stärken und Ihre positiven Eigenschaften.

· Üben Sie, triviale Fehler zu verzeihen.

· Benutzen Sie einen anderen Maßstab als den bloßen geschäftlichen Erfolg, um Ihre Errungenschaften, Ihre Talente, Ihre kreativen Fähigkeiten, Ihre menschlichen Eigenschaften und Ihre engen Beziehungen einzuschätzen.

· Tun Sie stillschweigend gute Taten und seien Sie freundlich zu anderen.

· Üben Sie, Komplimente dankbar anzunehmen.

· Akzeptieren Sie, dass Sie im Leben niemals ganz fertig sind.

· Nehmen Sie sich heute fünf Minuten, in denen Sie sich an eine Zeit erinnern, zu der Sie glücklich waren.

· Nehmen Sie sich vor, sich keine Vorwürfe mehr darüber zu machen, dass Sie nicht perfekt sind.

· Erwägen Sie die Vorstellung, dass die Vollkommenheit in der Unvollkommenheit liegt.

· Wenn Sie heute einen Konflikt erfahren, dann sagen Sie sich: „Ich werde nicht zulassen, dass diese Person oder diese Situation bestimmt, wie ich mich fühle."

· Denken Sie heute weniger und fühlen Sie dafür mehr. Üben Sie sich darin, zu wissen, wie Sie sich fühlen, indem Sie Aussagen machen, die mit „Ich fühle …" beginnen.

Über den Autor

Gary Ferber

Don Jospeh Goewey arbeitete an den stressigsten Orten dieser Welt, von bosnischen Flüchtlingslagern, über Aids-Krankenstationen bis hin zu Gefängnissen. Er hat Workshops gehalten und den Leitgedanken in die Welt getragen: Stress ist Angst und Friede ist Kraft.

Er ist Mitbegründer von ProAttitude, einem Unternehmen, das Menschen hilft, diesen optimalen Bewusstseinszustand am Arbeitsplatz zu verwirklichen

Goeweys bisheriger Werdegang in Sachen menschlichem Potenzial erstreckt sich über drei Jahrzehnte: er arbeitete mit dem humanistischen Psychologen Carl R. Rogers zusammen, ebenso mit Gerald G. Jampolsky, dem Begründer von *Attitudinal Healing*.

Weitere Informationen über den Autor finden Sie unter
http://donjosephgoewey.com

Anmerkungen

Prolog

[1] Übersetzt nach Rollo May, *The Meaning of Anxiety*, New York (W. W. Norton) 1997, S. x.

[2] Sören Kierkegaard, *Der Begriff Angst*, übersetzt von Hans Rochol, Hamburg (Meiner Verlag) 1987, S. 171f.

[3] Übersetzt nach Alberto Loizaga, „Buenos Aires, Argentina: Pilar", *The Journey: The Jampolsky Outreach Foundation Newsletter*, 2002:2.

[4] Übersetzt nach Daniel Siegel, „Patterns of Processing", Tonaufzeichnung eines Vortrags bei der IEA Konferenz in San Francisco, 2005.

[5] Übersetzt nach Eckhart Tolle, *The Power of Now*, Novato, California (New World Library) 2000, S. 122.

Kapitel 1

[1] Mokhtar H. Gado, Joseph Hanaway und Thomas A Woolsey, *The Brain Atlas: A Visual Guide to the Human Central Nervous System*, Hoboken (John Wiley & Sons) 2003.

[2] Übersetzt nach Erik Kandel, *In Search of Memory: The Emergence of a New Science of Mind*, New York (W. W. Norton) 2006, S. xi.

[3] Hughes Medical Institute, „Evidence that Human Brain Evolution was a Special Event", written by Howard Bruce T. Lahn; *ScienceDaily*, 29. Dezember 2004. http://www.sciencedaily.com/releases/2001/05/010510071941.html.

[4] Princeton University, „How Did We Get So Smart? Study Sheds Light On Evolution of the Brain", *Science Daily*, 10. Mai 2001. http://www.sciencedaily.com/releases/2001/05/010510071941.htm.

[5] Übersetzt nach Aristotle, *Nichomachean Ethics*, übersetzt von W. D. Ross, Kitchner, Oregon (Batoche Books) 1999, S. 12.

[6] Übersetzt noch Rollo May, *The Meaning of Anxiety*, New York (W. W. Norton) 1997, S. 209.

[7] Siehe hierzu Ernest Holmes, *The Science Of Mind*, New York (Dodd, Mead & Company) 1938, S. 47.

[8] Übersetzt nach Dr. phil. Howard Gardner, *Frames of Mind: The Theory of Multiple Intelligences*, New York (Basic Books) 1983, S. 73.

[9] Übersetzt nach Mihaly Csikszentmihalyi, PhD, *Flow: The Psychology of Optimal Experience*, New York (HarperCollins) 1990, S. 3.

10 D. H. Lawrence, „We Are the Transmitters", *Selected Poems,* New York (Viking Press) 1959, S. 105.

11 Übersetzt nach Abraham Joshua Heschel, *I Asked For Wonder,* New York (Crossroad Publishing) 2006, S. 67.

12 Übersetzt nach Bruce McEwen, *The End of Stress as We Know It,* Washington, DC (Joseph Henry Press) 2002, S. 13.

13 Siehe The Gallup Organization, „Lifestyle Poll", 24. Januar 2007.

14 American Psychological Association, „Stress in America", 24. Oktober 2007, S. 15. apahelpcenter.mediaroom.com/file.php/138/ Stress+i+America+REPORT+FINAL.doc.

15 Übersetzt nach Vivienne Parry, „Stress: A Blight of Modern Life", *BBC News,* 6. September 2005.

16 Siehe Mihaly Csikszentmihalyi, PhD, *Flow: The Psychology of Optimal Experience,* New York (HarperCollins) 1990.

17 Ebenda, S. 3.

18 Übersetzt nach Mihaly Csikszentmihalyi, PhD, *Finding Flow: The Psychology of Engagement with Everyday Life,* New York (Basic Books) 1997, S. 22.

Kapitel 2

1 Siehe Thomas S. Collett, Emma Edwards, Helen J. Frier, Susi Neale und Claire Smith, „Magnetic Compass Cues and Visual Pattern Learning in Honeybees", *The Journal of Experimental Biology,* Nr. 199 (1996), S, 1353-1361.

2 Nach Christopher Crowe und Michael Mann, *The Last of the Mohicans,* dem auf dem Roman von James Fenimore Cooper basierenden Drehbuch. http:// www.dailyscript.com/scripts/last-of-the-mohicans-script.html.

3 Siehe W. T. Greenough und F. R. Volkmar, „Rearing Complexity Affects Branching of Dendrites in the Visual Cortex of the Rat", *Science,* Nr. 176 (1972), S. 1445 und 1447.

4 Earl K. Miller et. al., „Different Time Courses of Learning-Related Activity in the Prefrontal Cortex and Striatum", *Nature* Nr. 433 (2005), S. 873-876.

5 Übersetzt nach A. R. Damasio, *Descarte's Error: Emotion, Reason, and the Human Brain,* New York (G. Putnam) 1994, S. 59.

6 Chris Mercogliano und Kim Debus, „The Unfolding of Intelligence: An Interview with Joseph Chilton Pearce", *Journal of Family Life* 5, Nr. 19 (1999), S. 1.

7 Ebenda, S. 1.

8 Ebenda, S. 2.

9 Siehe R. McCraty und D. Tomasino, „Emotional Stress, Positive Emotions, and Psychophysiological Coherence", in B. B. Arnetz und R. Elkman (Hrsg.), *Stress in Health and Disease,* Berlin (Wiley VCH) 2006, S. 342-365.

[10] Siehe D. Tomasino, „The Psychophysiological Basis of Creativity and Intuition: Accessing ‚The Zone' of Entrepreneurship", *International Journal of Entrepreneurship and Small Business* 4, Nr. 5 (2007), S. 528-542.

[11] Siehe M. Atkinson, R. T. Bradley und R. McCraty, „Electrophysiological Evidence of Intuition: The Surprising Role of the Heart, Part 1", *Journal of Alternative and Complementary Medicine* 10, Nr. 1 (2004), S. 133-143.

[12] Matthäus 16,3.

[13] Dr. med. Daniel J. Siegel, Psychiatric Annals" (Manuskript, 2008).

[14] Carl Rogers, *The Carl Rogers Reader*, hrsg. v. Howard Kirschenbaum und Valerie Henderson, New York (Houghton-Mifflin) 1989, S. 416.

[15] Aus Jean-Jacques Rousseau, *Der Gesellschaftsvertrag*.

[16] Übersetzt nach Nikos Kazantzakis, *Report to Greco*, New York (Simon and Schuster) 1965, S. 445.

[17] Ebenda.

[18] Ebenda.

[19] Ebenda.

[20] Steve Jobs, „'You've Got to Find What You Love,' Jobs Says", Stanford University News Service, 15. Juni 2005. http://news-service.stanford.edu/news/2005/junu15/jobs-061505.html.

Kapitel 3

[1] Siehe Daniel Siegel, MD, *The Mindful Brain*, New York (W. W. Norton) 2007, S. 41-44.

[2] Siehe C. E. Kerr, S. Lazar, R. H. Wasserman, et. al., „Meditation Experience is Associated with Increased Cortical Thickness", *Neuroreport*, Nr. 16 (2005), S. 1893-1897.

[3] Übersetzt nach Andrew Cooper, *Playing In the Zone: Exploring the Spiritual Dimensions of Sports*, Boston (Shambhala Publications) 1998.

[4] Siehe dazu Mihaly Csikszentmihalyi, PhD, *Flow, The Psychology of Optimal Experience*, New York (HarperCollins) 1990, S. 33.

[5] Übersetzt nach Ralph Waldo Emerson, *Self-Reliance and Other Essays*, New York (Dover Publications) 1993, S. 27.

[6] Siehe Jeff Hawkins, *On Intelligence*, New York (Times Books) 2004, S. 40.

[7] Ebenda, S. 66-67.

[8] Siehe dazu University of Rochester, „Mysterious ‚Neural Noise' Actually Primes Brain for Peak Performance", verfasst von Alex Pouge in *Science Daily*, 13. November 2006. http://www.sciencedaily.com/releases/2006/11/061112094812.html.

[9] Siehe Richard G. Klein, *The Dawn of Human Culture*, New York (Nevraumount Publishing Co.) 2002, S. 133.

[10] Siehe Doron M. Behar, Richard Villems, et. al., „The Dawn of Human Matrilineal Diversity", in *The American Journal of Human Genetics* 82, Nr. 5 (24. April 2008), S. 1130-1140.

[11] Übersetzung aus dem Text der *American Anthem* von Gene Scheer.

[12] Übersetzt nach Stanley Milgram, *Obedience to Authority*, New York (Harper-Collins) 1974, S. 73-88.

Kapitel 4

[1] Übersetzt nach Tennessee Williams, *Suddenly Last Summer*, New York (Dramatists Play Service, Inc.) 1957, S. 8-9.

[2] Übersetzt nach Walace Stegner, *Wolf Willow*, New York (Penguin) 1955, S. 152.

[3] Siehe James Brewer, Larry Cahill, John D. E. Gabrieli, Canli Turhan und Zuo Zhao, „Event-Related Activation in the Human Amygdala Associates with Later Memory for Individual Emotional Experience", *The Journal of Neuroscience* 20, RC99, 2000, S. 1-5.

[4] Siehe John Brockman, „Parallel Memories: Putting Emotions Back into the Brain, A Talk with Joseph LeDoux", in *Edge: The Third Culture*. http://www.edge.org/documents/archive/edge7.html

[5] Übersetzt nach Willa Cather, *My Ántonia*, New York (Barnes and Nobles Classics) 2005, S. 33.

[6] Robert M Sapolsky, *Why Zebras Don't Get Ulcers: An Updated Guide to Stress, Stress Related Diseases, and Coping*, 2. revidierte Ausgabe, New York (W. H. Freeman) 1998, S. 5.

[7] Siehe Center for Neural Science at New York University, „Emotion, Memory and the Brain", LeDoux Laboratory, http://www.cns.nyu.edu/home/ledoux/index.html.

[8] Siehe Joe T. Zsien, „Building a Brainier Mouse", *Scientific American* 289, Nr. 4 (2000), S. 63-69.

[9] Übersetzt nach Albert Camus, *Between Hell and Reason: Essays from the Resistance Newspaper Combat, 1944-1947*, Middletown (Wesleyan) 1991, S. iii.

[10] Siehe Federal Bureau of Investigation, Washington DC: FBI, U.S. Department of Justice, *Crime in the United States*, 2003. Section 2, S. 18, Tabelle 2.7 mit dem Titel *Murder Victim/Offender Relationship*, 2004.

[11] Siehe Michael R. Gottfredson und Travis Hirschi, *A General Theory of Crime*, Palo Alto (Stanford University Press) 1990, S. 32.

[12] Siehe American Psychological Association, „Stress in America", 24. Oktober 2007, S. 5. apahelpcenter.mediaroom.com/file.php/138/Stress+in+America+REPORT+FINAL.doc.

13 Siehe G. Keinan, „Decision-Making Under Stress: Scanning of Alternatives Under Controllable and Uncontrollable Threats", *Journal of Personality and Social Psychology* 52, Nr. 3 (1987), S. 639-644.

14 Wesley E. Sime, MPH/PhD, „Stress Management: A Review of Principles", *The Health and Human Performance at the University of Nebraska*, 1977. http:// cehs.unl.edu.stress/workshop/tableofcontents.html.

15 D. Caroline Blanchard, Robert J. Blanchard, Anna María Magariños, Bruce S. McEwen, Christina R. McKittrick und Randall R. Sakai, „Chronic Social Stress Reduces Dendritic Arbors in CA3 of Hippocampus and Decreases Binding to Serotonin Transporter Sites", in *Synapse* 36, Nr. 2 (2008), S. 85-94.

16 Siehe Robert D. Rogers et al., „Tryptophan Depletion Alters the Decision-Making of Healthy Volunteers Through Altered Processing of Reward Cues", in *Neuropsychopharmacology* 28, Nr. 1 (Januar 2003), S. 153-162.

17 Siehe Emily Singer, „Tryptophan, Turkey, and Trust: Your Holiday Turkey Won't Give You More Faith in Your Family, but New Research Suggests that there Is a Relationship between Tryptophan and Trust", *Technology Review at MIT*, 21. November 2007.

18 Siehe D. C. Blanchard, R. J. Blanchard, Z. Celen, L. R. Lucas, C. Markham, B. S. McEwen, R. R. Sakai und K. L. Tamashiro, „Repeated Exposure to Social Stress Has Long-Term Effects on Indirect Markers of Dopaminergic Activity in Brain Regions Associated with Motivated Behavior", *Neuroscience* 124, Nr. 2 (2004), S. 449-457.

19 Siege P. Arbisi, P. Collins,, R. Depue, A. Leon und M. Luciana, „Dopamine and the Structure of Personality: Relation of Agonist-Induced Dopamine D2 Activity to Positive Emotionality", in *Journal of Personality and Social Psychology* 67 (1994), S. 485-498.

20 American Psychological Association, „Stress in America", 24. Oktober 2007, S. 5. apahelpcenter.mediaroom.com/file.php/138/ Stress+in+America+REPORT+FINAL.doc.

21 Ebenda, S. 7.

22 Siehe Matthew F. Bumpus und Ann C. Crouter, „Linking Parents' Work Stress to Children's and Adolescents' Psychological Adjustment", in *Current Directions in Psychological Science* 10, Nr. 5 (2001), S. 156-159.

23 Übersetzt nach Jeanna Bryner, „Kids to Parents: Leave the Stress at Work", *Associated Press*, 23. Januar 2007.

24 American Institute of Stress, „Job Stress", 10. September 2001; http://www. stress.org/job.htm. „Krankmeldungen auf Grund von Arbeitsstress haben deutlich zugenommen: Nach einer Befragung von 800.000 Arbeitskräften in über 300 Unternehmen hat sich die Zahl von Angestellten, die sich aufgrund von Stress krankmelden, von 1996 bis 2000 verdreifacht. Nach Schätzungen

sind eine Million Arbeitskräfte pro Tag aufgrund von Stress krankgemeldet. Die European Agency for Safety and Health at Work berichtet, dass über die Hälfte der 550 Millionen Arbeitstage, die in den USA jährlich aufgrund von Krankmeldungen verloren gehen, mit Stress zu tun haben und dass bei 20 Prozent all jener, die sich in letzter Minute entscheiden, nicht zur Arbeit zu gehen, Stress die Ursache ist."

25 S. Hawken, S. Ounpuu, S. Yusuf, et. al., „Effect of Potentially Modifiable Risc Factors Associated with Myocardial Infarction in 52 Countries (The INTER-HEART Study): Case-Control Study", in *Lancet* 364 (2006), S. 937-952.

26 Siehe The Gallup Organization, „Lifestyle Poll" 24. Januar 2007.

27 Lynn Franco, „US Job Satisfaction Declines", The Conference Board, Press Release, 23. Februar 2007. http://www.conference-board.org/utilities/press-Detail.cfm?press_ID=3075.

28 Siehe The Gallup Organization, „Lifestyle Poll" 24. Januar 2007.

29 Avshalom Caspi, Andrea Danese, Maria Melchior, Barry J. Milne, Terrie E. Moffit und Richard Poulton, „Work Stress Percipitates Depression and Anxiety in Young, Working Women and Men", *Psychological Medicine* 37 (2007), S. 1119-1129.

30 Jessica Innis Baltes, André Martin und Kyle Meddings, „The Stress of Leadership", *Leading Effectively*, The Center for Creative Leadership — A CCL Research White Paper (2007). http://www.ccl.org/leadership/enewsletter/2007/JUNissue.aspx.

31 Statistics Canada, „Work Stress Among Health Care Providers", *Health Reports* 18, Nr. 4 (2007), S. 33-36.

32 W. Dunagan, V. Fraser, T. Gallagher, J. Garbutt, E. Hazel, W. Levinson und A. Waterman, „The Emotional Impact of Medical Errors on Practicing Physicians in the United States and Canada", in *Joint Commission Journal on Quality and Patient Safety* 33, Nr. 8 (2007), S. 467-467(10).

33 M. Attridge und J. Lapp, „Worksite Intervention Reduces Stress among High School Teachers and Staff", *International Journal of Stress Management* 7, Nr. 3 (2000), S. 229-232.

34 Sherry A Benton, Stephen L. Benton, Fred B. Newton, John M. Robertson und Wen-chic Tseng, „Changes in Counseling Center Client Problems Across 13 Years", in *Professional Psychology: Research and Practice* 34, Nr. 1 (Kansas State University, 2003), S. 66-72.

Kapitel 5

1 Mind and Life Institute: http:/www.mindandlife.org. Das Mind and Life Institute ist der Förderung des Dialogs und der gemeinsamen Forschung auf

dem höchstmöglichen Niveau zwischen der modernen Wissenschaft und den großen lebendigen kontemplativen Traditionen, insbesondere dem Buddhismus, gewidmet.

2 Siehe Michael S. Gazzaniga; *The Mind's Past*, Berkeley (University of California Press) 1998, S. xi.

3 Übersetzt nach L. Colucci-D'Amato, „The End of the Central Dogma of Neurobiology: Stem Cells And Neurogenesis in Adult CNS", in *Neurological Sciences* 27, Nr. 4 (September 2006), S. 266-270.

4 Übersetzt nach Carol S. Dweck, *Mindset, The New Psychology of Success*, New York (Random House) 2006, S. 4.

5 Siehe Sharon Begley, *Train Your Mind, Change Your Brain*, New York (Ballantine Books) 2007, S. 30.

6 Siehe M. Fallah, E. Fuchs, E. Gould, C. G. Gross, A. J. Reeves und P. Tanapat, „Hippocampal Neurogenesis in Adult Old World Primates", *Proceedings of the National Academy of Science* 9, (1996), S. 5263-5267.

7 Siehe A. M. Alborg, T. Bjork-Eriksson, P. S. Eriksson, F. H. Gage, C. Nordborg, E. Perfilieva und D. A. Peterson, „Neurogenesis in the Adult Human Hippocampus", in *Nature Medicine* 11 (1998), S. 1313-1317.

8 J. P. Brasil-Neto, A. Cammarota, L. G. Cohen, M. Hallet, D. Nguyet und A. Pascual-Leone, „Modulation of Muscle Responses Evoked by Transcranial Magnetic Stimulation during the Acquisition of New Fine Motor Skills", in *Journal of Neurophysiology* 74, Nr. 3 (1995), S. 1037-1045.

9 Siehe Sharon Begley und Jeffrey Schwartz, *The Mind and the Brain*, New York (Regan Books) 2002, 2. Kapitel.

10 Siehe Peter Bieling, Carol Garson, Kimberley Goldapple, Helen Mayberg, Sidney Kennedy, Mark Lau und Zindel Segal, „Modulation of Cortical-Limbic Pathways in Major Depression, Treatment Specific Effects of Cognitive Behavior Therapy", in *Archives of General Psychiatry* 61, Nr. 1 (2004), S. 34-41.

11 Siehe Carey Goldberg, „Brain Mapping May Guide Treatment for Depression", *The Boston Globe*, 6. Januar 2006.

12 Siehe His Holiness the Dalai Lama in Sharon Begley, *Train the Mind, Change the Brain*, New York (Ballantine Books) 2003, S. vii.

13 Siehe Daniel Goleman „The Lama in the Lab", in *Shambhala Sun*, März 2003, S. 64-72.

14 Siehe Sharon Begley, „How Thinking Can Change the Brain", *The Wall Street Journal Science Journal*, 19. Januar 2007, S. B-1.

15 Siehe Daniel Goleman „The Lama in the Lab", in *Shambhala Sun*, März 2003, S. 64-72.

16 Siehe R. J. Davidson, J. Kabat-Zinn, et. al., „Alterations in Brain and Immune Function Produced by Mindfulness Meditation", in *Psychosomatic Medicine*

65 (2003), S. 564-570. http://psyphz.psych.wisc.edu/web/pubs/2003/altera-tions_by_mindfulness.pdf.

[17] Siehe Daniel Goleman, „Finding Happiness: Cajole Your Brain to Lean to the Left", *The New York Times*, 4. Februar 2005.

[18] Siehe Eckhart Tolle, *The Power of Now*, Novato, CA (New World Library) 2000, S. 71.

[19] Siehe Daniel Goleman „The Lama in the Lab", in *Shambhala Sun*, März 2003, S. 64-72.

[20] Siehe Diane Cirincione, PhD, und Gerald Jampolsky, *Change Your Mind, Change Your Life*, New York (Bantam Books) 1993.

[21] Übersetzt nach Eckhart Tolle, *The Power of Now*, Novato, CA (New World Library) 2000, S. 71.

[22] Siehe Robert Jastrow, *The Enchanted Loom: Mind in the Universe*, New York (Touchstone) 1982, S. 44.

Kapitel 6

[1] Siehe Jane E. Allen, „Building Up to a Meltdown – Stress Can Kill You, and We're Beginning to Understand How", *Los Angeles Times*, 8. Juni 2004.

[2] Forschung zum geführten Bilderleben wurde an der University of California in Davis, am Pennsylvania State College of Medicine, am Presbyterian Hospital der Columbia Universität, am Memorial Sloan Kettering und von der Veterans Administration durchgeführt.

[3] Übersetzt nach Jack Nicklaus, *Golf My Way*, New York (Simon and Schuster) 1974, S. 80.

[4] Siehe Mihaly Csikszentmihalyi, PhD, *Flow: The Psychology of Optimal Experience*, New York (HarperCollins) 1990, S. 91.

[5] Siehe Anthony de Mello, *Awareness*, New York (Doubleday) 1992, S. 78-83.

[6] Ebenda, S. 56-58.

[7] Übersetzt nach Glen Ellen, Foundation For Inner Peace, *A Course In Miracles*, 1992, S. 240.

Kapitel 7

[1] Übersetzt nach Larry Schwartz, „No Ordinary Joe", *ESPN.com*, 30. Juli 1982: http://espn.go.com/classic/biography/s/montana_joe.html.

[2] Ebenda.

[3] Übersetzt nach Viktor Frankl, *Man's Search for Meaning*, Boston (Beacon Press) 1992, S. 85.

[4] Ebenda, S. 81.

[5] Ebenda, S. 75.

[6] Ebenda, S. 50.

7   Ebenda, S. 51.
8   Ebenda, S. 47.
9   Übersetzt nach David Whyte, *Clear Mind, Wild Heart*, Louisville, CO (Sounds True) 2002, Audiobuch.

Kapitel 8

1   Übersetzt nach José Ortega y Gasset, *The Revolt of the Masses*, New York (W. W. Norton & Co.) 1993, S. 141.
2   Siehe Mihaly Csikszentmihalyi, PhD, *Finding Flow: The Psychology of Engagement with Everyday Life*, New York (Basic Books) 1997, S. 19-21.
3   Siehe Daniel Siegel, MD, *The Mindful Brain*, New York (W. W. Norton) 2007, S. 32.
4   Siehe Daniel Siegel, „Patterns of Processing", Vortrag auf der IEA Konferenz 2005 in San Francisco.
5   Siehe R. Pidikiti, E. Taub und G. Uswatte, „Constraint-Induced Movement Therapy: A New Family of Techniques with broad Application to Physical Rehabilitation – A Clinical Review", in *Journal of Rehabilitation Research and Development* 36, 1999, S. 237-251.

Kapitel 9

1   Übersetzt nach Eckhart Tolle, *The Power of Now*, Novato, CA (New World Library) 2000, S. 71.
2   Übersetzt nach Byron Katie, *I Need Your Love – Is It True?*, New York (Random House) 2005, S. 5.
3   Übersetzt nach Eckhart Tolle, *The Power of Now*, Novato, CA (New World Library) 2000, S. 15.
4   Übersetzt nach Toni Packer, *The Wonder of Presence*, Boston (Shambhala Press) 2002, S. 4.
5   Übersetzt nach Eckhart Tolle, *The Power of Now*, Novato, CA (New World Library) 2000, S. 17.
6   Übersetzt nach Thich Nhat Hanh, *Peace is every Step*, New York (Bantam Books) 1991, S. 11.
7   Siehe Martin Seligman, PhD, *Learned Optimism, How to Change Your Mind and Your Life*, New York (Free Press) 1990, S. 221.
8   Joel Osteen, PhD, *Become a Better You: 7 Keys to Improving Your Life Every Day*, New York (Simon & Schuster) 2007, S. 117.

Kapitel 10

1   Siehe Al Siebert, PhD, *The Survivor Personality*, New York (Perigee Books) 1996.

2   Siehe M. Fenton-O'Creevy, N. Nicholson, E. Soane und P. Willman, „Trading on Illusions: Unrealistic Perceptions of Control and Trading Performance", in *Journal of Occupational and Organizational Psychology* 76, 2003, S. 53-68.

3   Übersetzt nach Gangaji, *The Diamond in Your Pocket*, Boulder (Sounds True) 2007, S. 177.

4   Siehe Eckhart Tolle, *The Power of Now*, Novato, CA (New World Library) 2000, S. 56.

5   Siehe Steve Hagen, *Buddhism Plain and Simple*, New York (Broadway Books) 1977, S. 16-17.

Kapitel 11

1   Siehe Louis Cozolino, *The Neuroscience of Human Relationships*, New York (W. W. Norton) 2006, S. 5.

2   Siehe S. Y. Bookheimer, M. Dapretto, M. S. Davies, M. Iacoboni, J. H. Pfeiffer, A. A. Scott und M. Sigman, „Understanding Emotions in Others: Mirror Neuron Dysfunction in Children with Autism Spectrum Disorder", in *Nature Neuroscience* 9, Nr. 1 (206), S. 28-30. Siehe auch V. Gallese, „The Roots of Empathy: The Shared Manifold Hypothesis and the Neural Basis of Intersubjectivity", in *Psychopathology* 36, (2003), S. 171-180.

3   Robert Sapolsky, „Why Zebras Don't Get Ulcers: The Devastating Effects of Stress on Children", Vortrag auf der Brain Connection to Education Spring Conference, San Francisco, 11.-13. Mai 2000. http://cklrecords.blogspot.com/2006/03/why-zebras-dont-get-ulcers.html

4   Siehe Erich Fromm, *The Art Of Loving*, New York (Harper Perennial) 1989, S. 8.

5   Siehe Helen Fisher, *The Science of Love, and the Future of Women*, Mp4-Aufnahme von den Ted-Konferenzen. http://ww.ted.com/index.php/talks/helen_fisher_tells_us_why_we_love_cheat.html

6   Siehe J. Bruhn, „An Epidemological Study of Myocardial Infarctions in an Italian-American Community", in *Journal of Chronic Disease* 18 (1967), S. 353-357.

7   Siehe John Bruhn und Stewart Wolf, *The Roseto Story*, Norman, OK (University of Oklahoma Press) 1979, S. 41.

8   Siehe Kathleen A. Brehony, PhD, *Living a Connected Life: Creating and Maintaining Relationships*, New York (Holt) 2003, S. 48.

9   Siehe George Santayana, *The Works of George Santayana*, New York (Charles Scribner's Sons) 1932, S. 62.

10 Tara L. Gruenwald, Reagan A. R. Gurung, Laura Cousino Klein, Brian P. Lewis, Shelley E. Taylor und John A. Updegraff, „Biobehavioral Responses to Stress

in Females: Tend-and-Befriend, not Fight-or-Flight", University of California, Los Angeles, *Psychological Review* 107, Nr. 3 (2000), S. 411-429.

[11] Siehe University of California Los Angeles, „UCLA Researchers Identify Key Biobehavioral Pattern Used By Women To Manage Stress", in *Science Daily*, 22. Mai 2000. http://www.sciencedaily.com/releases/2000/05/000522082151.htm.

[12] Siehe „Social Support, Stress and the Common Cold: A Summary of a Presentation by Sheldon Cohn, PhD of Carnegie Mellon University: NIH Record – 1997", in *Psychological Science* 14, Nr. 4 (2003), S. 320-327.

[13] Siehe S. L. Brown, R. M. Nesse, D. M. Smith und A. D. Vinokur, „Providing Social Support May Be More Beneficial than Receiving It: Results from a Prospective Study of Mortality", in *Psychological Science* 14, Nr. 4 (2003), S. 320-327.

[14] Siehe V. Gallese, „The Roots of Empathy: The Shared Manifold Hypothesis and the Neural Basis of Intersubjectivity", in *Psychopathology* 36, 2003, S. 171-180.

[15] Siehe Ker Than, „Scientists Say Everyone Can Read Minds", in *LiveScience*, 27. April 2006. http://www.livescience.com/health/050427_mind_readers.html.

[16] Übersetzt nach Daniel Goleman, „Friends for Life: An Emerging Biology of Emotional Healing", *The New York Times*, 10. Oktober 2006.

[17] Siehe J. K. Kiecolt-Glaser und T. L. Newton, „Marriage and Health: His and Hers", in *Psychological Bulletin* 127, Nr. 4 (2001), S. 472-503.

[18] Siehe Carl Rogers, *The Carl Rogers Reader*, hrsgg. v. Howard Kirschenbaum und Valerie Land Henderson, 3. Auflage, New York (Houghton-Mifflin) 1989, S. 135-136.

[19] Siehe Carl Rogers, *A Way of Being*, New York (Houghton Mifflin) 1980, S. 115-116.

[20] Ebenda, S. 116.

[21] Ebenda, S. 117.

[22] Siehe Gregory Harper und Brad Johnson, *Becoming a Leader the Annapolis Way*, New York (McGraw-Hill Professional) 2004, S. 178.

Kapitel 12

[1] Zitiert nach Peter Sloterdijk, *Die Verachtung der Massen*, Frankfurt a. M. (Suhrkamp) 2000, S. 65.

[2] Siehe Henry H. Lamberton, „Carl Rogers' View of Personal Wholeness", Paper des Institute for Christian Teaching, Faculty of Religion, Loma Linda University, Loma Linda, CA, 1993.

[3] Übersetzt nach Carl Rogers, *The Carl Rogers Reader*, hrsgg. v. Howard Kirschenbaum und Valerie Land Henderson, 3. Auflage, New York (Houghton-Mifflin) 1989, S. 381.

[4] Ebenda, S. 380.

5 Ebenda. S. 420.
6 Ebenda, S. 413.
7 Siehe http://www.chapetrs.idigo.ca/books/Now-Discover_Your-Strenghts-Marcus-Buckingham-Donald-O-Clifton/9780743201148-item.html
8 Siehe Marcus Buckingham und Donald O. Clifton, *Now, Discover Your Strenghts*, New York (Free Press) 2001, 6-8.
9 Ebenda, S. 12.
10 Übersetzt nach Marianne Williamson, *A Return to Love: Reflections on the Principles of a Course in Miracles*, San Francisco (HarperCollins) 1992, S. 190.
11 Übersetzt nach Thomas Merton, *The Intimate Merton*, hrsgg. v. Patrick Hart und Jonathan Montaldo, San Francisco, 1996, S. 161.
12 Siehe Diana Abitz, Patrick Dobson und Charles McGuire, *The Best Advice Ever for Teachers*, Rosenburg, OR (Andrews McMeel Publishing) 2001, S. 82.
13 Siehe Marcus Buckingham, *One Thing You Need to Know*, New York (Simon & Schuster) 2005, S. 272.

Epilog

1 Siehe Richard G. Klein, *The Dawn of Human Culture*, New York (Nevraumont Publishing Co.) 2002, S. 133.
2 Siehe Marshall Rosenberg, *Speak Peace*, Encinitas, CA (Puddle Dancer Press) 2005, S. 131.
3 Übersetzt nach Ernerst Holmes, *The Science of Mind*, New York (Dodd, Mead & Company) 1938, S. 306.
4 Übersetzt nach Gerald Jampolsky, MD, *Love Is Letting Go of Fear*, Berkeley (Celestial Arts) 1975, S. 123.
5 Siehe Dalai Lama XIV „Never Give Up", *The Global Network Against Weapons & Nuclear Power in Space*, 1. Juli 2001. http://seniorspeace.mennonite.net/Dalai_Lama.html.

Index

Index

Don Joseph Goewey

Das stressfreie Gehirn

Übungen und Meditationen um unser Gehirn zu verändern

Ein Leben ohne Stress ist möglich! – Wer diese Erkenntnis in den persönlichen Alltag integrieren möchte, wird dabei durch die Übungen auf dieser CD sukzessive unterstützt: In neun Meditationen werden wir angeleitet, uns der eigenen Ängste bewusst zu werden und wirkungsvolle Gegenmittel gegen Stress zu entwickeln: u. a. durch die Schulung der Körperwahrnehmung, das Entwickeln einer positiven Einstellung und des achtsamen Verweilens im Hier und Jetzt. Auf diese Weise können wir die aus dem Buch gewonnenen Erkenntnisse und Erfahrungen anwenden und vertiefen. Die kurzen Einheiten lassen sich problemlos in den Alltag integrieren und tragen dazu bei, Momente der inneren Gelassenheit und Harmonie zu schaffen und als Bestandteil der eigenen Geisteshaltung zu etablieren.

ISBN 978-3-86410-047-5 · Audio CD 30 Min.

Dr. phil. Rick Hanson & Dr. med. Richard Mendius

Meditationen um das Gehirn zu verändern

Wie Sie Ihre neuronalen Bahnen neu verbinden und Ihr Leben transformieren

Unser Gehirn verändert sich fortwährend in einem dynamischen Prozess, der aktiv unterstützt werden kann. Dies ist die brisante Schlussfolgerung von *Meditationen, um das Gehirn zu verändern,* einem wegweisenden CD-Programm des Neuropsychologen Rick Hanson und des Neurologen Richard Mendius. Gemeinsam schrieben die Autoren den aktuellen US-Bestseller *Buddha's Brain.* Die hier präsentierten Erkenntnisse basieren auf einer drei Jahrzehnte andauernden Grundlagenforschung. Hanson und Mendius zeigen, wie jeder seine mentalen Kreisläufe stärken kann, um Glück, Liebe und inneren Frieden zu entwickeln. – Nehmen Sie an der Entdeckung dieser faszinierenden Einsichten über Ihr Gehirn teil und lernen Sie, wie Sie es bewusst neu vernetzen und zu hervorragenden Erfolgen gelangen können. – Anschließend erlernen Sie sieben geführte Meditationen, um auf Ihr Gehirn einzuwirken.

ISBN 978-3-89385-633-6 · 3 CDs in Box, Spielzeit 3 Stunden

Olaf Jacobsen

Ich stehe nicht mehr zur Verfügung – Die Essenz

Wie Sie sich von belastenden Gefühlen befreien und Beziehungen völlig neu erleben

Viele Leser fanden in Olaf Jacobsens Bestseller Antworten auf wichtige Lebensfragen. Diese beiden CDs enthalten nun die Essenz und zusätzlich lebendige Eindrücke in Form von Hörspielen. Der Sprecher Erich Räuker verleiht den Inhalten eine sanfte und tiefgehende Ausstrahlung. – Für alle, die dort ankommen möchten, wo Freiheit und Ausgeglichenheit wohnen: bei sich selbst.

Wer sich von unangenehmen Gefühlen in Partnerschaft, Familie und Beruf befreien will, findet in diesem Hörbuch die nötigen Erkenntnisse und Techniken. Olaf Jacobsen entwickelte die einfachen Methoden konsequent aus der freien Familienaufstellung. Mit Hilfe zahlreicher Beispiele aus alltäglichen Lebenssituationen stellt er Möglichkeiten vor, wie wir unsere eigenen Gefühle von denen anderer Menschen deutlich unterscheiden lernen und unsere „stellvertretenden Rollen" ablegen können. So verschwinden gleichzeitig alle daran gekoppelten seelischen und körperlichen Beschwerden, und wir fühlen uns erleichtert.

ISBN 978-3-89385-575-9 · 2 CDs Spielzeit 154 Min.

Dr. Matthias Ennenbach

Einführung in die Buddhistische Psychotherapie

Eine Integration buddhistischer und psychotherapeutischer Methoden

Diese Einführung gibt einen Überblick über die allgemeinen Ziele und Vorgehensweisen der Behandlungsmethoden in der Buddhistischen Psychotherapie BPT. Sie beschreibt einige der aus den buddhistischen Lehren adaptierten Grundlagen und die damit korrespondierenden Erkenntnisse der Neurowissenschaften. Darüber hinaus werden praktische Hinweise und Übungsvorschläge für Therapeuten, Hilfesuchende und allgemein an der Thematik interessierte Leser vorgestellt. Dabei geht der Autor zwei grundlegenden Fragen nach: Wie funktionieren innere Blockaden und Probleme? Und wie lassen sich heilsame Gedanken und Vorhaben möglichst leicht und erfolgreich in die Tat umsetzen sowie noch nicht genutzte Ressourcen aktivieren? – Die beiliegende CD enthält zehn grundlegende Übungen zur Selbsterfahrung.

ISBN 978-3-86410-021-5 · Gebundene Ausgabe 140 Seiten + Audio CD 50 Min. Spielzeit

Barbara Kündig

Yoga Nidra

Die Perle der Tiefenentspannung – In 30 Minuten völlig erfrischt

Yoga Nidra bildet mit Autogenem Training und Progressiver Muskelentspannung die dritte Säule der höchst effizienten Entspannungstechniken. Richtig erlernt, ist die Methode ebenso einfach wie wirksam. Sie führt den Übenden wechselweise zwischen Tiefenentspannung und entspannter Achtsamkeit hin und her. Dabei bleibt man auch in der tief entspannten Phase der anleitenden Stimme von der CD verbunden und kann somit leicht zwischen Tiefenentspannung und wachsamer Entspannung hin- und herpendeln. Mit dieser erprobten Technik ist es möglich, in nur 30 Minuten körperlich, mental und emotional völlig zu entspannen. Zu der klassischen Yoga-Nidra-Übung enthält die CD eine zweite Anleitung. Diese „Vertiefende Übung" löst tiefer sitzende Blockaden, Prana fließt verstärkt, und es liegt mehr Gewichtung auf dem meditativen Aspekt.

ISBN 978-3-89385-637-4 · Gebundene Ausgabe 120 Seiten + Audio CD mit 2 Anleitungen von je 30 Min.

Marianne V. Scherer

Mit Yoga den Tag beginnen – Sonnengruß

Übungen & Meditation mit CD

In diesem Buch erfahren Sie Wissenswertes über den Klassiker des Yoga, seinen Ursprung und die vielfältigen positiven Wirkungen – und Sie erhalten eine genaue Anleitung für das Üben zu Hause. Der Sonnengruß ist der ideale Start in den Tag. Das kurze Yoga-Workout versorgt mit einem Plus an Energie, erhöht die körperliche Vitalität und trainiert Achtsamkeit und Gelassenheit. Zwölf Körperhaltungen stärken die Vernetzungen von Körper und Geist. Der Sonnengruß Surya Namaskar wird in Indien seit Jahrhunderten bei aufgehender Morgensonne geübt: für optimale Dehnung, Präsenz und Bewusstheit. – Auf der beiliegenden CD finden sich vier Anleitungen, teilweise mit Musik unterlegt.

ISBN 978-3-86410-003-1 · Gebundene Ausgabe 92 Seiten, CD-Spielzeit: 64 Minuten

Lese- und Hörproben unter www.windpferd.de